Helga Kelle | Johanna Mierendorff (Hrsg.)
Normierung und Normalisierung der Kindheit

Kindheiten – Neue Folge

Herausgegeben von Michael-Sebastian Honig

Die Reihe „Kindheiten" (hrsg. von Imbke Behnken und Jürgen Zinnecker) hat seit Anfang der 1990er Jahre der neu entstehenden interdisziplinären Kindheitsforschung einen publizistischen Ort verschafft. Mit insgesamt 31 Bänden haben die beiden Herausgeber entscheidend dazu beigetragen, eine sozial- und kulturwissenschaftliche Perspektive auf Kinder und Kindheit einzunehmen und als theoretisch und empirisch produktives Forschungsfeld zu etablieren.
Die Reihe „Kindheiten – Neue Folge" führt diese Tradition fort. Gegenüber den 1990er Jahren haben sich die Forschungsfragen verändert und an Universitäten und Fachhochschulen sind kinderwissenschaftliche Studiengänge entstanden. Der neue Blick auf Kinder in unserer Gesellschaft muss nicht mehr durchgesetzt, er muss vermittelt, differenziert und kritisiert werden. Die Reihe „Kindheiten – Neue Folge" wird dabei ein zentraler Ort für Debatten der Kindheitsforschung bleiben.

Helga Kelle | Johanna Mierendorff (Hrsg.)

Normierung und Normalisierung der Kindheit

Bibliografische Information der Deutschen Nationalbibliothek

Die Deutsche Nationalbibliothek verzeichnet diese Publikation in der Deutschen Nationalbibliografie; detaillierte bibliografische Daten sind im Internet über http://dnb.d-nb.de abrufbar.

© 2013 Beltz Juventa · Weinheim und Basel
www.beltz.de · www.juventa.de
Satz: text plus form, Dresden
Druck und Bindung: Beltz Druckpartner GmbH & Co. KG, Hemsbach
Printed in Germany

ISBN 978-3-7799-1555-3

Inhalt

Helga Kelle und Johanna Mierendorff

Normierung und Normalisierung der Kindheit

Zur Einführung

Die sozial- und kindheitswissenschaftliche Auseinandersetzung mit Fragen der (modernen) Institutionalisierung von Kindheit unter dem Begriff der „Normalisierung" ist nicht neu. In den 1980er Jahren finden sich Texte wie der von Sgritta (1987, S. 38), der unter Normalisierung so etwas wie einen „progressive spread of cultural uniformity" versteht und im Anschluss an Foucault und Donzelot den Wandel in den technischen und wissenschaftlichen Möglichkeiten der Disziplinierung von Kindheit reflektiert. Oder es finden sich Texte wie der von Ziehe (1986, S. 15), der eher essayistisch eine „Zunahme von Zivilisiertheit" im Umgang mit Kindern konstatiert und darin Prozesse der „Normalisierung" der Kindheit erkennt. Beide Texte spannen in ihrer Unterschiedlichkeit den diskursiven Horizont auf, in den sich Autoren und Autorinnen, welche den Normalisierungsbegriff auf die Kindheit beziehen, auch heute noch einordnen lassen: Das Spektrum reicht von einer bisweilen kulturkritisch eingefärbten Rezeption und Adaption der Arbeiten von Foucault bis zu affirmativen Verständnissen, welche Prozesse der Normalisierung begrüßen.

Der Begriff der „Normalisierung" ist in machtanalytischer und historiografischer Perspektive entscheidend von Foucault geprägt worden. Er kennzeichnete damit zunächst die Art und Weise, in der die Medizin seit dem 18. Jahrhundert sozial ordnende Funktionen erfüllte (vgl. Foucault 1973, 2003). In derselben Perspektive schlossen sich Studien zu Gefängnissen, Militär, Schulen und Manufakturen an (Foucault 1977). In diesen Arbeiten unterschied Foucault einen juridischen Begriff der Normierung von dem Begriff Normalisierung und bezog letzteren auf vielfältige Technologien der Disziplinierung der Gesellschaftsmitglieder. In den späteren Arbeiten Foucaults findet sich allerdings eher die Unterscheidung in disziplinarische Normierung und regulierende Normalisierung, die in den Konzepten der Regierung und der Gouvernementalität gebündelt werden (Foucault 2000). Die normalisierende Intervention ist bei Foucault, darauf weist Schrage (2008) hin, nicht wie die normierende als (repressive) Überwachung der

Befolgung von Normen zu verstehen, sondern besteht in der Ausrichtung von Subjekten am normal verteilten Verhalten der Masse.

Im Rahmen der interdisziplinären Normalismusforschung wird vor diesem Hintergrund zwischen normalistischen Normen (deskriptiven statistischen Durchschnittswerten und *normal ranges*) und präskriptiven, normativen Normen (Regeln, Vorschriften, Gesetzen, Verboten, Geboten) analytisch unterschieden (vgl. Link 2008). Gerhard, Link und Schulte-Holtey (2001, S. 7) betrachten das „Regime systematischer Verdatung", das sich seit dem 19. Jahrhundert etablierte, als „historisches Apriori des Normalismus" (oder auch der Normalisierungsgesellschaft im Sinne Foucaults). Es habe nicht nur zu einer Vorhersehbarkeit und Kalkulierbarkeit des Verhaltens der Bevölkerung (und seiner Risiken), sondern auch zu einem „neuen Typ von Interferenzen zwischen Normativität und Normalität" geführt. Der Band setzt bei dieser konzeptuellen Differenzierung von Normalität und Normativität an und richtet den analytischen Blick auf die Interferenzen zwischen beiden Bereichen in der gegenwärtigen Gesellschaft. Diskutiert werden Grundlagen und Ergebnisse neuerer Studien im Bereich der Kindheitssoziologie, die sich auf normalisierungs- und normierungstheoretische Annahmen beziehen.

Denn in der neueren Geschichte sind Verschiebungen in Bezug auf das moderne Projekt der „Entwicklungskindheit" (Honig 1999) und damit in der Normierung und Normalisierung der Kindheit zu verzeichnen. Erst solche Verfahren zur Beobachtung der kindlichen Entwicklung und Früherkennung, wie sie z. B. mit den Kindervorsorgeuntersuchungen U1 bis U9 seit den 1970er Jahren und den Jugendvorsorgeuntersuchungen ab dem 11. Lebensjahr seit Ende der 1990er Jahre in Deutschland bundesweit und bundeseinheitlich gesetzlich verankert wurden, zielen anders als die frühen Reihenuntersuchungen seit dem 19. Jahrhundert auf *alle* Kinder einer jeweiligen Altersgruppe. Seit 2007 sind die auf Kinder bezogenen Vorsorgeuntersuchungen in den meisten Bundesländern als Pflichtuntersuchungen gesetzlich ausgestaltet. Erst die gesteuerte und zentrale Auswertung von Totalerhebungen von Altersgruppen, wie sie mit den flächendeckenden ärztlichen Schuleingangsuntersuchungen vorliegen, ermöglicht es, eine fortlaufende Sozial- und Gesundheitsberichterstattung über Kinder auf Bundes- oder Länderebene seit den 1990er Jahren zu etablieren. Kennzeichnend für die ärztlichen Schuleingangsuntersuchungen ist es, dass ihnen eine doppelte Funktion zugewiesen wird, nämlich eine individualdiagnostische und eine epidemiologische (Kelle 2011). Indem sie die auf die Individuen bezogene Beobachtung und Diagnostik mit der auf die Alterskohorte bezogenen Vermessung und Verdatung verschränken, münden sie nicht nur in individuellen Empfehlungen und Behandlungen, sondern tragen in Form einer kontinuierlichen zentralen Berichterstattung auch entscheidend zu einer rekursiven ‚Pflege' der normalistischen Wissensbestände und Diskurse über die Entwicklung heutiger Kinder bei. Und dieses normalistische Wissen organisiert auch innerhalb der Bildungs- und Betreuungseinrichtungen inzwischen zunehmend die vergleichenden Perspektiven der Professionellen auf die Kinder.

Weitere Maßnahmen der Früherkennung von Entwicklungsrisiken und -störungen sowie der frühen Behandlung und Intervention werden unter pädiatrischen, psychologischen und (sozial)pädagogischen Zuständigkeiten ausgebaut und professionalisiert, um die Entwicklungschancen der Kinder zu (be)wahren. So werden mit dem Kinder- und Jugendhilfeweiterentwicklungsgesetz KICK (von 2005) und dem novellierten § 8a KJHG (staatlicher Schutzauftrag bei Kindeswohlgefährdung) neben den traditionellen Einrichtungen der Kinder- und Jugendhilfe nun auch „andere Leistungsträger" und die „Einrichtungen der Gesundheitshilfe" adressiert und in den Schutzauftrag eingebunden. So wird auf der Basis des neuen Kinderschutzgesetzes, das am 01.01.2012 in Kraft getreten ist, ein System früher Hilfen etabliert, in dem Familienhebammen die Aufgabe der Kinder- und Familienbeobachtung im Interesse des Kindeswohls zugewiesen bekommen. Die politischen Beratungen zu diesem Gesetz drehten sich darum, das Verhältnis von öffentlicher Jugendhilfe und Gesundheitswesen in Bezug auf den präventiven Kinderschutz auszubalancieren. Die intensivierte Beobachtung der Entwicklung in der frühen Kindheit drückt sich nicht nur in einem Einbezug verschiedener Berufsgruppen und deren systematischer Vernetzung zum Zweck der Früherkennung aus, sondern auch z.B. in solchen neuen Maßnahmen, welche einzelne Entwicklungsdimensionen fokussieren wie z.B. die landesweiten Sprachstandserhebungen bei Vierjährigen, die inzwischen in vielen Bundesländern durchgeführt werden.

Der Band knüpft an das Buch „Ganz normale Kinder?" (Kelle/Tervooren 2008) an und geht darüber hinaus. Darin wurde bereits darauf hingewiesen, dass sich nicht nur die Kinder verändert hätten, sondern vor allem auch die gesellschaftliche Aufmerksamkeit für ihre Entwicklung und die Konzepte, Kriterien, Diagnosen und öffentlichen Verfahren der Entwicklungsbeobachtung und -beurteilung. Im Bereich der frühen Kindheit wird diese Aufmerksamkeitsverschiebung und -schärfung durch die außerordentliche Häufung und Intensivierung der gesetzlichen Regulierungen und professionellen Programme in einem kurzen Zeitraum besonders deutlich; aus diesem Grund steht auch die frühe Kindheit im Fokus einer Reihe von Beiträgen des vorliegenden Bandes. Wir greifen erneut die Frage auf, wie die Unterscheidung von „normaler" und „nicht-normaler" Entwicklung in der Kindheit wohlfahrtsstaatlich relevant wird und in der medizinischen, der psychologischen und vorschulischen (diagnostischen) Praxis sowie der Kinder- und Jugendhilfe diskursiv bestimmt und praktisch prozessiert wird. Die theoretische Diskussion um die Normierung und Normalisierung der Kindheit wird im Rahmen der überwiegend empirischen Beiträge mit- und weitergeführt.

Die Beiträge des Bandes[1] klammern den Befund der erhöhten Entwicklungsrisiken heutiger Kinder in wissens- und gesundheitssoziologischer, in kulturtheoretischer und diskursanalytischer Perspektive ein. Die ersten beiden Beiträge widmen sich – in theoretischer Perspektive der erste, in historisch-systematischer Perspektive der zweite – grundlegenden Begriffsdiskussionen und einem Überblick über die rechtliche Normierung von Kindheit und deren Veränderung.

Helga Kelle diskutiert und klärt zunächst die Begriffe Normierung und Normalisierung, um auf diese Weise die weiteren Beiträge des Bandes begriffssystematisch zu rahmen. Sie beleuchtet die Verwendungsweisen beider Konzepte in unterschiedlichen wissenschaftlichen Disziplinen und bezieht sie auf eingeführte Konzepte in der Kindheitssoziologie, wie etwa Institutionalisierung und Standardisierung der Bedingungen des Aufwachsens; auf diese Weise kontextualisiert sie die beiden Konzepte in weiteren Diskursen. Sie reflektiert dann Foucaults Verständnis von Normierung und Normalisierung (und dessen Entwicklung) und referiert neuere Kindheitsstudien, die im Anschluss an Foucault mit dem Konzept der Gouvernementalität arbeiten. Sie kommt zu dem Fazit, dass neue Formen der Regierung und Regulierung von Kindheit theoretisch wie empirisch eine der aktuell zentralsten Herausforderungen für die Kindheitsforschung darstellen.

Johanna Mierendorff setzt sich mit der Frage nach der Bedeutung von Normsetzungen im Kontext einer modernen Wohlfahrtsstaatlichkeit für die Genese des Musters moderner Kindheit auseinander. Ausgangspunkt ist die empirische Feststellung einer hochgradig regulierten und rechtlich normierten Kindheit in der Moderne. Exemplarisch ausgeführt wird dies am Beispiel der aktuell beobachtbaren Prozesse der Veränderung der Bedingungen früher Kindheit. Es werden zentrale gesetzliche Regulierungen des 20. Jahrhunderts, die auf die Ordnung und Gestaltung der Bedingungen der frühen Kindheit zielen, analytisch herausgearbeitet und auf ihre Bedeutung für das Muster moderner Kindheit hin untersucht. Deutlich wird, dass wohlfahrtsstaatliche Regulierungen in ihrer Dichte und in ihrer historischen Veränderlichkeit eine große Bedeutung für den Wandel der Gestalt (früher) Kindheit haben.

In einem ersten Block empirischer Beiträge geht es um *Risikodiskurse, Prävention und Normalisierung.* Kindheit, insbesondere die frühe Kindheit, wird in öffentlichen Diskursen zunehmend als gefährdet eingeschätzt; die Beiträge setzen vor diesem Hintergrund an der Feststellung und Behandlung von Differenzen zwischen Kindern an. Dabei wird das elterliche Sorge- und Erziehungsverhalten nicht selten als Risiko für Kinder konzipiert und zum Gegenstand der (staatlichen) Beobachtung und Unterstützung. Prävention ist die heute gängige gesellschaftliche Antwort auf potentielle,

---

1 Wir danken an dieser Stelle sehr herzlich Annegret Frindte, die alle Beiträge korrigiert hat.

den Familien zugeschriebene Gefährdungen: Präventive Maßnahmen sollen ‚normales' Aufwachsen sichern helfen.

Stefanie Bischoff und *Tanja Betz* machen Risikokonzepte in politischen Berichten zu ihrem empirischen Gegenstand. Der Beitrag basiert auf dem Forschungsprojekt EDUCARE: „Leitbilder ‚guter Kindheit' und ungleiches Kinderleben", das die Autorinnen derzeit durchführen. Sie gehen von der Beobachtung aus, dass eine wachsende Zahl an Kindern das Label ‚Risikokind' erhalte und führen eine Diskursanalyse von für ihr Thema einschlägigen politischen Erklärungen, Berichten, Programmen, Dossiers und Broschüren auf Bundesebene aus den Jahren 2004 bis 2010 durch. Aufgrund der Kontingenz des Risiko-Labels sei dessen Funktion und Bedeutung für eine Normierung von Kindheit bislang noch kaum untersucht worden. Zu den empirisch auffindbaren diskursiven Verknüpfungen von „Risiko" mit Kindern und Kindheit erarbeiten die Autorinnen in ihrem Beitrag erste Anhaltspunkte und machen deutlich, dass nicht nur vornehmlich ganz bestimmten sozialen Kindergruppen Risiken für ihre Entwicklung zugeschrieben werden, sondern dass Kinder auch selbst als Risiko für die Zukunft der Gesellschaft konzipiert werden.

Steffen Eisentraut und *Hannu Turba* gehen in ihrem Beitrag den Fragen nach, auf der Basis welcher Normalitätsvorstellungen medizinische und sozialpädagogische Professionelle ‚Kindeswohlgefährdungen' diagnostizieren und welche Strategien der Norm(alis)ierung sie daraus ableiten. Sie stellen hier erste empirische Ergebnisse des DFG-Forschungsprojekts SKIPPI: „Sozialsystem, Kindeswohlgefährdung und Prozesse professioneller Interventionen" vor. Die Autoren untersuchen auf der Basis von 24 leitfadengestützten Interviews aus vier Kommunen die Handlungslogiken von zwei für das Organisationsfeld Kinderschutz zentralen und kontrastierenden Akteursgruppen – sozialpädagogischen FamilienhelferInnen (SPFH) und Familienhebammen. Sie arbeiten in der Tendenz (und vor dem Hintergrund der unterschiedlichen Berufstraditionen) für die sozialpädagogische Familienhilfe eher eine Orientierung auf normative Verhaltenserwartungen an Eltern und für die Familienhebammen eher eine Orientierung an normalistischen Entwicklungsnormen in Bezug auf die Kinder heraus, erwarten angesichts der Umstrukturierung des Feldes Kinderschutz für die Zukunft aber auch verstärkt Hybridisierungen der professionellen Handlungslogiken.

Sabine Bollig setzt sich mit der „Normativität von Normalisierungspraktiken in kindermedizinischen Früherkennungsuntersuchungen" auseinander. Ihr Beitrag basiert auf dem DFG-Projekt „Kinderkörper in der Praxis", das der Forschungsfrage der interaktiven Aushandlung und Prozessierung von Entwicklungsnormen für die Felder Kindervorsorge- und Schuleingangsuntersuchungen nachging. Sie wendet sich in ihrem Beitrag dem im Kontext der Vorsorgen empirisch vielfach beobachtbaren Phänomen der Normalisierung von Auffälligkeiten zu und analysiert, wie in solchen Normalisierungspraktiken ‚Normalitäten' eingeführt werden, in welchen Weisen es zur situativ variablen Aushandlung von Normalitätsgrenzen kommt und welche normativen Erwartungen gegenüber Eltern durch diese Praktiken etabliert werden. Die Autorin zeigt in ihrer Analyse auf, dass Vorsorgeuntersuchungen als zentrale gesellschaftliche Institutionen sowohl einer entwicklungsbezogenen Normierung von Kindheit als auch einer Regierung der Eltern zu betrachten sind.

Im zweiten Block geht es um Prozesse der *Normalisierung und De-Normalisierung von Abweichung.* Hier werden empirische Studien vorgestellt, in denen Risikogruppen in den Blick genommen werden, die aufgrund gesundheitlicher, körperlicher oder psycho-sozialer Besonderheiten bereits als abweichend von normalen Entwicklungsverläufen etikettiert wurden wie bspw. frühgeborene oder übergewichtige Kinder, Kinder mit AD(H)S oder mit Hörbeeinträchtigungen. Die Beiträge setzen sich zum einen mit Fragen nach den unterschiedlichen Prozessen und Praktiken der professionellen Feststellung und Formulierung von nicht normaler Entwicklung auseinander und zum anderen mit Bemühungen und Praktiken der Inklusion, der Integration und der Therapie von Kindern, die darauf zielen, Abweichungen von einer Normalentwicklung im Kindesalter zu normalisieren.

Claudia Peter nimmt in diesem Zusammenhang medizinische Normalisierungsdiskurse zu übergewichtigen und frühgeborenen Kindern in den Blick. Anhand eines kontrastierenden Vergleichs der Diskurse zu beiden Patientengruppen zeigt sie auf, dass die Feststellung von (A-)Normalität von Beginn an diskursiv unterschiedlich hergestellt wurde. Im Umgang mit diesen beiden Gruppen sind zwei Normalisierungsstrategien entstanden, die bezogen auf übergewichtige Kinder durch einen typisch protonormalistischen Umgang und bezogen auf frühgeborene Kinder durch einen flexibel-normalistischen Umgang gekennzeichnet werden können. Der Beitrag kontrastiert diese beiden Umgangsweisen, in dem er die zugrundeliegenden statistik-, forschungs- und professionsbezogenen Prozesse aufzeigt, über welche die beiden Patientengruppen jeweils konturiert werden.

Solveig Chilla und *Burkhard Fuhs* gehen in ihrem Beitrag der Frage nach, welche Formen der Normalisierung für das bikulturell-bilinguale Aufwachsen von Kindern mit Hörbeeinträchtigungen angesichts der neuen Möglichkeiten technischer Hörhilfen (Cochlea-Implantate, CI) auf der einen sowie den Herausforderungen einer inklusiven Gesellschaft auf der anderen Seite erkennbar werden. Ausgehend von der Annahme veränderter Kindheiten, die sowohl durch ein relevanter Werden von Bildsprachen im Alltag als auch durch veränderte Klangwelten gekennzeichnet seien, wird zu Beginn die Frage nach Hören als Normalität kritisch diskutiert. Veränderte Kindheit wirke auf das Normalitätsverständnis in beiden Welten – den hörenden und den nicht-hörenden – zurück. Abschließend setzen sich die Autoren mit der Frage auseinander, welche Bedeutung der technische Wandel im Umgang mit Hörbeeinträchtigungen für die betroffenen Kinder und

Eltern in ihrem Alltag und für die Pädagogik in ihrer Konstruktion von Hörbeeinträchtigung hat.

Katharina Liebsch, Rolf Haubl, Josefin Brade und *Sebastian Jentsch* setzen sich in ihrem Beitrag mit der Frage auseinander, wie das Entwicklungsrisiko AD(H)S in der erzieherischen und medizinischen Beobachtung und Praxis diskursiv hergestellt, alltäglich verstetigt und normalisiert wird. Der Beitrag basiert auf ersten explorativen Ergebnissen eines einjährigen Forschungsprojekts, das in Anschluss an das Projekt „Mit Ritalin leben" durchgeführt wurde. Auf der Basis von vier Fallstudien werden aus einer wissenssoziologisch und praxeologisch orientierten Perspektive Praktiken der beteiligten Akteure (Kinder, Familie, Ärzte, Therapeuten) bezüglich des Umgangs mit der Diagnose und der Therapie im Zeitverlauf analysiert. Es werden Prozesse der sukzessiven Veralltäglichung und Routinisierung im Umgang mit der diagnostischen Klassifikation als Phasen der Normalisierung herausgearbeitet. Festgestellt wird ein Prozess der Normalisierung eines medizinischen Blicks auf Kinder im weiteren Kontext schulischer Erwartungen.

Unter der Kapitelüberschrift *Optimierung von Kindheit* beschäftigen sich *Ondrej Kaščák* und *Branislav Pupala* abschließend mit der Frage nach dem Wandel der normativen Konstruktion des Vorschulkindes in internationalen und nationalen Dokumenten und Regularien. Die Autoren gehen von der These aus, dass in den internationalen und europäischen bildungspolitischen Dokumenten ein globaler normativer Kindheitsdiskurs aufscheint, in dem ein neues Wissen über frühe Kindheit und das Kindsein transportiert wird. Dieses Wissen beeinflusse Kindheiten durch sein Einsickern in solche nationale Werke, die für die pädagogische Praxis von hoher Relevanz und Orientierungskraft sind. Auf der Basis von zentralen EU- und OECD-Dokumenten auf der einen Seite und nationalen Dokumenten des slowakischen Bildungsministeriums (Staatsbildungsprogramme und Lehrerstandards) auf der anderen Seite wird herausgearbeitet, dass das Vorschulkind unter Anrufung der Autorität entwicklungs- und neuropsychologischer Theorien als aktives, ständig seine eigenen Grenzen überschreitendes „Superkind" diskursiv verhandelt wird.

In Hinblick auf die Prozesse der Normierung und Normalisierung der Kindheit untersuchen die Beiträge des Bandes demnach in empirischer Perspektive, wie Risiko-, Abweichungs- und Optimierungsdiskurse Kindheit konfigurieren, welche Bedeutungen den Veränderungen von Gesetzen zukommen und welche praktischen Wirkungen neue (diagnostische) Maßnahmen in einzelnen Handlungsfeldern entfalten. Die Beiträge des Bandes beleuchten, dass gerade die Verfahren der politischen, pädagogischen, psychologischen und (präventiven) medizinischen Beobachtung von Kindern zu einem ‚Umschlagplatz' für die Normierung und Normalisierung von Kindheit und damit auch von Elternschaft werden.

Literatur

Foucault, M. (1973): Die Geburt der Klinik: eine Archäologie des ärztlichen Blicks. München: Hanser.

Foucault, M. (1977): Überwachen und Strafen. Die Geburt des Gefängnisses. Frankfurt am Main: Suhrkamp.

Foucault, M. (2000): Gouvernementalität. In: Bröckling, U./Krasmann, S./Lemke, T. (Hrsg.) (2000): Gouvernementalität der Gegenwart. Studien zur Ökonomisierung des Sozialen. Frankfurt am Main: Suhrkamp, S. 41–67.

Foucault, M. (2003): Die Anormalen: Vorlesungen am Collège de France (1974–1975). Frankfurt am Main: Suhrkamp.

Gerhard, U./Link, J./Schulte-Holtey, E. (Hrsg.) (2001): Infografiken, Medien, Normalisierung. Zur Kartografie politisch-sozialer Landschaften. Heidelberg: Wissenschaftsverlag der Autoren.

Honig, M.-S. (1999): Entwurf einer Theorie der Kindheit. Frankfurt am Main: Suhrkamp.

Kelle, H./Tervooren, A. (Hrsg.) (2008): Ganz normale Kinder. Heterogenität und Standardisierung der kindlichen Entwicklung. Weinheim/München: Juventa.

Kelle, H. (2011): Schuleingangsuntersuchungen im Spannungsfeld von Individualdiagnostik und Epidemiologie. Eine Praxisanalyse. In: Diskurs Kindheits- und Jugendforschung 6, H. 3, S. 247–262.

Link, J. (2008): Zum diskursanalytischen Konzept des flexiblen Normalismus. In: Kelle, H./Tervooren, A. (Hrsg.) (2008): Ganz normale Kinder. Heterogenität und Standardisierung der kindlichen Entwicklung. Weinheim/München: Juventa, S. 59–72.

Schrage, D. (2008): Subjektivierung durch Normalisierung. Zur Aktualisierung eines poststrukturalistischen Konzepts. In: Rehberg, K.-S. (Hrsg.) (2008): Die Natur der Gesellschaft. Verhandlungen des 33. Kongresses der Deutschen Gesellschaft für Soziologie in Kassel 2006. Frankfurt am Main/New York: Campus (CD-Rom), S. 4120–4129.

Sgritta, G. B. (1987): Childhood. Normalization and Project. In: Qvortrup, J. (Hrsg.): The Sociology of Childhood. International Journal of Sociology 17, H. 3, S. 38–57.

Ziehe, T. (1986): Die „Normalisierung" der Kindheit. In: Westermanns pädagogische Beiträge 38, H. 5, S. 10–15.

Helga Kelle

Normierung und Normalisierung der Kindheit

Zur (Un)Unterscheidbarkeit und Bestimmung der Begriffe[1]

Die Geschichte der Kindheit und der Formen der Institutionalisierung von Kindheit sind durchzogen von gesellschaftlichen Auseinandersetzungen über die Frage, was eine „gute" Kindheit sei. Die gesellschaftliche Durchsetzung der Schulpflicht und des Verbots der Kinderarbeit in Gestalt von verbindlichen Rechtsnormen etwa bedeutete eine massive Verschiebung in der normativen Verfasstheit von Kindheit in modernen Gesellschaften. Voraussetzung für die normative Verschiebung war die Sichtbarmachung der Verwahrlosung, frühen Sterblichkeit und sozial ungleich verteilten Krankheitslast bei Kindern in industrialisierten Gesellschaften durch Bevölkerungswissenschaften, Sozialstatistiken und Medizin. Turmel (2008) zeigt im Anschluss an Foucault und die *actor network theory* (ANT) für den Zeitraum von 1850 bis 1945, dass das Aufkommen der Vorstellung von „normaler" kindlicher Entwicklung und normalem Aufwachsen historisch eng an die Etablierung und Ausbreitung von statistischen Verfahren geknüpft war, die es erlaubten, wissenschaftliche Aussagen über Durchschnittswerte und Normalverteilungen von (körperlichen) Eigenschaften und Fähigkeiten mit Bezug auf das Lebensalter zu treffen.

Sozial- und gesundheitsstatistische Daten beschreiben zunächst einmal den Entwicklungs- oder Gesundheitszustand von Altersgruppen und sind für sich genommen nicht immer schon ‚normativ'. Solche Daten werden seit den Anfängen der sozialhygienischen Bewegungen im 19. Jahrhundert allerdings wesentlich zu dem Zweck erhoben, die Argumentationen im Sinne eines *social monitoring* und die politischen Aushandlungen um die Sicherung gesellschaftlich erwünschter Entwicklungsbedingungen für Kinder zu informieren. Im Rahmen der interdisziplinären Normalismusforschung, die maßgeblich auf die Foucaultschen Begriffe der „Normalisierung" und

1 Ich danke Johanna Mierendorff und Sabine Bollig für weiterführende Kommentare zu einer früheren Fassung dieses Beitrags.

der „Normalisierungsgesellschaft" (Foucault 1977, 1993) referiert, wird zwischen beiden Sorten Normen analytisch unterschieden. Während normative Normen als präskriptive Handlungsvorschriften und punktförmige „Erfüllungsnormen" zu verstehen sind, beziehen sich normalistische Normen auf „mehr oder weniger breite ‚normal ranges', die sich zwischen meistens zwei Normalitätsgrenzen an den ‚Extremen' um die ‚Mitte' der [...] statistischen Durchschnittswerte herum erstrecken" (Gerhard/Link/Schulte-Holtey 2001, S. 7). Normalistische Normen beschreiben anders als die normativen Normen ‚Korridore' der Normalität. Entwicklungsnormen können diesbezüglich als Beispiel gelten: In Entwicklungstabellen und Somatogrammen werden in der Regel obere und untere Schwellennormen zur Anormalität definiert, mittels derer zwischen üblicherweise fünf Prozent (zwei Standardabweichungen vom Durchschnitt) und 25 Prozent der Kinder als in ihrer Entwicklung ‚auffällig' klassifiziert werden – entsprechend werden bis zu 95 Prozent der Kinder in der Anwendung der meisten Entwicklungsdiagnostiken als ‚normal' entwickelt eingestuft. Gerhard u. a. betrachten allerdings das „Regime systematischer Verdatung", das sich seit dem 19. Jahrhundert über Reihenuntersuchungen und Sozialstatistiken etablierte, als „historisches Apriori des Normalismus", das zu einem „neuen Typ von Interferenzen zwischen Normativität und Normalität" (ebd.) geführt habe.

Vor diesem Hintergrund deutet sich an, dass gesellschaftliche Prozesse der Normierung und Normalisierung der Kindheit in engem Zusammenhang gedacht werden müssen – aber auch nicht einfach gleichgesetzt werden sollten. Dieser Beitrag unternimmt deshalb eine Reflexion auf die (Un)Unterscheidbarkeit sowie den Versuch einer Bestimmung der Begriffe Normierung und Normalisierung mit Bezug auf die Kindheit. Er verfolgt damit den Anspruch, die weiteren Beiträge des Bandes begriffssystematisch zu rahmen.

In der Klärung der Konzepte Normierung und Normalisierung werden zunächst die virulenten semantischen und diskursiven Überblendungen beider Begriffe in unterschiedlichen wissenschaftlichen Disziplinen (1.) sowie deren pädagogisch-erziehungswissenschaftliche Verwendungsweisen (2.) reflektiert. In einem nächsten Schritt werden Normierung und Normalisierung auf eingeführte Konzepte der Kindheitssoziologie wie etwa die Institutionalisierung und Standardisierung der Bedingungen des Aufwachsens und des Lebenslaufs bezogen, um das kindheitssoziologische Potential der Begriffe Normierung und Normalisierung im Vergleich dazu auszuloten (3.). In einem weiteren Schritt referiere ich, um deren analytisches Potential weiter zu qualifizieren, Foucaults Differenzierung beider Konzepte (4.) und komme auf diesem Weg zu dem Konzept der Gouvernementalität, in dem Foucault Prozesse der Disziplinierung und Regulierung der Bevölkerung bündelt, die wiederum maßgeblich auf Prozessen der Normierung und Normalisierung basieren (5.). Schließlich reflektiere ich neuere gouvernementalitätstheoretische Kindheitsstudien und unterscheide die Ebenen Normierung/Normalisierung der Kindheit *und* der Kinder (6.) und ziehe ein Fazit für die Kindheitsforschung (7.).

1. Semantische und diskursive Überblendungen von Normierung und Normalisierung

Das Verb normieren kann unterschiedliche Bedeutungen transportieren: Es kann „vereinheitlichen", „in einer bestimmten Weise festlegen oder regeln" heißen (Duden 5 1982, S. 529; Stichwort: normieren). Eine Norm (von lat. norma: Winkelmaß) ist gleichbedeutend mit einem allgemeinen Maßstab, einer Richtschnur; Norm bezeichnet außerdem in unterschiedlichen Anwendungsbereichen ein Leistungs- bzw. Qualitätsniveau (etwa im Sinne der DIN-Norm). Der Begriff Norm kann in mindestens dreifacher Weise verwendet werden: für ein anzustrebendes Ideal, den statistischen Durchschnitt oder einen einzuhaltenden Standard (Waldschmidt 2004, S. 191).

Wenn unter „normieren" verstanden werden kann, dass Maßstäbe festgelegt werden, dann stellt sich die Frage nach dem jeweiligen Referenzrahmen. Im Kontext des Rechtssystems bedeutet Normierung die Regelung, Kodifizierung und Festschreibung des ‚richtigen' Handelns in Gesetzen, welche als absolut verbindlich gelten (Muss-Normen). Stärker als das Verb normieren können sich „Normen" im Sinne von Werten auch auf sittliche Ge- und Verbote, also auf Formen der moralischen Regulierung des Handelns der Gesellschaftsmitglieder beziehen, die nicht unbedingt Eingang in entsprechende rechtliche Kodifizierungen finden und einen geringeren Verbindlichkeitsgrad aufweisen (Soll-Normen und Kann-Normen). In diesem Sinne sind „soziale Normen" ein soziologischer Grundbegriff (vgl. Schäfers/Kopp 2006) oder „Schlüsselbegriff" (vgl. Bahrdt 2003), der zum Begriffsarsenal der klassischen soziologischen Handlungs- und Rollentheorien gehört, in deren Rahmen er die Regelmäßigkeit und Stabilität sozialen Handelns zu beschreiben und erklären hilft, indem er die Aspekte „Wertvorstellungen", „Verhaltensregelmäßigkeiten" und „Verhaltenserwartungen" umschließt. „Normen" changieren in ihren Bedeutungen in diesem Kontext also zwischen Sollens- und Zustandsbeschreibungen.

Die Konzepte Normierung/normieren und Normalisierung/normalisieren haben sich nicht entsprechend als soziologische (Grund-)Begriffe etabliert[2], vermutlich weil die gesellschaftlichen Prozesse der Herausbildung, Perpetuierung und Transformation von sozialen Normen, die damit zu bezeichnen wären, sehr komplex sind und sich gegen eine Theoretisierung unter einem

---

2   In dem Handbuch Spezielle Soziologien (Kneer/Schroer 2010) findet sich der Begriff Normalisierung lediglich in den Bereichen Medizin-, Militär- und Thanatosoziologie sowie Soziologie der Migration und der Sozialpolitik. Der Begriff Normierung taucht noch seltener auf, unter Soziologie der Kindheit und der Sozialpolitik.

Begriff tendenziell sperren. Wenn der Begriff der Normierung in der Soziologie aufgegriffen wird, so richtet er sich auf Prozesse der Institutionalisierung von (verbindlichen) Regeln und Standards (der Lebensführung) – und erweist sich als kaum unterscheidbar von dem Begriff der Normalisierung, der entsprechend gebraucht wird. (In dieser Bedeutung kommen beide Begriffe auch im vorliegenden Band vor.) Wenn sich eine feine Unterscheidung einziehen lässt, so die, dass Normierung etwas stärker präskriptiv und Normalisierung etwas stärker deskriptiv konnotiert ist.

In der Mathematik bedeutet „normieren" vergleichbar machen, es geht dabei um die Skalierung eines Wertes auf einen bestimmten Wertebereich. Die entsprechende Bedeutung findet sich in der psychometrischen Testtheorie, in der mit Normierung gemeint ist, ein Bezugssystem festzulegen, etwa in der altersbezogenen Normierung eines Tests für Kinder, die 5 Jahre und 5 Monate alt sind. Hier bedeutet Normierung also so etwas wie die Eichung eines Messinstruments. Etymologisch gehen sowohl der Begriff Norm als auch der Begriff Diagnose („unterscheidende Beurteilung") auf den griechischen Begriff *gnōmōn* („Kenner, Beurteiler; Richtschnur", vgl. Duden 7 1989, S. 124 f.; Stichwort: Diagnose) zurück. Dieser etymologische Zusammenhang verweist darauf, dass Prozesse der Normierung ihrerseits Prozesse der Beurteilung voraussetzen. Normieren heißt dann beurteilbar machen, und Normierung bezieht sich entsprechend auf die Vereinheitlichung von Maßen, Verfahren und Methoden. Eine solche Vereinheitlichung ist wiederum die Voraussetzung dafür, bestimmte Phänomene überhaupt messbar zu machen, und damit eine Voraussetzung der Operationsweise des Normalismus. Die enge Verflechtung der Bedeutung beider Begriffe – normieren und normalisieren – deutet sich also auch auf messtheoretischem Gebiet an. Während sich allerdings „normieren" eher auf die Festlegung einer Norm und die Konstituierung der Messbarkeit beziehen lässt, verweist „normalisieren" tendenziell eher auf die weiteren sozialen Prozesse der Ausrichtung an der umschriebenen Norm.[3] An das Messen schließen die Folgeoperationen Typisieren, Klassifizieren, Vergleichen und Relationieren an, welche insgesamt dem Komplex der Normalisierung zuzurechnen sind.

2. Pädagogisch-erziehungswissenschaftliche Verwendungsweisen

Für die Bedeutungsvarianten des Begriffs Normalisierung ist auch seine Verwendung in pädagogischen Spezialdiskursen aufschlussreich. In der Sonderpädagogik richtete sich das Normalisierungsprinzip seit den 1950er

---

3   In diversen online-Synonymwörterbüchern finden sich für „normalisieren" die Bedeutungen normal gestalten, der Norm angleichen, ordnen, in Ordnung bringen, regeln, regulieren u. a.

Jahren darauf, den Alltag für (erwachsene) Behinderte (v. a. mit kognitiven Beeinträchtigungen) so normal wie möglich zu gestalten (vgl. Barow 2009; Bailey/McWilliam 1990). Der Begriff wird heute allerdings eher durch die Konzepte Gleichstellung und Inklusion abgelöst, insofern der Normalisierungsbegriff darauf verweist, dass zunächst etwas als nicht normal verstanden wird, wenn es in der Folge normalisiert werden soll. Man könnte auch sagen: Die initiale unterscheidende Beurteilung in Bezug auf Behinderungen läuft in ihren normativen Implikationen erst einmal auf Denormalisierung hinaus, bevor normalisiert werden kann.

Ähnlich verhält es sich auch bei der Konstituierung von Fällen in Sozialpädagogik und sozialer Arbeit. Im Kontext der Sozialarbeitstheorie und -forschung konzipierte Olk (1986) soziale Arbeit als „Normalisierungsarbeit", die zwischen Fällen und allgemeinen Normen vermittelt. „Sozialarbeit als Teilsystem […] ist mit der vorsorglichen Vermeidung und kurativen Beseitigung von Normverletzungen, bzw. anders gewendet mit der *Gewährleistung durchschnittlich erwartbarer Identitätsstrukturen,* betraut." (Ebd., S. 12, Hervorh. im Original) Wurde die Leistung der Sozialarbeit für die Gesellschaft entsprechend charakterisiert, schloss sich folgerichtig die Diagnose von der Normalisierung der sozialen Arbeit selbst, im Sinne eines zunehmenden selbstverständlich Werdens ihrer Inanspruchnahme, an (vgl. Lüders/Winkler 1992). Allerdings werden beide Thesen neuerdings in Zweifel gezogen: Seelmeyer (2007) unterzieht die Normalisierungskonzepte in den Theorien zur sozialen Arbeit einer Revision und greift differenzierter die Unterscheidung von Foucault zwischen disziplinierender und regulierender Normalisierung auf.[4] Sein theoretischer Einsatz läuft darauf hinaus, die soziale Arbeit (im Sinne ihrer Kontrollfunktion) weniger als gesellschaftliche Instanz der Durchsetzung von Normen zu verstehen. Vielmehr konzipiert er die soziale Arbeit im Umgang mit Normen und Normalität dynamischer, den Beteiligten würden in den konkreten Beratungs- und Hilfeprozessen auch Spielräume erwachsen. In dieser neueren Auseinandersetzung mit den normalisierenden Effekten der sozialen Arbeit werden demnach emanzipatorisch-normative Aspekte in den Vordergrund gerückt.

Normalisierung findet auch im Diskurs zu Transgender-Kindern und Erwachsenen Anwendung. Hier kann sich das Konzept darauf richten, statt Zweigeschlechtlichkeit und Heterosexualität als Normen durchzusetzen und/oder eindeutige sexuelle Identität operativ herzustellen, die Abweichungen sexueller Identitäten anzuerkennen und ebenso als ‚normal‘ zu begreifen. Damit wird auch das psychologische Konzept der Geschlechtsidentitätsstörungen zurückgewiesen, das diese als Psychopathologien begreift,

---

4 Diese Unterscheidung wird weiter unten näher erläutert (Abschnitt „Normierung und Normalisierung bei Foucault und in der Foucaultrezeption"). Für eine gouvernementalitätstheoretische analytische Perspektive auf die soziale Arbeit vgl. auch Kessl (2005).

bei denen das biologische Geschlecht nicht anerkannt werde. Ähnlich wie im Bereich der Behindertenpädagogik verweist das Konzept demnach auch in diesem Kontext auf Identitätspolitiken von stigmatisierten Gruppen, die eine normative Ordnung der Normalität von sich aus aktiv hinterfragen und dabei von der Pädagogik advokatorisch unterstützt werden. In beiden Feldern erscheint Normalisierung einerseits als politisches, als präskriptives und normatives Gegenkonzept zu etablierten, hegemonialen Konzepten der Normalität.[5] An den Diskursen zur Intersexualität fällt andererseits die Verwendung für durchaus komplementäre Sachverhalte auf: Während auf den *homepages* von Betroffenen(verbänden) Normalisierung vorwiegend im Kontext der Beschreibung eines Normalerwerdens der eigenen Lebensverhältnisse auftaucht (z. B. zunehmende Normalisierung beim Sorgerecht), wird es in der wissenschaftlichen Literatur eher auf die gesellschaftliche Durchsetzung hegemonialer Normalität bezogen (z. B. Normalisierung der Genitalverstümmelung; „Normalisierung heteronormativer Zweigeschlechtlichkeit im Recht", de Silva 2008).

Auch in der Montessori-Pädagogik taucht der Begriff Normalisierung oder Normalisation auf, und zwar in der Bedeutung einer personalen Reorganisation der Selbstregulierung und -steuerung. Montessori bezeichnete damit die Prozesse, über die abweichendes Verhalten bei Kindern wieder in ‚normale‘ (in ihrem Verständnis natürliche) Bahnen der Motivation, Aktivität und Konzentration gelenkt werden (auch „Polarisation der Aufmerksamkeit"; für eine kritische Diskussion vgl. Reiß 2012).

Das Schillernde an dem Normalisierungsbegriff ist demnach, dass er sich ebenso auf die historisch-gesellschaftliche Durchsetzung normativer Ordnungen und in eher kritischer Konnotation auf den Anpassungs- und Konformitätsdruck beziehen kann, dem sich ‚Nicht-Normale‘ in Folge ebendieser Durchsetzung ausgesetzt sehen. Konnotativ eher entgegengesetzt und affirmativ kann der Begriff aber auch die Praktiken und Bestrebungen benennen, die dazu beitragen sollen, bisher nicht-normale Alltags- und Lebensbedingungen z. B. für behinderte oder entwicklungsgestörte Kinder so ‚normal‘ wie möglich zu gestalten. In den pädagogischen Verwendungsweisen ist der Normalisierungsbegriff also tendenziell normativ befrachtet: entweder affirmativ-normativ oder kritisch-normativ. Diese (pädagogisch) normative Aufladung des Normalisierungskonzepts hat damit zu tun, dass normalistische Normen laut Link (2008) zwar (weite) Korridore der Normalität beschreiben; die Definition von Schwellennormen, die den Korridor begrenzen, arbeitet aber letztlich mit einer binären Unterscheidung in (noch) normal und *nicht* (mehr) normal, aus der die Beschreibung von Problem-

---

5   Dass Normalisierung gerade auch eine Anpassung von (behinderten) Kindern an hegemoniale Vorstellungen von einem normalen Leben bedeuten kann, zeigen die Beiträge von Chilla und Fuhs zu Hörbeeinträchtigten sowie Liebsch, Haubl, Brade und Jentsch zu ADHS diagnostizierten Kindern (beide in diesem Band).

gruppen und normative Normen der Intervention in kindliche Entwick-
lungs- und Bildungsprozesse abgeleitet werden. Es sind diese wie auch
immer kleinen Problemgruppen, denen sich die Pädagogen dann advokatorisch zuwenden – nur diese Gruppen markieren die Zielgruppen der speziellen Pädagogiken.

Gegenüber solchen normativen Aufladungen der Begriffe Normierung
und Normalisierung verfolge ich in diesem Beitrag deren analytische Profi-
lierung für die Kindheitsforschung; dazu frage ich im folgenden Abschnitt
nach den Verbindungen beider Begriffe zu eingeführten analytischen Konzepten der Kindheitsforschung.

3. Normierung und Normalisierung als Standardisierung der Bedingungen des Aufwachsens. Kindheitssoziologische Reflexionen

In der Sozialgeschichte und Soziologie der Kindheit sind verschiedene
Konzepte entwickelt worden, die sich auf sehr komplexe Prozesse der kulturellen, gesellschaftlichen und gesellschaftspolitischen Standardisierung
moderner Kindheit richten.

Fend (1988) referiert in seiner „Sozialgeschichte des Aufwachsens", bezugnehmend auf Webers „zivilisatorischen Normalentwurf", darauf, dass es
„einen Normalentwurf unserer individuellen und kollektiven Lebensbewältigung in der derzeitigen historischen Phase" (ebd., S. 44) analytisch zu ex-
plizieren gelte. Ein solcher „Normalentwurf der Lebensbewältigung" schließt
Ideen und Begründungsmuster, wie Kindheit und Erwachsenen-Kind-Verhältnisse zu gestalten seien, und Konzepte für Praktiken der Lebensführung
ein. Fend nimmt mit diesem Begriff m.E. in Kauf, dass ein ‚Normalentwurf' gleichzeitig als der richtige und der übliche Entwurf verstanden werden kann, dass sich also normalistische und normative Konnotationen darin
überlagern. Der Begriff Entwurf hebt zudem hervor, dass eine kollektive,
gesellschaftspolitische Ausrichtung von bestimmten Ideen geleitet wird, die
einem Modell oder favorisierten Typus der Lebensbewältigung unterliegen.

Mierendorff (2010) spricht dagegen von einem „modernen Kindheitsmuster". Dieses zeichne sich durch vier Dimensionen aus: Institutionalisierte
Altershierarchie, Scholarisierung, De-Kommodifizierung und Familialisierung. An der Wende zum 20. Jahrhundert wird es in den Industrienationen
‚normal', dass Kinder zur Schule gehen, nicht arbeiten, und es sind primär
die Eltern, denen das Recht und die Pflicht zur Erziehung ihrer Kinder im
privaten Raum der Familie eingeräumt wird (Art. 6 GG). Mierendorff be-
nutzt also den Begriff „Muster" für die Ergebnisse der genannten Standar-
disierungsprozesse und bezieht sich damit, etwas anders als Fend, *ex post*
auf gesellschaftspolitisch durchgesetzte oder realisierte Normen der Gestaltung von Kindheit. In Anlehnung an Mierendorff (2010) ließe sich Normie-

rung und Normalisierung als Standardisierung der Bedingungen des Aufwachsens sowie deren staatliche Regulierung und Sicherung verstehen.

Der Begriff der „generationalen Ordnung" (Bühler-Niederberger 2005; Alanen 2005; Hengst/Zeiher 2005) richtet sich mit jeweils unterschiedlichen Konnotationen ebenfalls auf gesellschaftliche Standardisierungen von Kindheit in Relation zur Erwachsenheit. „Ein Ansatz bei der generationalen Ordnung rückt Normierung und Strukturierung der Unterscheidung von ‚Kindern' und ‚Erwachsenen' als Kontext des Kinderlebens in den Mittelpunkt." (Honig 1999, S. 190) Honig führt in diesem Kontext den Begriff der „moralischen Ökonomie der Generationenverhältnisse" ein und beschreibt darunter etwa Phänomene wie die Institutionalisierung von Alterszugehörigkeit und Lebenslauf; m. E. buchstabiert er aber den Begriff der moralischen Ökonomie als solchen nicht weiter aus. Den Begriffen „ordnen" und „Ordnung" sind Ausgrenzungen des Inkommensurablen, des Abweichenden immer schon eingeschrieben – beim Ordnen geht es um die Prävention von Unordnung und die Reduktion von Unbestimmtheit, man könnte auch sagen: um eine Normierung und Normalisierung der „Verhältnisse" (vgl. Bühler-Niederberger 2005) zwischen Kindern und Erwachsenen. Bühler-Niederberger (2011) verwendet das Konzept des „normativen Musters", das sich historisch und universell durchgesetzt habe, nämlich die „lange, behütete Kindheit", und sie strukturiert ihr Grundlagenbuch zur Lebensphase Kindheit entlang der Differenz zwischen diesem normativen Muster und der Evidenz real vielfältiger Kindheiten, welche die normative Kraft des hegemonialen Musters aber nicht letztlich erschüttert.

An diesen Reflexionen sollten nicht nur die ‚Brücken' zwischen in der Kindheitssoziologie bereits stärker eingeführten Konzepten und den Konzepten Normierung und Normalisierung deutlich gemacht werden. Vielmehr zeigt sich darüber hinaus zweierlei: Erstens geht es den genannten Autoren und Autorinnen um nichts weniger als eine Analyse der zentralen Strukturierungs- und Orientierungsmuster moderner, okzidentaler Kindheit. An den Begriffen „Muster" und „Ordnung" fällt jedoch die spezifische Substantivierung auf, die im Effekt eher eine Fokussierung auf die Hervorbringungen, als auf die dahinter stehenden Praktiken und Prozesse des Ordnens selbst produziert.[6] Es ist eine durchgesetzte, etablierte Ordnung, die sich im historischen Rückblick zeigt, die mit diesem Begriff vorrangig belegt wird.

Wenn auch Link (2008) zur Charakterisierung normativer Normen von deren Punktförmigkeit spricht, und dies ist mein zweiter Punkt, so scheint

---

6   Damit soll nicht gesagt sein, dass die genannten Autorinnen und Autoren diese Praktiken und Prozesse in ihren Ausführungen nicht reflektieren – das tun sie selbstverständlich. Bühler-Niederberger (2005) wählt etwa eine Kapitelüberschrift „Ordnen der Verhältnisse" und legt damit den Akzent eben auf Praktiken und Prozesse. Auch Mierendorff (2010) analysiert die historischen Prozesse der Hervorbringung des modernen Kindheitsmusters. Mir geht es hier allein um die Effekte (oder Rezeptionssignale) der zentral gesetzten Begriffe und nicht um eine grundlegende Kritik.

doch das Konzept der Normierung, wenn es nicht auf (Mess-)Technologien und quasi-technische Operationen beschränkt bleibt, vor allem für die Beschreibung gesellschaftlich-historischer Prozesse von einiger Komplexität sinnvoll zu sein, die von einem ausgedehnten Geltungsanspruch und einiger Reichweite der jeweiligen Normen in der Bevölkerung zeugen.

Beide Punkte synthetisierend, lenken „Normierung" und „Normalisierung" meinem Verständnis nach schon als Begriffe die Aufmerksamkeit stärker als der Musterbegriff auf die dahinter stehenden Praktiken. Und sie fokussieren die Frage, wie *Normen* in *Prozesse* der Strukturierung, Institutionalisierung und Standardisierung von Kindheit eingebunden werden – diese drei Begriffe zur Beschreibung moderner Kindheit verstecken die den Prozessen inhärenten normativen Bezüge eher, als dass sie diese systematisch entfalten würden. Durch die Differenzierung in Normierung (eher Normsetzung, präskriptive und prospektive Perspektive) und Normalisierung (eher fortgesetzte Ausrichtung von Praktiken an Normen, deskriptive Perspektive) eröffnen sich zudem Möglichkeiten der Pointierung der Analysen moderner Kindheiten.

Gleichwohl ist die (theoretische) Konturierung beider Begriffe bis hierhin auch noch relativ schwach ausgeprägt. Im Folgenden gehe ich deshalb auf den Autor ein, der die zentrale Referenz ist, wenn es um den Begriff der Normalisierung geht, sowie auf seine Rezeption in Sozial- und Kindheitswissenschaften, um daran die Anschlussmöglichkeiten für diesen Band und die Kindheitsforschung herauszuarbeiten.

4. Normierung und Normalisierung bei Foucault und in der Foucaultrezeption

Der Begriff der „Normalisierung" ist in machtanalytischer und historiografischer Perspektive entscheidend von Foucault geprägt worden. Er kennzeichnete damit zunächst die Art und Weise, in der die Medizin seit dem 18. Jahrhundert sozial ordnende Funktionen erfüllte und zur Disziplinierung der Gesellschaftsmitglieder beitrug (vgl. Foucault 1973, 2003). In derselben Perspektive schloss sich *Überwachen und Strafen* an, mit dieser Studie reflektierte Foucault (1977) die Verfeinerung der disziplinarischen Techniken in Gefängnissen, Militär, Schulen und Manufakturen. In den disziplinartheoretischen Arbeiten kritisiert Foucault ein juridisches Modell der Macht, er zeige darin, „wie sich in den Lücken und gegen die Mechanismen rechtlicher Normierung und gesetzlicher Kodifizierung disziplinäre Techniken Geltung verschaffen und das Recht ‚kolonisieren'." (Lemke/Krasmann/Bröckling 2000, S. 13) Die Disziplinarmacht beziehe

„die einzelnen Taten, Leistungen und Verhaltensweisen auf eine Gesamtheit, die sowohl Vergleichsfeld wie auch Differenzierungsraum und zu befolgende Regel ist. Die Individuen werden untereinander und im Hinblick auf diese Gesamtregel differenziert, wobei diese sich als Mindestmaß, als Durchschnitt oder als optimaler Annäherungswert darstellen kann. Die Fähigkeiten, das Niveau, die ‚Natur' der Individuen werden quantifiziert und in Werten hierarchisiert. [...] Als Unterschied zu allen übrigen Unterschieden wird schließlich die äußere Grenze gegenüber dem Anormalen gezogen." (Foucault 1977, S. 236)

Eben darin zeige sich die Operationsweise einer Normalisierungsgesellschaft, die ihre Mitglieder nach Kriterien ökonomischer Nützlichkeit zu Fällen mache:

„der Fall ist das Individuum, wie man es beschreiben, abschätzen, messen, mit anderen vergleichen kann – und zwar in seiner Individualität selbst; der Fall ist aber auch das Individuum, das man zu dressieren oder zu korrigieren, zu klassifizieren, zu normalisieren, auszuschließen hat" (ebd., S. 246).

Die Relationierung des Einzelnen an der Masse wird seit dem 18. Jahrhundert durch Aufzeichnungstechnologien, durch eine forcierte Dokumentation in den Verwaltungsstaaten instrumentell umgesetzt. Foucault deutet in *Überwachen und Strafen* an, dass die Disziplinarmacht spezifische ‚disziplinäre' Wissensformen voraussetzt und sich letztlich auf die Regierung der Bevölkerung richtet, arbeitet diese Zusammenhänge hier aber (noch) nicht weiter aus (Sohn 1999, S. 17).

In späteren Arbeiten differenziere Foucault dagegen, so Sohn (1999), Lemke, Krasmann und Bröckling (2000) sowie Schrage (2008) übereinstimmend, zwischen disziplinierender Normierung und regulierender Normalisierung.[7] Die Disziplinierung und Normierung durch Zugriff auf den Körper sieht Foucault (1993) später selbst als unzureichende Interpretation der Normalisierungsgesellschaft an. Er konzipiert diese nun als eine „Gesellschaft, in der sich gemäß einer orthogonalen Verknüpfung die Norm der Disziplin und die Norm der Regulierung miteinander verbinden" (ebd., S. 40). Foucault entwickelt in *Sexualität und Wahrheit* (Band I, 1983) die Idee einer zwischen der Disziplinierung der Körper und der Regierung der Bevölkerung zirkulierenden Norm. Beide Bereiche konstituieren die „Hauptformen", in denen sich, als „doppelgesichtige [...] Technologie", das Feld der Bio-Macht historisch entfaltet hat, zunächst seit dem 17. Jahrhundert die Disziplin und seit Mitte des 18. Jahrhunderts die Bio-Politik der Bevölkerung:

---

7 Waldschmidt (2010, S. 51) hebt zudem hervor, dass die Bio- oder Körperpolitik bei Foucault vier Facetten umfasse: Diskursivierung, Disziplinierung, Normierung und Normalisierung.

„Die Fortpflanzung, die Geburten- und Sterblichkeitsrate, das Gesund-
heitsniveau, die Lebensdauer, die Langlebigkeit mit allen ihren Varia-
tionsbedingungen wurden zum Gegenstand eingreifender Maßnahmen
und *regulierender Kontrollen*" (Foucault 1983, S. 166; Hervorh. im Original).

Diese Macht zeichne sich durch die „sorgfältige Verwaltung der Körper und
die rechnerische Planung des Lebens aus" (ebd., S. 167). Die Norm in diesem Verständnis, betont Schrage (2008, S. 4126), ergebe sich aus der Kom-
pilation des statistisch gewonnenen Wissens um die faktische Lage von Bevölkerungen. Die normalisierende Intervention sei deshalb nicht, wie die
normierende, als Überwachung der Normenbefolgung zu verstehen, sondern
bestehe in der Ausrichtung von Subjekten am normalverteilten Verhalten
der Masse. Zu ergänzen wäre hier, dass Foucault dabei sowohl die Techniken der Fremd- als auch der Selbstführung im Blick hat (Lemke, Krasmann
und Bröckling 2000, S. 10) und die moderne Form der Subjektivierung
nicht einfach zur Seite der „Technologien des Selbst" hin auflöst. Schrages
Ausführungen deuten, sofern er den Akzent auf Subjektivierung legt, diese
Lesart an, auch an anderen Stellen betont er die „weitgehend selbsttätige
Orientierung" oder die „freiwillige, selbstgetätigte Anschmiegung der Einzelnen an den Stand der Dinge" (ebd.), die eine Subjektivierung durch Normalisierung zu gewährleisten verspreche.[8] Weiterführend an Schrages
(2008, S. 4126 f.) Reflexion ist gleichwohl der Hinweis, dass

„eine fehlende Differenzierung von Normierung und Normalisierung oft
dazu [führt, HK], dass das Konzept der Subjektivierung repressions-
logisch enggeführt wird […]. Dabei liegt die Prägnanz des Konzepts der
Subjektivierung durch Normalisierung gerade in der Unterscheidung zu
disziplinierenden Überwachungstechnologien und in der These, dass
fungible Subjektivität heute sich im Wunsch nach Anschlussfähigkeit
manifestiert."

---

8   Schrage (2008, S. 4125) akzentuiert, dass der Normalisierungsbegriff von Foucault
    eng auf den Subjektivierungsbegriff bezogen wird. Subjektivierung sei als Konzept
    „spezifischer als das soziologische Konzept der Sozialisation, denn es zielt nicht auf
    die für *jede* Gesellschaft notwendige, sanktionsbewehrte Anpassung von Heranwach-
    senden an bestehende soziale Normen, sondern auf die kontrollierte Ermächtigung
    von Einzelnen zu eigenständigem Handeln in zunehmend komplexeren sozialen
    Wirklichkeiten, die in der Moderne eine Grundlage der Vergesellschaftung darstellt.
    […] ‚Normalisierung' bezeichnet vor diesem Hintergrund eine Verfahrensweise, mit
    deren Hilfe die Umwandlung von Menschen in Subjekte bewerkstelligt wird."

5. Foucault *and beyond:* Gouvernementalität

Lemke, Krasmann und Bröckling (2000, S. 24) weisen dagegen darauf hin, dass Foucault trotz seiner Kritik an der Repressionshypothese und anders als viele andere nie bestritten habe, dass es Repression gibt. Die Autoren entfalten Konzepte der *governmentality studies,* die sich im Anschluss an Foucault zunächst im angelsächsischen Raum und in den letzten Jahren auch im deutschen Sprachraum entwickelt haben. Bevor ich jedoch zu diesen empirischen Anschlüssen an Foucault für eine Analyse der Gegenwartsgesellschaften komme, soll beleuchtet werden, was Foucault unter Regierung und Gouvernementalität versteht.

„Unter Regierung verstehe ich die Gesamtheit der Institutionen und Praktiken, mittels derer man die Menschen lenkt, von der Verwaltung bis zur Erziehung." (Foucault 1996, S. 118) Diese Gesamtheit von Prozeduren, Techniken und Methoden ist Foucaults Auffassung nach in die Krise gekommen. Foucault (1978/2000, S. 47) unterscheidet drei Typen von Regierung und die dazugehörenden Reflexionsmodi: die Regierung seiner selbst hänge mit der Moral zusammen, die Regierung der Familie mit der Ökonomie und die Regierung des Staates mit der Politik, wobei die Verbindung zwischen der zweiten und der dritten Form durch eine „wesensmäßige Kontinuität" gekennzeichnet sei. Wenn diese Zuordnungen auch etwas schematisch wirken, verweisen sie doch auf die differenzielle Bedeutung von Wissens- und Reflexionsmodi für die differenten Objekte der Regierung.

Die Regierungskunst des Staates habe sich lange am Modell der Familie, genauer dem Modell der Führung durch einen Patriarchen oder Hausvater orientiert, und mit dem Aufkommen der Statistik und der Erkenntnis, dass die Bevölkerung ihre eigenen Regelmäßigkeiten habe, die nicht auf diejenigen der Familie zurückzuführen seien, wurde dieses Modell obsolet.

„Umgekehrt wird genau zu diesem Zeitpunkt [Mitte des 18. Jahrhundert, HK] die Familie wieder als Element innerhalb der Bevölkerung und als fundamentales Relais ihrer Regierung auftauchen. [...] Sie ist also kein Modell mehr; sie ist ein Segment, ein schlechthin privilegiertes Segment, weil man, sobald man bei der Bevölkerung hinsichtlich des Sexualverhaltens, der Demografie, der Kinderzahl oder des Konsums etwas erreichen will, über die Familie vorgehen muss. [...] sie dient als privilegiertes Instrument für die Regierung der Bevölkerungen und nicht als chimärisches Modell für die gute Regierung. Diese Verschiebung der Familie von der Ebene des Modells zur Ebene der Instrumentalisierung ist absolut fundamental." (Ebd., S. 60 f.)

Mit „neuartigen Taktiken und Techniken" wird die Bevölkerung zum Gegenstand der Beobachtung, das so gebildete Wissen lasse sich nicht vom Regierungswissen trennen, diesen Zusammenhang belegt Foucault mit dem

Begriff der politischen Ökonomie. Gleichzeitig werde die Disziplin nicht etwa eliminiert, vielmehr sei sie niemals wichtiger gewesen, als von dem Zeitpunkt an, als man versuchte, die Bevölkerung zu führen (ebd., S. 63).

„Unter Gouvernementalität verstehe ich die Gesamtheit, gebildet aus den Institutionen, den Verfahren, Analysen und Reflexionen, den Berechnungen und den Taktiken, die es gestatten, diese recht spezifische und doch komplexe Form der Macht auszuüben, die als Hauptzielscheibe die Bevölkerung, als Hauptwissensform die politische Ökonomie und als wesentliches technisches Instrument die Sicherheitsdispositive hat." (Ebd., S. 64)

Analog spricht Foucault von der „Gouvernementalisierung des Staates". Den Sicherheitsdispositiven ordnet er das christliche Pastorat, die diplomatisch-militärische Technik und die „Policey" zu. „[...] die Taktiken des Regierens gestatten es, zu jedem Zeitpunkt zu bestimmen, was in die Zuständigkeit des Staates gehört und was nicht [...], was öffentlich ist und was privat, was staatlich ist und was nicht staatlich ist." (Ebd., S. 64–66)[9]

Sowohl in Bezug auf Normalisierung wie auf Gouvernementalität sprechen die Rezipienten davon, dass deren Ausarbeitung bei Foucault fragmentarisch geblieben sei (z.B. Sohn 1999, S. 26; Lemke, Krasmann und Bröckling 2000, S. 17). Eine detaillierte Analyse der Techniken, Institutionen und Programme des Regierens im weitesten Sinne verfolgen erst einige Schüler Foucaults und in jüngster Zeit die *governmentality studies*.

Diese richten ihr Augenmerk auf eine Analyse aktueller Umbrüche in als neoliberal verstandenen Gesellschaften. Gegen einseitige Diagnosen einer Rückbildung des Staates und Ausdehnung der Marktgesellschaft wie auch entgegen Analysen, die eher eine Variabilität von Regierungspraktiken statt deren Homogenisierung betonen, setzen die Gouvernementalitätsstudien ein „anspruchsvolles theoretisch-methodologisches Programm" (ebd., S. 18). Dieses zielt auf differenzierte Analysen der politischen Rationalitäten der Gegenwartsgesellschaften, die sich Foucault zufolge in Praktiken einschreiben sowie als wissensbasiert und relational zu verstehen sind. Diese antirealistische, nominalistische Analyseform richte sich auf dynamische, reflexive Netze von Kräfteverhältnissen, Interessen und Strategien, die Objektivitäten erst objektivieren, ihnen Evidenz und Realität verleihen (ebd., S. 21). Ein anderer Ausdruck für diese Perspektive wird durch den Foucaultschen Begriff der „Wahrheitspolitik" markiert. Dabei zeigen sich politische Rationalitäten, wenn man Foucault folgt, nicht notwendig im Gelingen, sondern durchaus auch im Scheitern und den unintendierten Effekten von Regie-

---

9 Foucault nennt im Folgenden zwei weitere Verständnisse, die sich aber auf die Analyse historischer Prozesse der Gouvernementalität richten und hier vernachlässigt werden.

rungsprogrammen. Kämpfe und Widerstände verzerrten die Programme nicht, sondern seien „immer schon Teil ihrer ‚Realisierung'" (ebd., S. 23), die nicht einfach einer Logik der Umsetzung folge.

Lemke, Krasmann und Bröckling (2000) stellen, vor dem Hintergrund einer „qualitativ veränderten Topologie des Sozialen", insbesondere den Zusammenhang von Selbst- und Herrschaftstechnologien, der das Feld der Machtmechanismen bestimme, als Gegenstand der Gouvernementalitätsstudien heraus. „Der Kontaktpunkt, an dem die Form der Lenkung der Individuen durch andere mit der Weise ihrer Selbstführung verknüpft ist, kann nach meiner Auffassung Regierung genannt werden." (Foucault 1993, zitiert in Lemke, Krasmann und Bröckling 2000, S. 29) In diesem Sinne stehen auch und vor allem die Modifikationen der Formen moderner Subjektivierung, die „Erfindung und Förderung von Selbsttechnologien, die an Regierungsziele gekoppelt werden können" (ebd.), im Fokus. Auch Unternehmen, Behörden oder Vereine werden als „kollektive Subjekte" verstanden, die im Neoliberalismus nun „schlank", „fit", „flexibel" und „autonom" sein müssten.

In dieser Linie sind auch im Bereich der Kindheitsforschung in den letzten Jahren Arbeiten entstanden, die nach der Regierung, der Gouvernementalität der Kindheit in den Gegenwartsgesellschaften fragen. Interessanterweise steht in diesem Zusammenhang insbesondere die frühe Kindheit im Fokus, da hier bedeutsame Veränderungen zunächst einmal auf den Ebenen von Gesetzen, (Regierungs-)Programmen, Institutionen und Verfahren zu verzeichnen sind.

6. Gouvernementalität der Kindheit[10]

Rose (1999, S. 123) weist im Anschluss an Foucault in seinen Studien zur Führung des privaten Selbst darauf hin, dass Kindheit der „most intensely

---

10 Vernachlässigt werden hier Arbeiten, die in der historischen Kindheitsforschung schon seit längerer Zeit (in eher disziplinartheoretischer Perspektive) an Foucault anschließen und für das 19. und frühe 20. Jahrhundert v. a. die Etablierung, Differenzierung und Professionalisierung der Kinderwissenschaften und deren normalisierende Effekte analysieren (vgl. z. B. Armstrong 1983; Depaepe 1993; Turmel 1997 und 2008). Diese Prozesse bildeten die Basis für damals neue Formen einer interventionistischen Sozial- und Gesundheitspolitik (vgl. Cravens 1985; Swaan 1990). Den Zusammenhang zwischen sozialhygienischen Bewegungen und der Normalisierung der Kindheit stellen auch Egan und Hawkes (2009) heraus. Die normalisierenden Effekte der Wohlfahrtspolitik für Kinder in Großbritannien untersucht Hendrick (1993). Die Geschichte der Verhaltensgestörtenpädagogik schreibt von Stechow (2004) als eine Geschichte der Normalisierung. Ungezählte weitere Arbeiten wären in diesem Kontext zu nennen. – Der vorliegende Abschnitt konzentriert sich aber auf neuere Arbeiten, die Veränderungen in der Regierung von Kindheit in Gegenwartsgesellschaften analysieren.

governed sector of personal existence" sei. Der englische Begriff *governance* bezieht sich dabei auch in kindheitswissenschaftlichen Arbeiten meist auf Steuerungs- und Lenkungswissen und -handeln im Allgemeinen und wird nicht immer, aber häufig an den weiten Regierungsbegriff von Foucault angelehnt. Im Sinne der *governmentality studies* verwenden auch Hultqvist und Dahlberg (2001) sowie Bloch, Popkewitz und Holmlund (2003) ihn für ihre Analysen zur politischen Restrukturierung des Wohlfahrtsstaates, die neue Formen der Regierung von Kindern, Eltern und Erziehung hervorbringe. Für neue politische Rationalitäten in der Regulierung der frühen Kindheit interessiert sich auch Ailwood (2004), die am Beispiel vorschulischer Einrichtungen im australischen Queensland und der diskursiven Figur des „schlanken Staates" die Frage verfolgt, wie sich die politische Regulierung der Bevölkerung in den Institutionen der frühen Kindheit spiegelt.

Auch die in neuartigen Curricula sowie Bildungs- und Erziehungsplänen allfälligen Kompetenz- und Akteurskonzepte geraten in den *governance*- und diskursanalytischen Blick von Kindheitsforscherinnen (vgl. Smith 2012). Diese deuten nicht nur auf politische Responsibilisierungstrategien in Bezug auf die Eltern (vgl. Seehaus 2012), sondern auch in Bezug auf die Kinder selbst hin. Smith (2012) variiert die von Chris Jenks eingeführten Modelle einer dionysischen und einer apollinischen Kindheit, mit denen er externe und interne Formen der Kontrolle der Kindheit zu symbolisieren suchte, indem sie das „athenische Kind" einführt. „This model is necessary in order to take account of relatively recent strategies in the government of childhood, which, predicated on understandings of children in terms of competence and agency, operate via responsibility and reflexivity." In einer ähnlichen Argumentationslinie widmet Plum (2012) ihre Arbeit der Analyse von Techniken der Beobachtung und Dokumentation von Bildungsprozessen in dänischen Kinderbetreuungseinrichtungen, die Ausdruck jüngerer Reformbemühungen in der frühkindlichen Betreuung und Erziehung (nicht nur in Dänemark) sind. Sie zeigt, wie erst durch Darstellung und Dokumentation kindlicher Aktivitäten fortlaufend Arbeit an der Produktion und Sichtbarmachung des eigenaktiven „lernenden, sich bildenden Kindes", das in den frühpädagogischen Konzepten gleichzeitig schon vorausgesetzt wird, geleistet wird (vgl. auch Schulz 2013). Diese Arbeit nennt die Autorin „analytische Methode", die sie im Sinne ihrer neoliberalen Funktionalität als „fortlaufende beobachtende Intervention" interpretiert, welche die Grundlagen lege für die Hervorbringung eines unternehmerischen Selbst (vgl. auch Kelly 2006).

Nadesan (2008, S. 171) beobachtet hingegen eine zunehmende pharmazeutische Regulierung von Kindern auch jenseits pädiatrisch diagnostizierter Störungen. Sie interpretiert diese als Ausdruck der Normalisierungs- und Optimierungsbemühungen von Eltern in Bezug auf ihre Kinder und als Indiz, dass sich die Regierung von Kindheit „from normalization to optimization" umstellt (vgl. auch Kaščák/Pupala in diesem Band; Kelle/Ott 2009).

Die genannten Arbeiten changieren in ihren Gegenstandsbestimmungen zwischen einer Regierung/Normalisierung der *Kindheit* und einer Regierung/Normalisierung der *Kinder* und kehren mal die eine, mal die andere Seite stärker hervor (vgl. auch die Beiträge in diesem Band). Man könnte einerseits sagen, dass sie darin der Vorstellung von Foucault entsprechen, dass Normen zwischen der Disziplinierung der Körper und der Regierung der Bevölkerung zirkulieren. Andererseits verweisen diese Arbeiten aber für die (zukünftige) Kindheitsforschung auch auf die Notwendigkeit, dass in der Klärung der empirischen Gegenstandsbezüge zwischen den Ebenen der Regierung der Kindheit und der Kinder zunächst unterschieden werden sollte, bevor sie analytisch wieder aufeinander bezogen werden können.

In diesem Sinne untersucht das ethnographische Frankfurter Projekt zu Kindervorsorge- und Schuleingangsuntersuchungen diese Untersuchungen als staatliche Programme der Entwicklungsbeobachtung der kindlichen Bevölkerung, die sich an alle Kinder richten und deshalb nicht nur als zentrale Institutionen der Vermittlung von normalistischen und normativen Entwicklungsnormen an Eltern und Kinder, sondern auch als Gelegenheiten der interaktiven Aushandlung von Maßstäben zur Beurteilung der je individuellen Fälle und des Interventionsbedarfs zwischen Ärzten und Eltern anzusehen sind, bei denen Eltern und Kinder auf die Normalitätsanmutungen reagieren (vgl. Kelle 2010; Bollig in diesem Band). In diesem Projekt wurde die diskursive, politische und institutionelle Konfigurierung und Regulierung der Maßnahmen der Entwicklungsbeobachtung und -diagnostik analysiert (vgl. Kelle 2008). Die Durchführung der Verfahren wurde auf der Mikroebene des Geschehens mit Mitteln ethnographischer Beobachtung und Analyse rekonstruiert. Es wurden Dokumenten- und Instrumentenanalysen sowie Analysen des Gebrauchs von (staatlichen) Dokumenten und Instrumenten systematisch aufeinander bezogen, um die je eigene Rationalität der Instrumente und der praktischen Durchführung von Entwicklungsdiagnostik herauszuarbeiten, die erst im Zusammenspiel spezifische normierende und normalisierende Effekte für die je untersuchten Kinder zeitigen (vgl. ex. Kelle 2007 für Somatogramme; Bollig/Kelle/Seehaus 2012 für U-Hefte und darin enthaltene Befundschemata). Das Projekt kann als Beispiel gelten dafür, dass gouvernementalitätstheoretisch inspirierte Arbeiten die Ebene der mikropolitischen und fallbezogenen Durchführung von Verfahren und Programmen *in situ* mit den Ebenen ihrer diskursiven und politischen Konfigurierung methodologisch komplex verknüpfen.

Bollig und Ott (2008) haben in ihrer Teilstudie etwa gezeigt, dass sich Vorsorgeuntersuchungen in ihrer Durchführung durch ein komplexes „praktisches Management der Normalität" auszeichnen, bei denen an Altersgruppen normierte Modelle zwar die medizinische Wahrnehmung des Kinderkörpers maßgeblich prägen und die praktische Realisierung und Einordnung von Befunden erst ermöglichen. Wenn es jedoch um die explizite Zuschreibung von Abweichungen geht, zeigen sich vielfach Strategien der Verflüssigung von Normalitätsgrenzen, indem die Unterscheidungen zwischen normaler und gestörter Entwicklung unter Verweis auf mögliche individuelle Variationen in der Schwebe gehalten werden. Um Gefährdungspotentiale dabei nicht aus dem Blick zu verlieren, wird meist eine intensivierte Beobachtung und Kontrollfrequenz als erforderlich erachtet, womit die „Arbeit an der Grenze" zwischen normaler und gestörter Entwicklung im Rahmen der Vorsorgeuntersuchungen auf Dauer gestellt und ein diffuses Risikobewusstsein verstetigt wird.[11]

Normalisiert werden durch das Programm der Vorsorgeuntersuchungen ebenso individuelle Entwicklungsverläufe – oder die Kinder – wie auch in Form einer institutionalisierten Dauerbeobachtung eine spezifische Regierung von Kindheit.

7. Fazit für die Kindheitsforschung

Die *governmentality studies* oder ähnlich ausgerichtete neuere Forschungen fragen nach den Veränderungen in der Regierung der Kindheit über (neue) Diskurse, Verfahren, Techniken und Methoden in Familien, Kinder- und Jugendhilfe sowie Bildungs- und Betreuungseinrichtungen. Nach einer langen historischen Phase der Ausdifferenzierung der Disziplinen und Professionen sind heute gesellschaftliche Prozesse zu beobachten, in denen sich die angewandten Kinderwissenschaften entgrenzen und über staatliche Programme in den Bereichen Hilfe, Betreuung und Bildung zur engen Kooperation verpflichtet werden. Für die neuere Forschung stellt sich damit die Frage nach einem Struktur- und Kulturwandel der Kindheit, der generationalen Ordnung und der Wissensordnungen, die diese grundieren, und insbesondere nach einem Gestaltwandel der Normalisierung von Kindheit.

An anderer Stelle (Kelle 2009) habe ich ausgeführt, dass es seit dem Ende des 19. Jahrhunderts vermutlich drei Formen der gesellschaftlichen Beobachtung von Kindern waren – bevölkerungsstatistische Reihenuntersuchungen, ‚klinische' Beobachtungen durch pädagogisches Personal in den Bildungseinrichtungen[12] und die Methoden der experimentellen Entwicklungspsychologie –, die sich in modernen Gesellschaften sukzessive etablierten und die Vorstellung von der Kindheit auf das Engste mit einem normalistischen Konzept von Entwicklung verknüpften. Denn alle drei For-

---

11 Zur Verstetigung von Risikobewusstsein in Bezug auf Kinder auf einer anderen Ebene, in politischen Berichten, welche die öffentliche Wahrnehmung prägen, vgl. Betz und Bischoff (in diesem Band).

12 Diese fanden zuerst im Zuge der *child study* Bewegung Verbreitung, vgl. Depaepe (1993).

men, insofern sie größere Gruppen von Kindern fokussieren, ermöglichen zentrale Operationen wie unterscheiden, klassifizieren und vergleichen. Dadurch wird die Betrachtung des einzelnen Kindes an einer (wenn auch je unterschiedlich dimensionierten) Masse von Kindern relationiert und die Kinder werden auf einem Kontinuum platziert. Zur Erfassung der entsprechenden gesellschaftlichen Institutionen und Praktiken sind die Begriffe Normierung (vgl. oben: eher Normsetzung, präskriptive und prospektive Perspektive) und Normalisierung (eher fortgesetzte Ausrichtung von Praktiken an Normen, deskriptive Perspektive), im Verhältnis zu den Konzepten Institutionalisierung und Standardisierung, von größerer analytischer Präzision.

Aktuelle Revisionen der modernen staatlichen Regulierung von Kindheit deuten sich in jüngsten Veränderungen von Rechtsnormen an. Seit 2007 sind die Kindervorsorgeuntersuchungen (die U 1 bis U 9) für Eltern und Kinder in den meisten Bundesländern gesetzlich als verbindlich geregelt; den Vorsorgen werden nun staatliche Kontrollfunktionen zugeschrieben, welche zuvor nicht in die Zuständigkeit von Kindermedizinern fielen. Mit dem Kinder- und Jugendhilfeweiterentwicklungsgesetz KICK (2005) und dem novellierten § 8a KJHG (staatlicher Schutzauftrag bei Kindeswohlgefährdung; Novellierung 2012) werden neben den traditionellen Einrichtungen der Kinder- und Jugendhilfe nun auch „andere Leistungsträger" und die „Einrichtungen der Gesundheitshilfe" adressiert und in den Schutzauftrag eingebunden (vgl. Mierendorff in diesem Band). Auf der Basis des neuen Kinderschutzgesetzes wird ein System früher Hilfen etabliert, in dem Familienhebammen die Aufgabe der Kinder- und Familienbeobachtung im Interesse des Kindeswohls zugewiesen bekommen (vgl. Eisentraut und Turba in diesem Band). Wenn man die Zweifel, die Foucault einem juridischen Modell der Macht entgegen gebracht hat, teilt, ist bezüglich dieser rechtsnormativen Verschiebungen allerdings nicht vorschnell auf eine veränderte praktische Normalisierung der Kindheit zu schließen. Vielmehr gilt es in diesem Band und für die Kindheitsforschung in den kommenden Jahren, die auf der Basis veränderter Rechtsnormen sich verändernden Praktiken erst zum Gegenstand empirischer Untersuchungen zu machen, um die praktischen Interferenzen zwischen Normierung und Normalisierung von Kindheit genauer zu beleuchten.

Die international verbreiteten *governmentality studies* verweisen außerdem darauf, dass Normalisierung heute auch als Universalisierung der normativen und empirisch vorfindlichen Kindheitsmuster verstanden werden kann, denn es handelt sich bei den neuen Regulierungen, welche die oben genannten, bereits vorliegenden Studien zum Gegenstand machen, weitgehend um westlich geprägte Formen der Institutionalisierung von Kindheit, die sich weltweit ausbreiten (vgl. auch Mierendorff 2010; Bühler-Niederberger 2011). Die Regierung der Kindheit zeigt sich in den Gegenwartsgesellschaften zunehmend als ein globalisiertes Regime flexibel normalistischer Strategien mit zwar breiten Normal-Feldern, das gleichwohl nicht ganz auf Schwellennormen zur Anormalität sowie Kontrolle und Exklusion verzichtet und das Normalität über präventive Dauerbeobachtung sowie die Selbstausrichtung der Subjekte am präventiven Paradigma sichert.

Eine konzise Reformulierung und theoretische Weiterentwicklung der Foucaultschen Begriffe und insbesondere der Gouvernementalität steht für die Kindheitsforschung aber m. E. noch aus. Wenn Foucault (2000, S. 60) die Familie als „fundamentales Relais" der Regierung der Bevölkerung bezeichnet, da man immer über die Familie gehen müsse, wenn man bei der Bevölkerung etwas erreichen wolle, dann schließt sich die Frage an, wie die „Familie" konzeptuell in differenzierte Erwachsenen-Kind-Verhältnisse aufgeschlüsselt werden kann, um empirische Analysen generationalen Ordnens in den Gegenwartsgesellschaften begrifflich auszustatten. Die Intersektionalität von privater und öffentlicher Erziehung muss dabei sicher ein Kernthema sein. Zudem deutet sich in kindheitssoziologischen Analysen zu heutigen „Sozialinvestitionsstaaten" (Olk 2007) an, dass über staatliche Strategien verstärkt direkt auf die Kinder zugegriffen wird, es ist also eine Frage, als wie aktuell Foucaults Diagnose noch gelten kann.

Wenn man danach fragt, in welchen Hinsichten die Regierung und Normalisierung der Kinder anders zu beschreiben wäre als die erwachsener Bevölkerungsgruppen, so lassen sich die folgende Aspekte pointieren. Der Zusammenhang von Selbst- und Fremdführung erscheint in Erwachsenen-Kind-Verhältnissen immer schon durch eine Dominanz von Fremdführung, nämlich im Erziehungsverhältnis gekennzeichnet; oder man kann die „Kontaktpunkte", wie Foucault das genannt hat, zwischen Selbst- und Fremdführung als in Erziehungsverhältnissen vervielfältigte denken. Die gouvernementalitätstheoretischen Topoi der Individualisierung, Aktivierung und Responsibilisierung in der Beschreibung neoliberaler Formen der Subjektivierung dürften für Kinder in vielen Kontexten in allenfalls vermittelter Form gelten, insofern diese Subjektivierungsformen auf dem liberalen Konstrukt des freien Subjekts beruhen – Kindern stehen aber nach wie vor nicht die vollen bürgerlichen Freiheitsrechte zu, sie entscheiden nicht für sich selbst und können entsprechend auch nicht für die „Sorge um sich" verantwortlich gemacht werden. Vielmehr sind es stellvertretend die Eltern und Erziehungsberechtigten, welche die Sorge um das Wohlergehen der Kinder tragen und ggf. Sanktionen zu gewärtigen haben; man kann von einer doppelten Normierung der generationalen Ordnung sprechen, da die Normierung des elterlichen Verhaltens untrennbar mit der Normierung von Kindern und Kindheit verknüpft ist.

Während also einerseits die Kinder durch das advokatorische Verhältnis, das Eltern zu ihnen in modernen Gesellschaften und nach wie vor gehalten sind zu pflegen, als gegen neue Subjektivierungsformen (rechtlich) ‚abgepuffert' erscheinen könnten, scheinen andere (staatliche) Instrumente ungebremst bei den Kindern anzukommen. Neuere Arbeiten in der Schulforschung verweisen mit Bezug auf die Norm des ‚selbstständigen Schülers‘ darauf, dass Schüler in den Bildungseinrichtungen (gewissermaßen im Vorgriff) zunehmend als autonome Subjekte adressiert und zur Selbstregulierung aktiviert werden (vgl. Rabenstein 2007; Rabenstein/Reh 2009). Jede Form der Beobachtung steigert zudem nicht nur die Reflexivität der Beobachtenden, sondern auch der Beobachteten; die Ausweitung von Beobachtungs- und Beurteilungsverfahren sowohl in der frühen wie in der Schulkindheit, die „Ausstreuung von Diagnostik" (Tervooren 2010) und von Vergleichsarbeiten dürfte auch bei den Kindern selbst den Blick auf sich selbst im Sinne normalistischer Maßstäbe schulen. Solche Reflexivitätssteigerungen und die Selbstadaption an Normalitätsstandards sind empirisch nicht nur bei Schulkindern, sondern auch bereits bei Vorschulkindern zu beobachten (vgl. Kelle 2010).[13]

Als dominantes „Sicherheitsdispositiv", das als technisches Instrument die Gouvernementalität der Gegenwartsgesellschaften sichert, dürfte dabei mit Bezug auf die Kindheit weder die Pastoralmacht noch die Policey länger in Frage kommen, sondern vielmehr das Dispositiv der Prävention. Viele der bio-politischen Innovationen liegen im Bereich der vorbeugenden Beobachtung der Kinder. In diesen Instrumenten ist eine Dynamisierung der Regierung der Bevölkerung angelegt: Mit den Kindern der Gegenwart wird präventiv schon heute die Bevölkerung und Gesellschaft der Zukunft regiert.

Literatur

Ailwood, J. (2004): Genealogies of governmentality: producing and managing young children and their education. In: The Australian Educational Researcher 31, H. 3, S. 19–33.

Alanen, L. (2005): Kindheit als generationales Konzept. In: Hengst, H./Zeiher, H. (Hrsg.) (2005): Kindheit soziologisch. Wiesbaden: VS, S. 65–82.

Armstrong, D. (1983): Political Anatomy of the Body: Medical Knowledge in Britain in the Twentieth Century. Cambridge: Cambridge University Press.

Bahrdt, H. P. (2003): Schlüsselbegriffe der Soziologie. Eine Einführung mit Lehrbeispielen. München: Beck.

Baily Jr., D. B./McWilliam, R. A. (1990): Normalizing Early Intervention. In: Topics in Early Childhood Special Education 10, H. 2, S. 33–47.

Barow, Th. (2009): Die Ursprünge der Normalisierung in Schweden. Ein Beitrag zur Geschichte der Sonderpädagogik in Europa. In: Zeitschrift für Heilpädagogik 60, H. 1, S. 2–10.

Bloch, M./Popkewitz, T./Holmlund, K. (Hrsg.) (2003): Governing Children, Families and Education: Restructuring the Welfare State. New York: Palgrave Macmillan.

---

13 Ablesbar sind diese z. B. an Kommentaren, die Kinder in Vorsorge- und Schuleingangsuntersuchungen zu ihren Produkten in entwicklungsdiagnostischen Tests abgeben: „Ich habe das nicht so gut hinbekommen".

Bollig, S./Ott, M. (2008): Entwicklung auf dem Prüfstand: zum praktischen Management von Normalität in Kindervorsorgeuntersuchungen. In: Kelle, H./Tervooren, A. (Hrsg.) (2008): Ganz normale Kinder. Heterogenität und Standardisierung der kindlichen Entwicklung. Weinheim/München: Juventa, S. 207–224.

Bollig, S./Kelle, H./Seehaus, R. (2012): (Erziehungs-)Objekte beim Kinderarzt. Zur Materialität von Erziehung in Kindervorsorgeuntersuchungen. In: 58. Beiheft der Zeitschrift für Pädagogik, S. 218–237.

Bühler-Niederberger, D. (2005): Kindheit und die Ordnung der Verhältnisse. Von der Macht der Unschuld zum kreativen Individuum. Weinheim/München: Juventa.

Bühler-Niederberger, D. (2011): Lebensphase Kindheit. Weinheim/München: Juventa.

Cravens, H. (1985): Child-Saving in the Age of Professionalism, 1915–1930. In: Hawes, J. M./Hyner, R. N. (Hrsg.) (1985): American Childhood: a research guide and historical handbook. Westport, Conn.: Greenwood Press, S. 415–488.

Depaepe, M. (1993): Zum Wohl des Kindes? Pädologie, pädagogische Psychologie und experimentelle Pädagogik in Europa und den USA, 1890–1940. Weinheim: Deutscher Studien Verlag.

Egan, D./Hawkes, G. (2010): Childhood Sexuality, Normalization and the Social Hygiene Movement in the Anglophone West, 1900–1935. In: Social History of Medicine 23, H. 1, S. 56–78.

Fend, H. (1988): Sozialgeschichte des Aufwachsens. Bedingungen des Aufwachsens und Jugendgestalten im zwanzigsten Jahrhundert. Frankfurt am Main: Suhrkamp.

Foucault, M. (1973): Die Geburt der Klinik: eine Archäologie des ärztlichen Blicks. München: Hanser.

Foucault, M. (1977): Überwachen und Strafen. Die Geburt des Gefängnisses. Frankfurt am Main: Suhrkamp.

Foucault, M. (1983): Sexualität und Wahrheit I. Der Wille zum Wissen. Frankfurt am Main: Suhrkamp.

Foucault, M. (1993): Leben machen und sterben lassen. Die Geburt des Rassismus (Auszug aus der Vorlesung vom 17. März 1976 am Collège de France). In: Reinfeldt, S./ Schwarz, R. (Hrsg.) (1983): Bio-Macht. Duisburg: DISS, S. 27–50.

Foucault, M. (1996): Der Mensch ist ein Erfahrungstier. Gespräch mit Ducio Trombadori. Frankfurt am Main: Suhrkamp.

Foucault, M. (2000): Gouvernementalität. In: Bröckling, U./Krasmann, S./Lemke, T. (Hrsg.) (2000): Gouvernementalität der Gegenwart. Studien zur Ökonomisierung des Sozialen. Frankfurt am Main: Suhrkamp, S. 41–67.

Foucault, M. (2003): Die Anormalen: Vorlesungen am Collège de France (1974–1975). Frankfurt am Main: Suhrkamp.

Gerhard, U./Link, J./Schulte-Holtey, E. (Hrsg.) (2001): Infografiken, Medien, Normalisierung. Zur Kartografie politisch-sozialer Landschaften. Heidelberg: Wissenschaftsverlag der Autoren.

Hendrick, H. (2003): Child Welfare: Historical Dimensions, Contemporary Debate. Bristol: The Policy Press.

Hengst, H./Zeiher, H. (Hrsg.) (2005): Kindheit soziologisch. Wiesbaden: VS.

Honig, M.-S. (1999): Entwurf einer Theorie der Kindheit. Frankfurt am Main: Suhrkamp.

Hultqvist, K./Dahlberg, G. (Hrsg.) (2001): Governing the Child in the New Millenium. New York: Routledge Falmer.

Kelle, H. (2007): „Ganz normal": Die Repräsentation von Kinderkörpernormen in Somatogrammen. Eine praxisanalytische Exploration kinderärztlicher Vorsorgeinstrumente. In: Zeitschrift für Soziologie (ZfS) 36, H. 3, S. 197–216.

Kelle, H. (2008): „Normale" kindliche Entwicklung als kulturelles und gesundheitspolitisches Projekt. In: Kelle, H./Tervooren, A. (Hrsg.) (2008): Ganz normale Kinder. Heterogenität und Standardisierung der kindlichen Entwicklung. Weinheim/München: Juventa, S. 187–205.

Kelle, H. (2009): Kindliche Entwicklung und die Prävention von Entwicklungsstörungen. Die frühe Kindheit im Fokus der *childhood studies*. In: Honig, M.-S. (Hrsg.) (2009): Ordnungen der Kindheit. Problemstellungen und Perspektiven der Forschung. Weinheim/München: Juventa, S. 71–96

Kelle, H./Ott, M. (2009): Standardisierung der frühen kindlichen „Entwicklung" und „Bildung" in Kindervorsorgeuntersuchungen. In: Bilstein, J./Ecarius, J. (Hrsg.) (2009): Standardisierung – Kanonisierung. Erziehungswissenschaftliche Reflexionen. Wiesbaden: VS, S. 141–158.

Kelle, H. (Hrsg.) (2010): Kinder unter Beobachtung. Kulturanalytische Studien zur pädiatrischen Entwicklungsdiagnostik. Opladen: Barbara Budrich.

Kelly, P. (2006): ‚The Entrepreneurial Self' and ‚Youth at Risk': Exploring the Horizons of Identity in the Twenty-First Century. In: Journal of Youth Studies 9, H. 1, S. 17–32.

Kessl, F. (2005): Der Gebrauch der eigenen Kräfte. Eine Gouvernementalität Sozialer Arbeit. Weinheim/München: Juventa.

Kneer, G./Schroer, M. (Hrsg.) (2010): Handbuch Spezielle Soziologien. Wiesbaden: VS.

Lemke, T./Krasmann, S./Bröckling, U. (2000): Gouvernementalität, Neoliberalismus und Selbsttechnologien. Eine Einleitung. In: Bröckling, U./Krasmann, S./Lemke, T. (Hrsg.) (2000): Gouvernementalität der Gegenwart. Studien zur Ökonomisierung des Sozialen. Frankfurt am Main: Suhrkamp, S. 7–40.

Link, J. (2008): Zum diskursanalytischen Konzept des flexiblen Normalismus. In: Kelle, H./Tervooren, A. (Hrsg.) (2008): Ganz normale Kinder. Heterogenität und Standardisierung der kindlichen Entwicklung. Weinheim/München: Juventa, S. 59–72.

Lüders, C./Winkler, M. (1992): Sozialpädagogik – auf dem Weg zu ihrer Normalität. Einführung in den Themenschwerpunkt. In: Zeitschrift für Pädagogik 38, S. 359–370.

Mierendorff, J. (2010): Kindheit und Wohlfahrtsstaat. Entstehung, Wandel und Kontinuität des Musters moderner Kindheit. Weinheim/München: Juventa.

Nadesan, M. H. (2008): Governmentality, Biopower, and Everyday Life. London and New York: Routledge.

Olk, T. (1986): Abschied vom Experten. Sozialarbeit auf dem Weg zu einer alternativen Professionalität. Weinheim/München: Juventa.

Olk, T. (2007): Kinder im Sozialinvestitionsstaat. In: Zeitschrift für Soziologie der Erziehung und Sozialisation 27, S. 43–57.

Plum, M. (2012): The emergence of the analytical method in early childhood education – the scientific effort to produce the learning child for the nation in a global era. In: International Journal of Qualitative Studies in Education 25, H. 5, S. 645–663.

Rabenstein, K. (2007): Das Leitbild des selbstständigen Schülers. Machtpraktiken und Subjektivierungsweisen in der pädagogischen Reformsemantik. In: dies./Reh, S. (Hrsg.) (2007): Kooperatives und selbstständiges Arbeiten von Schülern. Zur Qualitätsentwicklung von Unterricht. Wiesbaden: VS, S. 39–60.

Rabenstein, K./Reh, S. (2009): Die pädagogische Normalisierung der ‚selbstständigen Schülerin' und die Pathologisierung des ‚Unaufmerksamen'. Eine diskursanalytische Skizze. In: Bilstein, J./Ecarius, J. (Hrsg.) (2009): Standardisierung – Kanonisierung. Erziehungswissenschaftliche Reflexionen. Wiesbaden: VS, S. 159–180.

Reiß, M. (2012): Kindheit bei Maria Montessori und Ellen Key. Disziplinierung und Normalisierung. Paderborn: Schöningh.

Rose, N. (1999): Governing the Soul, The Shaping of the Private Self. 2nd ed., London: Free Association Books.

Schäfers, B./Kopp, J. (Hrsg.) (2006): Grundbegriffe der Soziologie. Wiesbaden: VS.

Schrage, D. (2008): Subjektivierung durch Normalisierung. Zur Aktualisierung eines poststrukturalistischen Konzepts. In: Rehberg, K.-S. (Hrsg.) (2008): Die Natur der Gesellschaft. Verhandlungen des 33. Kongresses der Deutschen Gesellschaft für Soziologie in Kassel 2006. Frankfurt am Main/New York: Campus (CD-Rom), S. 4120–4129.

Schulz, Marc (2013): Frühpädagogische Konstituierung von kindlichen Bildungs- und Lernprozessen. Erscheint in: Zeitschrift für Soziologie der Erziehung und Sozialisation. Themenschwerpunkt „Ethnographie der Frühpädagogik".

Seehaus, Rhea (2012): Die Sorge um das Kind. Eine empirische Untersuchung zu Elternverantwortung in den Kontexten ‚Familie' und ‚kindermedizinische Vorsorgeuntersuchung'. Dissertation Goethe-Universität Frankfurt.

Seelmeyer, U. (2007): Das Ende der Normalisierung? Soziale Arbeit zwischen Normativität und Normalität. Weinheim/München: Juventa Verlag.

Silva, A. de (2008): Zur Normalisierung heteronormativer Zweigeschlechtlichkeit im Recht: Eine queere Analyse der Regulation des Geschlechtswechsels im Vereinigten Königreich. In: Kritische Justiz 40, 3. Sonderheft, S. 266–270.

Smith, K. (2012): Producing governable subjects: Images of childhood old and new. In: Childhood 19, S. 24–37.

Sohn, W. (1999): Bio-Macht und Normalisierungsgesellschaft – Versuch einer Annäherung. In: Sohn, W./Mehrtens, H. (Hrsg.) (1999): Normalität und Abweichung. Studien zur Theorie und Geschichte der Normalisierungsgesellschaft. Opladen: Westdeutscher Verlag, S. 9–29.

Stechow, E. von (2004): Erziehung zur Normalität. Eine Geschichte der Ordnung und Normalisierung der Kindheit. Wiesbaden: VS.

Swaan, A. de (1990): The Management of Normality, Critical Essays in Health and Welfare. London/New York: Routledge.

Tervooren, A. (2010): Expertendiskurse zur Schulfähigkeit im Wandel. Zur Ausstreuung von Diagnostik. In: Bühler-Niederberger, D./Mierendorff, J./Lange, A. (Hrsg.) (2010): Kindheit zwischen fürsorglichem Zugriff und gesellschaftlicher Teilhabe. Wiesbaden: VS, S. 253–271.

Turmel, A. (1997): Childhood and Normalcy: Classification, Numerical Regularities, and Tabulations. In: International Journal of Educational Research 27, H. 8, S. 661–672.

Turmel, A. (2008): A Historical Sociology of Childhood. Developmental Thinking, Categorization and Graphic Visualization. Cambridge: Cambridge University Press.

Waldschmidt, A. (2004): Normalität. In: Bröckling, U./Krasmann, S./Lemke, T. (Hrsg.) (2004): Glossar der Gegenwart. Frankfurt am Main: Suhrkamp, S. 190–196.

Waldschmidt, A. (2010): Das Mädchen Ashley oder Intersektionen von Behinderung, Normalität und Geschlecht. In: Jacob, J. (Hrsg.) (2010): Gendering disability. Intersektionale Aspekte von Behinderung und Geschlecht. Bielefeld: transcript, S. 35–60.

Johanna Mierendorff

Normierungsprozesse von Kindheit im Wohlfahrtsstaat

Das Beispiel der Regulierung der Bedingungen der frühen Kindheit

1. Einleitung

Der vorliegende Beitrag beschäftigt sich mit historischen und aktuellen Normierungsprozessen[1] von Kindheit und in einer exemplarischen Analyse mit aktuell beobachtbaren Prozessen der Veränderung der gesellschaftlichen Bedingungen früher Kindheit. Im Fokus stehen die permanenten und sukzessiven wohlfahrtsstaatlichen Regulierungen der Bedingungen von Kindheit im Rahmen von Gesetzgebungsakten. Diese haben – so die meinen Ausführungen zugrundeliegende These – zum einen Bedeutung für die Hervorbringung eines Musters moderner Kindheit, zum anderen aber auch für Normalisierungspraxen (siehe Bollig und Turba/Eisentraut i.d.B.) selbst, fasst man Gesetzesnormen als Teil der strukturellen Kontexte, in denen sich solche Praxen realisieren. Es wird angenommen, dass die Kodifizierung von Gesetzen im Gewebe normalisierender Prozesse durch den öffentlichen Akt der Verhandlung, Setzung, Verabschiedung, Veröffentlichung und Durchsetzung einen bedeutenden Anteil an der Normalisierung zeitgenössischer okzidentaler Kindheit hat[2].

Im Folgenden wird die historische Abfolge ausgewählter politischer Steuerungsakte auf die Setzung gesetzlicher Normen hin analysiert. Durch die Sichtbarchung der Entstehung und des Wandels wohlfahrtsstaatlicher Regulierungen können die über Gesetzesnormen hergestellten, sich wan-

---

1   Mit Normierung wird hier in Anlehnung an die Ausführungen von Helga Kelle (i.d.B., S. 17) „die Regelung, Kodifizierung und Festschreibung des ‚richtigen' Handelns in Gesetzen, welche als absolut verbindlich gelten (Muss-Norm)" verstanden.

2   Mit der Formulierung *Normalisierung von Kindheit* ist gemeint, dass sich ein Muster moderner Kindheit als normal für alle Kinder unabhängig von ethnischer, regionaler und sozialer Herkunft konstituiert – gerade für diesen historischen Prozess des Normalwerdens hat der Wohlfahrtsstaat mit seinem Interesse an der Erhaltung einer spezifischen generationalen Ordnung und damit am Erhalt von Kindheit eine wichtige Funktion (ausf. Mierendorff 2010).

delnden Bedingungen der Kindheit und damit Veränderungen der normativen Vorstellungen über Kindheit nachvollzogen werden. Dies ermöglicht, Aussagen über die Normierung von Kindheit im Kontext einer modernen Wohlfahrtsstaatlichkeit zu treffen. Über die Verabschiedung und sukzessive Veränderung von Gesetzen kann deutlich gemacht werden, dass sich über die Zeit hinweg ein neues Wissen über Kindheit – hier exemplarisch ausgeführt am Beispiel der frühen Kindheit – formiert und das Muster früher Kindheit eine andere Gestalt erhält.

Als erstes wird in gebotener Kürze die Bedeutung des Wohlfahrtsstaates für die Regulierung der Bedingungen der Kindheit theoretisch hergeleitet. Dann werden zentrale Ordnungsbereiche benannt, die sich im etablierenden Wohlfahrtsstaat herausgebildet haben und in denen sich wohlfahrtsstaatliche Ordnungsprozesse vollziehen. Als drittes werden zentrale gesetzliche Regulierungen des 20. Jahrhunderts, die auf die Ordnung und Gestaltung der Bedingungen der Kindheit zielen, analytisch herausgearbeitet und auf ihre Bedeutung für das Muster moderner Kindheit hin untersucht. Exemplarisch wird die frühe Kindheit in den Blick genommen, da gerade an dem derzeit beobachtbaren Umbruch der zu Beginn des 20. Jahrhunderts eingeführten und in der Folge ausgesprochen stabilen Regulierungsmodi der Stellenwert des Wohlfahrtsstaates in Normierungsprozessen deutlich gemacht werden kann. Abschließend werden Aussagen über das Verhältnis von Kindheit, Wohlfahrtsstaat und Normierungsprozessen getroffen.

2. Der Staat als Normsetzer im Kontext wohlfahrtsstaatlicher Verfasstheit

Kindheit, verstanden als gesellschaftliches Kultur- und Strukturmuster (ausf. Mierendorff 2010, S. 15 ff.), so die diesem Beitrag zugrundeliegende These, konstituiert sich u. a. auch über die Setzung von Gesetzesnormen, wenngleich damit noch keine Aussage darüber getroffen ist, wie diese in alltäglichen Praxen zur Geltung kommen. Der Staat wird in diesem Zusammenhang als ein machtvoller Normsetzer in Deutschland betrachtet (vgl. Mayntz 1991, Penski 1986), denn autorisiert über die ihm zugesprochene legislative Gewalt setzt er – motiviert durch oder unabhängig von politische/n Programme/n – für jedermann rechtsverbindliche Normen um, die vermittelt über das Bundesrecht überregional Geltung erhalten. Dem Recht wird in Anlehnung an Penski (1986) Steuerungsfähigkeit zugesprochen. Neben der aktenförmigen und statistischen Dokumentation von Wissen über den Kinderkörper oder die Lebens- und Gesundheitsbedingungen von Kindern (vgl. Turmel 2008) oder die alltäglichen privaten und institutionellen Ordnungspraxen (Bühler-Niederberger 2011, S. 81 ff.) ist auch die politisch forcierte Rechtssetzung ein spezifischer Ordnungsakt im Reigen von Normalisierungsprozessen. Die nicht nur zivilgesellschaftliche Gestaltung der

Bedingungen von Kindheit, sondern gerade auch die staatliche Setzung gesetzlicher Normen ist insofern hoch relevant, als dass die Normen für *alle* Kinder und für *alle* Erwachsene, die mit ihnen in Beziehung stehen, unumgänglich sind – und dies sowohl in deren Einhaltung wie auch in deren eigensinniger Umgehung und Auslegung. Im Gegensatz zu sozialen Normen sind kodifizierte Rechtsnormen Muss-Normen, die zwar hintergehbar sind, aber durch die Staatsgewalt mit ihrem Straf- bzw. Korrekturapparat durchzusetzen versucht werden (bspw. durch Familien- oder Jugendgerichte, Kriminalstrafe und die Kinder- und Jugendhilfe).

Regulierungsprozesse realisieren sich im Deutschland des 20. und 21. Jahrhunderts unter den Bedingungen der Wohlfahrtsstaatlichkeit. Der Wohlfahrtsstaat wird hier gefasst als Modus „politisch veranstalteter Vergesellschaftung" (Kaufmann 1989, S. 94) verstanden als Ausdruck einer spezifischen historisch gewordenen Organisation und normativen Ordnung des Politischen und Gesellschaftlichen unter privatkapitalistischen Wirtschaftsbedingungen. In neueren wohlfahrtsstaatstheoretischen Ansätzen wird der Wohlfahrtsstaat weitergehend als wichtiger Teil des andauernden Prozesses der Hervorbringung sozialer Ordnung gewertet, so bezeichnet Lessenich (2000, S. 69) den Wohlfahrtsstaat als relevantes Ordnungsprinzip sozialer Beziehungen. Dies ist für die folgende Analyse insofern grundlegend, da Kindheit als Kultur- und Strukturmuster verstanden wird, das aus unterschiedlichsten Ordnungsprozessen hervorgegangen ist und damit auch Gegenstand umfassender und permanenter wohlfahrtsstaatlicher, aber auch zivilgesellschaftlicher Ordnungsprozesse ist. In den Blick genommen werden in diesem Beitrag allerdings nicht die kulturellen Praxen des alltäglichen Ordnens, sondern die Rechtsnormen an sich – denn die Verabschiedung von Gesetzen setzt, wie bereits erwähnt, ein geteiltes Wissen über Kindheit und einen Konsens im Sinne einer parlamentarischen Mehrheit voraus, die auf einem solchen geteilten Wissen aufbaut.[3]

Abschließend bleibt zu erwähnen, dass der deutsche Wohlfahrtsstaat durch einen „ausgebauten, zentralstaatlich regulierten Sozialsektor, auf dessen Leistungen ein staatlich verbürgter Anspruch nach rechtlich definierten Bedarfskriterien *für jedermann* besteht" (ebd., Hervorh. JM), charakterisiert ist. Gerade dieser zuletzt genannte Aspekt einer generellen Anspruchsberechtigung ist, wie auch die zuvor genannte Überregionalität des Bundesrechts, für die schichtübergreifende Angleichung der strukturellen Bedingungen der Kindheit relevant, wenngleich damit keinesfalls die Überwindung von schichtspezifischen Wirkungsweisen und die Vereinheitlichung der Lebensbedingungen verbunden ist. Regulierungsprozesse vollziehen sich im Kontext gesellschaftlicher Ungleichheitsstrukturen (vgl. Bühler-Niederberger/Sünker 2009).

---

3 Insofern wäre auch die Auseinandersetzung mit dem Scheitern von Gesetzgebungsprozessen interessant, was allerdings in diesem Beitrag nur angedeutet werden kann.

3. Dimensionen des Ordnungshandelns

Über das 20. Jahrhundert hinweg hat sich – ausgehend von den ersten zentralen staatlichen Gesetzgebungsprozessen im 19. Jahrhundert, die direkt auf Kindheit und Jugend zielten – ein Gewebe von aufeinander bezogenen und sich teilweise gegenseitig bedingenden Regulierungen ergeben, das in sehr umfassender Weise die Bedingungen des Kindseins berührt. In diesem Gewebe lassen sich einzelne Dimensionen unterscheiden, die ich heuristisch als Ordnungsbereiche bezeichnen möchte. Allerdings ist dies lediglich eine analytische Einteilung und bildet keine institutionalisierte Ordnungsstruktur in Politik oder Verwaltung ab. In dem andauernden Prozess der Etablierung, Ausdifferenzierung und Anpassung von Normen haben sich fünf bis heute gültige Ordnungsbereiche herausgebildet[4]:

1. *Ordnung der sozialen Beziehungen in der Familie*
   (bspw. Sorge- und Kindschaftsverhältnisse; Ächtung von Gewalt in der Erziehung/§ 1631)
2. *Ordnung der Bedingungen des kognitiven und emotionalen Seins und deren Entwicklung*
   (bspw. Vorsorgeuntersuchungen; Schuleingangsuntersuchungen und verbindliche Sprachstandtests im Vorschulalter; Bildungsprogramme/Schulcurricula der Länder; Rechtsanspruch auf einen Kindergartenplatz; Schulpflicht; Frühförderung; Hilfen zur Erziehung; Therapien; Kinderschutzgesetze; Ächtung von Gewalt in der Erziehung/§ 1631)
3. *Ordnung der Bedingungen körperlicher Entwicklung und physischen Seins*
   (bspw. Mutterschutz, Vorsorgeuntersuchungen; Familienkrankenversicherung in der GKV; Gesundheits- und Sportprogramme der Krankenkassen, Städte und Gemeinden; Ächtung von Gewalt in der Erziehung/ § 1631 BGB)
4. *Sicherung der materiellen Grundbedingungen*
   (bspw. Kindergeld; kindbezogene Regelungen im Steuerrecht; Regelsätze für Kinder in der Sozialhilfe; Bildungsgutscheine)
5. *Ordnung kindlicher Tätigkeit und gesellschaftlicher Teilhabe*
   (bspw. Schutz von Kindern in der Öffentlichkeit; Volljährigkeit und Teilmündigkeitsstufen im BGB; Anhörungs- und Mitspracherechte in Ju-

---

4   Diese Systematik ist aus der empirischen Analyse des wohlfahrtsstaatlichen Regulierungsgeschehens in den Bereichen Jugendstrafe, Kinder- und Jugendschutz und Kinder- und Jugendhilfe hervorgegangen (Mierendorff 2010, S. 65) und dient in der anschließenden Analyse dazu, Regulierungshandeln inhaltlich einordnen und spezifische Entwicklungen wie bspw. Fokussierungen auf einen Bereich identifizieren zu können.

gendhilfemaßnahmen, gerichtlichen Verfahren oder in den Institutionen der Erziehung)
(ausführlich Mierendorff 2010, S. 65).

Diese analytische Untergliederung verdeutlicht zum einen, in welcher Breite die unterschiedlichsten Lebensbereiche zum Gegenstand des Ordnungsgeschehens geworden, zum anderen wie tiefgehend die alltäglichen Lebensvollzüge berührt sind. Es werden nicht allein Bedingungen der Erziehung, des Schutzes oder der materiellen Grundversorgung staatlich geregelt und gestaltet. Vielmehr sind auch Sorge- und Kindschaftsverhältnisse in umfassender Weise davon betroffen – und dies sowohl innerhalb der Familie (bspw. das Sorgerecht im bürgerlichen Recht) wie auch zwischen Familie und Staat (bspw. das Verhältnis von Elternrecht und Wächteramt in der Verfassung).

4. Beispiel frühe Kindheit

Der Prozess der Normierung, also die Aufschichtung und Ausdifferenzierung von Normen, soll im Folgenden am Beispiel des dichten und sich im Zeitverlauf verändernden Regulierungsgeschehens in Bezug auf die Bedingungen der frühen Kindheit über die Setzung von Kinder und Kindheit betreffenden Normen rekonstruiert werden. Dabei werden drei historische Phasen unterschieden, in denen zum einen unterschiedliche Ordnungsbereiche (s. o.) in das Zentrum der Aufmerksamkeit gerückt sind, in denen zum anderen aber auch jeweils andere Regeln der Regulierung – ich nenne sie Regulierungsmodi – dominant waren. Gemeint ist damit keine Ablösung der Ordnungs- und Gegenstandsbereiche oder Modi, vielmehr wird von jeweiligen Dominanzen und Aufschichtungen im Zeitverlauf ausgegangen.

Beginnen möchte ich mit dem Übergang in das 20. Jahrhundert. In dieser Zeit hat in dem sich allmählich herausbildenden Wohlfahrtsstaat ein Prozess eingesetzt, in dem das, was sich seit fast zwei Jahrhunderten an außerfamilialer und familialer Versorgung, Betreuung, Kontrolle, Hilfe und Unterstützung an den unterschiedlichsten Orten und in den unterschiedlichsten Zusammenhängen entwickelt hatte[5], in ein komplexes zentralstaatliches Regulierungsgeschehen gegossen wurde. So hat sich ein außerordentlicher und umfassender Prozess der Normierung der Bedingungen des Aufwachsens von Kindern, der Bedingungen des Kindseins mit Beginn des sich bereits im Kaiserreich formierenden und seit der Weimarer Republik aus-

---

5 Bspw. in der Armenfürsorge, in christlich-karitativen und nichtkonfessionellen Bildungseinrichtungen, im Vormundschaftswesen der einzelnen Städte und Gemeinden – vgl. hierzu ausführlich Peuckert/Münchmeier 1990; aber auch Sachße/Tennstedt 1988, 1998; Hendrick 2009.

dehnenden Wohlfahrtsstaates vollzogen. Deutlich ist, dass alle Steuerungs-
bemühungen – auch wenn keinesfalls von einheitlichen Vorgehensweisen
gesprochen werden kann – darauf zielten, überregional einheitlich(ere) Regelungen durchzusetzen und damit einerseits annähernd ähnliche Ausgangs-
bedingungen des Kindseins zu schaffen, andererseits aber auch überregional
Kontrolle über die heterogenen Initiativen unterschiedlicher Akteure oder
Akteursgruppen zu erhalten. Es wurden normative Bezugspunkte des Tätig-
werdens und Handelns Erwachsener und des Handelns Minderjähriger etabliert und deren Einhaltung im weitesten Sinne staatlich kontrolliert. Dieser
staatliche Wille zur Vereinheitlichung und Regelung ist für den beginnenden Prozess der Herausbildung ähnlicher Bedingungen des Kindseins in
Deutschland – die weit über die Einführung der Schulpflicht im 18. Jahrhundert hinausgehen – eine wichtige Voraussetzung gewesen. Durch die Rekonstruktion des ersten, die frühe Kindheit betreffenden staatlichen Regulierungsgeschehens von der Jahrhundertwende bis zum Ende des Zweiten
Weltkrieges wird dies im Folgenden nachvollzogen.

Konstitutionsprozesse in der ersten Hälfte des 20. Jahrhunderts

Ein wichtiger Akt der Manifestierung einer zeitlich ausgedehnten Phase der
Kindheit kann in der Ziehung einer absoluten *altersbezogenen Grenzlinie*
zwischen Erwachsenen und Minderjährigen gesehen werden, nämlich die
Volljährigkeitsregelung des 1900 in Kraft getretenen Bürgerlichen Gesetz-
buches. Volljährigkeitsregelungen haben bereits zuvor bestanden[6], aber mit
deren Verankerung im Zivilrecht, in seiner grundlegenden Bedeutung für
andere gesetzliche Ordnungsbereiche, ist ein zentraler normativer Bezugspunkt gesetzt worden. Zum einen galt damit die absolute Norm der Volljährigkeit mit dem 21. Lebensjahr, über die eine Phase der Besonderung geschaffen wurde, in der Sonderregelungen, Sonderrechte und Sonderbehand-
lung gesetzlich legitimierbar wurden. Darüber hinaus wurden differenzierte
Teilmündigkeitsgrenzen – wie die Stufen der Geschäftsfähigkeit oder die
der Deliktfähigkeit – eingeführt, die das Paradigma der Entwicklung und
der Entwicklungsangemessenheit zum Ausdruck bringen. Frühe Kindheit
konnte in diesem Prozess der Setzung von differenzierten Altersgrenzen als
eine Phase hervorgebracht werden, in der vermittelt über die Zuschreibung
großer emotionaler und körperlicher Abhängigkeit, Unselbständigkeit und
Bedürftigkeit keinerlei Handlungen als mündig anerkannt sowie keinerlei
eigenständige Teilhabe an kinder- und jugendrelevanten Entscheidungsprozessen eingeräumt wurden. Jegliche Entscheidung verblieb aus juristischer

---

6   So wurde bspw. in Preußen bereits mit dem *Reichsgesetz* vom 17. Februar 1875 das
    Volljährigkeitsalter auf das 21. Lebensjahr festgelegt.

Perspektive bei den Eltern. Damit ist nicht nur eine außerordentliche Phase der Abhängigkeit und Unmündigkeit manifestiert worden, sondern gleichermaßen auch eine der strengen Familienvermitteltheit *(Familialisierung)* (vgl. dazu weiter unten ausführlich).

Eine weitere altersbezogene Grenzziehung ist das absolute *Kinderarbeitsverbot* sowie die damit korrespondierende *Schulpflichtgrenze.* Historisch gesehen ist das Verbot von Kinderarbeit in Preußen für Kinder unter zwölf Jahren[7] zusammen mit der Einführung der Schulpflicht ab dem sechsten Lebensjahr eine der historisch folgenreichsten Grenzziehungen für das Muster moderner Kindheit. Mit diesen anfänglich nur zögerlich durchgesetzten Verordnungen wurde eine Lebensphase geschaffen, die sich gerade durch die Gleichzeitigkeit von Freistellung und Verpflichtung weitestgehend von Erwachsenheit unterscheidet. Die Freisetzung aus Erwerbsarbeit zur Ermöglichung des Pflichtschulbesuchs – Zinnecker bezeichnet dies als Bildungsmoratorium (ebd. 2000, S. 36 f.) – wird nämlich für alle Kinder unabhängig von deren sozialer Position oder regionaler Herkunft formuliert. Frühe Kindheit unterliegt auch hier der Besonderung, nämlich in deren Abgrenzung zur Schulkindheit – während das Kinderarbeitsverbot generell für alle Kinder ausgesprochen wurde, gilt die Schulpflicht ab dem 6. Lebensjahr.

Die Besonderung der Lebensphase Kindheit und die darüber hinausgehende Besonderung der frühen Kindheit zeigt sich als weiteres an der Schaffung eines *absoluten Schutzraums vor Kriminalstrafe* und die Formulierung des Status *deliktunfähig.* Bereits 1871 wurden im Reichsstrafgesetzbuch[8] altersbezogene Regelungen eingeführt. Das Kind vor Vollendung des 12. Lebensjahres wurde als strafunmündig erklärt. Es wurde eine Altersphase konzipiert, in der der Mensch generell vor den strafrechtlichen Folgen seines Handelns geschützt wurde (0–13 Jahre, Kindheit). Diese wurde unterschieden von einer Altersphase, in der eine dem Alter und Entwicklungsstand angemessene Behandlung einsetzte, die zwar von der der Behandlung Erwachsener abwich, aber nach wie vor am Prinzip der Sühne ansetzte (14–18 Jahre, Jugend). Mit der Formulierung der generellen *Deliktunfähigkeit* von Kindern, die nicht das 7. Lebensjahr vollendet haben im Zivilrecht, also in § 828 BGB (i. d. F. von 1896), ist die frühe Kindheit von der mittleren Kindheit unterschieden und auch auf dieser Ebene als absolut geschützter Raum konzipiert.

---

7 *Preußisches Regulativ über die Beschäftigung jugendlicher Arbeiter in Fabriken* von 1839.

8 *Gesetz, betreffend die Redaktion des Strafgesetzbuches für den Norddeutschen Bund als Strafgesetzbuch für das Deutsche Reich,* Fundstelle: Deutsches Reichsgesetzblatt Band 1871, Nr. 24, S. 127–205, in Kraft getreten am 1. 1. 1872.

Der einsetzende öffentliche gesetzliche *Kinderschutz* ist ein weiteres Beispiel. Mit dem Lichtspielgesetz von 1920 wurde der Zugang zu öffentlichen Filmvorführungen für Kinder unter 6 Jahren grundsätzlich verboten.[9]

Kommen wir noch einmal zurück zu der bereits oben angesprochenen Verwiesenheit des Vorschulkindes auf die Familie. In der Verfassung der Weimarer Republik (i.d.F. von 1919) wird die Familie als der Ort der primären Pflege und Erziehung konstituiert. Der besondere Schutz der Ehe, die Förderung der Familie sowie der Anspruch kinderreicher Familien „auf ausgleichende Fürsorge" wurden in Artikel 119 verankert. In Artikel 120 ist dann zunächst einmal die besondere Stellung der Familie in Bezug auf die Erziehung des Kindes hervorgehoben: „Die Erziehung des Nachwuchses zur leiblichen, seelischen und gesellschaftlichen Tüchtigkeit ist oberste Pflicht und natürliches Recht der Eltern, über deren Betätigung die staatliche Gemeinschaft wacht." Erst in dem darauffolgenden Artikel 122 wird die staatliche Verpflichtung zum Schutz des Kindes vor Ausbeutung und Verwahrlosung formuliert. Mit diesen Formulierungen ist zum einen das wohlfahrtsstaatliche Programm in Bezug auf Familie und Kinder umrissen, zum anderen die Nachgeordnetheit staatlicher Leistungen manifestiert. Die Familie wird verfassungsrechtlich zur zentralen Institution der Kindheit erhoben. Sorgebeziehungen bleiben vom Grundsatz her privat. Dies gilt für alle drei Phasen der Kindheit – frühe Kindheit, mittlere Kindheit und Jugend – gleichermaßen. Wie aber bereits oben dargestellt, erhält diese Verwiesenheit für noch nicht schulpflichtige Kinder eine besondere Ausprägung, da neben der Familie keine außerfamiliale Institution wie die Schule als Regelangebot eingeführt und keinerlei differenziertere Teilmündigkeitsrechte verankert wurden. Familie wird zur wichtigsten Institution der frühen Kindheit. In der Betonung der Verantwortung der Familie für die sittliche Erziehung und die Sorge der Kinder kommt das bürgerliche Familienideal des 19. Jahrhunderts auch im Recht zur Geltung und setzt sich als Leitnorm in politischen Entscheidungsprozessen durch (siehe Schmid 2013). Dort, wo die Familie diesem Ideal der bürgerlichen Sorge und der Erziehungsmächtigkeit nicht entspricht, interveniert Anfang des 20. Jahrhunderts der Staat und dringt auf professionelle Hilfe.

Als weiteres muss die Verankerung des *Kindergartens als „nebenfamiliale Nothilfeeinrichtung"* (Reyer 2006, S. 47 ff., 64) im Reichsjugendwohlfahrtsgesetz (i.d.F. von 1922) genannt werden. Die Fröbelsche Idee der Frühpädagogik als eine für alle Kinder notwendige außerfamiliale Leistung, die nicht die Familie lediglich unterstützt, sondern eine darüber hinausgehende Form der Menschenbildung ermöglicht, konnte sich zu Beginn des 20. Jahrhunderts nicht durchsetzen. 1922 wird der Kindergarten in § 3 des RJWG lediglich als Fürsorgeleistung für *hilfsbedürftige Minderjährige* ver-

---

9 Ausführlich zur Bedeutung der Dimension Alter in der Kinder- und Jugendhilfe in Mierendorff 2011.

ankert. Kindertagesbetreuung wurde nicht als Regelleistung für alle konzipiert, sondern erstens als Hilfsangebot für erwerbstätige Eltern, i.d.R. Mütter, und zweitens als Einrichtung, in der mangelhafte Erziehung von Eltern ausgeglichen werden sollte (vgl. Franke-Meyer 2011).

Zusammenfassend kann in Bezug auf diesen ersten konzertierten wohlfahrtsstaatlichen Ordnungsprozess gesagt werden, dass frühe Kindheit über die institutionalisierte Grenzziehung zwischen früher Kindheit und Schulkindheit als besonders geschützte Phase angelegt wurde. Die Familie erlangte den Status der zentralen Institution der frühen Kindheit, neben der öffentliche Bildungsinstitutionen keine Bedeutung erhielten. Das Regulierungsgeschehen richtete sich insgesamt vor allem auf die Ordnung der privaten Beziehungen und nachgeordnet auf den institutionalisierten professionellen Ausgleich mangelhafter elterlicher Erziehung. Gemeinsam ist diesen Gesetzen, die zu Beginn des 20. Jahrhunderts verabschiedet wurden und im Nationalsozialismus in ihrer Grundverfasstheit unangetastet blieben, dass sie den Ausschluss der Minderjährigen von einer Kultur der Erwachsenen überregional und ohne Rücksicht auf tradierte Alltagskulturen offiziell begründeten und zwar über die rechtliche Steuerung des Verhaltens Erwachsener (Verbote) und das der Minderjährigen (Zugangsbeschränkungen) (ausf. Mierendorff 2013a). Frühe Kindheit hat in diesem komplexen Prozess eine besondere Prägung erhalten, denn hier galt der absolute Schutzraum.

Restauration, Stagnation, Fortschreibung – Entwicklungen nach dem Zweiten Weltkrieg

Die Phase nach dem Zweiten Weltkrieg ist durch Restauration und Stagnation gekennzeichnet. Die in der Weimarer Republik eingesetzten und im Nationalsozialismus kaum veränderten Gesetzesnormen sind nach dem Zweiten Weltkrieg in ihrer Anlage erhalten geblieben und in Bezug auf die frühe Kindheit kaum modifiziert worden. Mierendorff und Olk (2007) haben aufgezeigt, dass die (bürgerliche Normal-)Familie als Garant der Wiederherstellung gesellschaftlicher Ordnung nach Krieg und totalitären Übergriffen auf das Private adressiert wurde. Es fand keine Kollektivierung von Erziehung, Sorge und materieller Grundsicherung kleiner Kinder statt, zum einen in Abgrenzung von der staatlichen Vereinnahmung der Familie im Nationalsozialismus und zum anderen in Ablehnung von Vorstellungen kollektiver Erziehung im Sozialismus (vgl. Mierendorff 2013a; Mierendorff/ Olk 2007). Die starke Familialisierung früher Kindheit setzte sich zum einen durch die Zurückweisung von Reformen, zum anderen durch die Bestätigung des Bestehenden in Novellierungsakten fort.

Dies zeigt sich bspw. daran, dass die von Fachvertretern bereits in den 1960er Jahren im Zuge einzelner Novellierungsbemühungen des Jugendwohlfahrtsrechts vorgelegten Entwürfe zur Etablierung des Kindergartens als Regelangebot zu keinem Zeitpunkt eine parlamentarische Mehrheit finden konnten (Mierendorff 2010, S. 135 f.). Erst 1996 mit der Einführung eines Rechtsanspruchs auf einen Kindergartenplatz ab dem vollendeten dritten Lebensjahr, also nach der Verabschiedung eines modernen Kinder- und Jugendhilfegesetzes im Jahre 1990, ist der Institution Familie die Institution Kindergarten verbindlich über regionale Grenzen hinweg als notwendige Ergänzung zur Seite gestellt worden. Bis zu diesem Zeitpunkt ist die Familie immer wieder im Recht als die zentrale Institution bestätigt und der Kindergarten nur als unterstützende, nicht als generell ergänzende Institution der frühen Kindheit konzipiert worden.

Ein in gewisser Weise ähnlicher Verlauf lässt sich in der staatlichen Regulierung der materiellen Sicherung von Kindern feststellen, wobei hiervon allerdings Kindheit insgesamt und nicht allein frühe Kindheit betroffen ist. Während die Kosten für die ältere Generation im Zuge der Regelung der Rentenversicherung nach dem Zweiten Weltkrieg weitgehend sozialisiert wurden, blieben die Kosten für den Unterhalt von Kindern überwiegend in der privaten Verantwortung der Eltern (Olk/Mierendorff 1998, S. 40 ff.; ebd. 2003, S. 421). Der Familienlastenausgleich zielte auf die einkommensabhängige Entlastung von Eltern – Reformvorschläge bezüglich einer Familienkasse, über die die Kosten ähnlich wie im Rentensystem generell sozialisiert werden sollten, waren nicht durchsetzungsfähig. Ebenso wenig konnten sich später Reformvorschläge bezüglich elternunabhängiger Regelsätze in der Sozialhilfe durchsetzen, die am tatsächlichen Bedarf eines Kindes ansetzen (siehe Olk/Mierendorff 1998, S. 49 f.).

Seit den 1960er Jahren wurden außerhalb bundesgesetzlicher Regulierungsakte Hilfen zur Erziehung ausgebaut. Familienunterstützenden Maßnahmen erhielten in der Jugendamtspraxis gegenüber stationären Unterbringungen einen immer größeren Stellenwert. Diese Entwicklung im Handlungsfeld wurde mit der Reform des Jugendrechts, also im KJHG von 1990 über die Einführung der Hilfen zur Erziehung (§§ 27–35) nachträglich mit dem Argument der schwieriger werdenden Erziehung in der Moderne legitimiert und institutionalisiert. Darüber hinaus wurde ein breiter Katalog von Leistungen zur Förderung der Familie eingeführt (§§ 16–21). Johannes Münder (1990) kritisiert diese Entwicklung als rückschrittliche Familialisierung des Jugendrechts. Die starke Verwiesenheit der Kindheit auf die Familie wird erneut durch das Recht bestätigt.

Diese Entwicklungen weisen allerdings über diese Renaissance der Verwiesenheit hinaus darauf hin, dass Familien ein umfassenderer Hilfebedarf im Prozess der Erziehung zugeschrieben wurde, auf die das Recht reagiert hat. Parallel zu dieser sich allmählichen durchsetzenden Annahme der Notwendigkeit, elterliche Erziehungstätigkeit durch sozialpädagogische Professionelle zu unterstützen, hat sich auch im Gesundheitswesen ein ähnlich gelagertes Wissen durchgesetzt. Seit den 1970er Jahren wurden flächendeckend für alle Kinder einer Altersgruppe medizinische Vorsorgeuntersuchungen in der frühen Kindheit als Regelleistung der gesetzlichen und privaten Krankenkassen durchgesetzt (Kelle 2008, S. 187). Beide Entwicklungen machen deutlich, dass die Erziehungs- und Sorgetätigkeit bzw. Diagnosefähigkeit von Eltern immer stärker als gefährdet und voraussetzungsvoll angesehen wurden, dass also Eltern nicht mehr per se die Entwicklung oder die gesundheitliche Situation ihrer Kinder angemessen einschätzen und daraufhin richtige Entscheidungen treffen können. Dies kann als ein erstes Zeichen für das Aufbrechen einer starken Familialisierung gedeutet werden.

Alles in allem kann die Zeit nach dem Zweiten Weltkrieg bis Anfang der 1990er Jahre in erster Linie als Restauration und Fortschreibung der starken Familienbezogenheit der Regulierungsbemühungen der Bedingungen früher Kindheit charakterisiert werden. Es hat keine grundsätzliche Neuordnung sozialer Beziehungen innerhalb oder außerhalb der Familie stattgefunden, die elternbezogene Grundlogik materieller Sicherung blieb unangetastet, die Bedingungen des kognitiven, emotionalen und körperlichen Seins wurden in ihrer traditionellen Anlage, nämlich in der primären Verantwortlichkeit der Eltern, erhalten – in allen fünf Ordnungsbereichen blieb die starke Familienbezogenheit vom Grundsatz her unangetastet. Und dennoch zeichnet sich ein erster Wandel in den Modi der Regulierung ab – zu beobachten sind erste Tendenzen der generalisierenden Infragestellung elterlicher Erziehungsfähigkeit über schichtspezifische Zuschreibungen hinweg. Bisher war ein solches Defizit vor allem unter besonders ungünstigen Lebensumständen (Armut, mangelnde Bildung) angenommen worden. Reagiert wurde allerdings nicht durch die Auslagerung familialer Tätigkeiten in außerfamiliale Institutionen, sondern durch die Unterstützung und Stärkung familialer Tätigkeit im privaten Raum.

Tiefgreifender Wandel zu Beginn des 21. Jahrhunderts?

Seit Ende des 20. Jahrhunderts gelangt die frühe Kindheit auf außerordentliche Weise in den Mittelpunkt kindbezogener staatlicher Regulierungsaktivitäten – eine Zeit, in der insgesamt eine Neujustierung des Wohlfahrtsstaates (vgl. Lessenich 2008; Olk 2007) zu konstatieren ist. Dieser Prozess vollzieht sich in einer bisher noch nicht dagewesenen Intensität, Geschwindigkeit und Breite (vgl. auch Mierendorff 2013b). Betroffen sind sowohl die Bedingungen familialen Handelns als auch die der außerfamilialen Institutionen der Betreuung, der Erziehung, der Bildung, des Schutzes, des Gesundheitswesen und der materiellen Sicherung. Orientierten sich politische Entscheidungen wie aufgezeigt bis dahin vor allem an der generellen Annahme des in der Regel angemessenen und genügenden Handelns von Eltern hinsichtlich der Pflege, des Schutzes und der Förderung ihrer noch nicht schulpflichtigen Kinder, ist, wie sich im Material zeigen wird, diese Annahme zunehmend desavouiert. Politische und gesellschaftliche Akteure nehmen das Handeln der Eltern verstärkt und mit neuen Instrumenten in den Blick[10]. Es setzte ein bis dahin unbekanntes, feinteiliges und aufeinander bezogenes Regulierungsgeschehen ein, das gleichermaßen auf die Dimension Bildung, Betreuung und Schutz gerichtet ist und alle fünf oben ausgeführten Ordnungsbereiche berührt. Einige zentrale Regulierungen seien zur Verdeutlichung stellvertretend aufgeführt.

Im Jahr 2005 wurde im Rahmen der Verabschiedung des Kinder- und Jugendhilfeweiterentwicklungsgesetzes (KICK) der § 8 KJHG novelliert. Im hinzugefügten § 8a wurden freie und öffentliche Träger der Kinder- und Jugendhilfe dazu verpflichtet, sorgfältiger und umfassender den Schutz von Kindern innerhalb und außerhalb der eigenen Einrichtung zu fördern und dabei öffentlich gesetzte Standards einzuhalten. Dies kann als Aufforderung an Professionelle gedeutet werden, sensibler für Fragen des Kinderschutzes zu werden, Kinder fokussierter hinsichtlich einer möglichen Gefährdung des Kindeswohls zu beobachten und schneller im Sinne des Kinderschutzes tätig zu werden. Betreffen diese Regelungen zwar insgesamt alle außerfamilialen Institutionen der Kindheit, wurden die Konsequenzen und neuen Instrumente besonders umfassend im Kontext öffentlicher Kindertagesbetreuung diskutiert. Denn das gesellschaftpolitisch formulierte Ziel „Bildung von Anfang an" wurde als durch elterliche Gewalt und Vernachlässigung gefährdet angesehen. Da inzwischen der überwiegende Teil der drei- bis sechsjährigen Kinder eine Kindertagesstätte besuchte, wurde darüber hinaus dieser Ort als besonders günstig angesehen, Kinder unabhängig vom elterlichen oder familiengerichtlichen Tätigwerden präventiv zu beobachten und rechtzeitig zu schützen. Die gesetzlichen Bestimmungen wurden durch das Bundesprogramm *Netzwerk frühe Hilfen* flankiert, dem die Idee einer Vernetzung unterschiedlicher interdisziplinärer Institutionen und Akteure zur Schließung von Beobachtungs- und Betreuungslücken zugrunde liegt. Im Kontext der Verhandlung eines solchen Frühwarnsystems sind in allen Bundesländern seit 2006 Gesetzesinitiativen auf den Weg gebracht worden, die medizinischen Vorsorgeuntersuchungen der Krankenkassen verpflichtend für alle Familien zu machen und damit langfristig alle Kinder unter Beobachtung auch außerhalb der Institution Kindergarten zu stellen (Kelle 2008, S. 193). Im Jahr 2012 ist diese Entwicklung der Vernetzung von Institutionen sowie der Intensivierung der Beobachtung und Kontrolle mit der Verabschiedung eines eigenständigen Kinderschutzgesetzes, dem *Gesetz zur Kooperation und Information im Kinderschutz* (KKG) bestätigt und verstetigt worden[11].

---

10 Kritisch zur Positionierung von Kindern in diesem Prozess Klinkhammer 2012.
11 Erstens über die Ermöglichung des Austauschs von Informationen und sensiblen Daten zwischen Jugendämtern, zweitens über die programmatische Stärkung von inter-

Frühe Kindheit schält sich durch diese konzertierte Entwicklung von Bundesgesetzen zum Kindesschutz, von Bundes- und Landesprogrammen zur Vernetzung von Hilfen und durch die Einbeziehung medizinischer Expertise und Autorität aus der grundsätzlichen Verwiesenheit auf private familiale Beobachtung, Sorge und Behandlung heraus. Öffentliche Sorge wird staatlich reguliert, kontrolliert und vernetzt.

Über die Ausdehnung und Intensivierung des öffentlich organisierten Schutzes von Kindern hinaus ist zeitgleich die staatliche Gestaltung der Rahmenbedingungen frühkindlicher Bildungsprozesse zu beobachten. Ursprünglich sollte 2004 ein Gesetz verabschiedet werden, in dem Kinderschutz und frühkindliche Betreuung und Erziehung gleichermaßen neu gestaltet werden sollten, was in diesem Zusammengehen noch einmal das Aufeinanderverwiesensein von Schutz und Bildung im Kontext eines Bildungsmoratoriums bestätigt (s. o.). Diese Initiative scheiterte allerdings am Widerstand der Bundesländer (vgl. Wiesner 2004). Vielmehr wurden getrennt zwei Gesetze verabschiedet, nämlich das bereits behandelte KICK und das Tagesbetreuungsausbaugesetz (TAG), das den quantitativen (für Kinder unter drei Jahre) und vor allem qualitativen (Qualitätssicherung, Ausformulierung des Förderauftrages) Ausbau öffentlicher Kindertagesbetreuung forcierte. Bezugspunkt war hier sowohl die Vereinbarkeit von Familie und Beruf, die Förderung benachteiligter, armutsgefährdeter Kinder sowie die flächendeckende Sicherung der pädagogischen Qualität. Mit diesem Bundesgesetz wurde vor allem auf die starken regionalen Unterschiede in der Versorgung mit Tagesbetreuungsplätzen und in der pädagogischen Qualität reagiert. Eine Angleichung der Bildungsbedingungen in der frühen Kindheit wurde angestrebt. Mit dem *Gesetz zur Förderung von Kindern unter drei Jahren in Tageseinrichtungen und Tagespflege,* dem sogenannten Kinderförderungsgesetz (Kifög) von 2008 ist diese Entwicklung bestätigt worden. Eingeführt wurde ein nicht an Bedingungen geknüpfter Rechtsanspruch auf Tagesbetreuung für Kinder vom vollendeten ersten Lebensjahr an (ab dem 1.8.2013).

Blickt man historisch zurück, ist vor allem die zunehmende Ausdifferenzierung der gesetzlichen Bestimmungen zur Kindertagesbetreuung interessant. Während im RJWG i.d.F. von 1922 dieser Bereich in § 3 mit einem einzigen Satz als Fürsorgeleistung für hilfebedürftige Minderjährige abgehandelt wurde, ist seit der Verabschiedung des KJHG im Jahre 1990 eine deutliche Ausdifferenzierung und inhaltliche Verschiebung erkennbar. Kindertagesbetreuung und vor allem der Bildungsauftrag des Kindergartens sind deutlich als eigenständige Aufgabe in der Kinder- und Jugendhilfe verankert und nicht weiterhin als originäre Fürsorgeleistung. Ausgeführt ist das

---

disziplinären Netzwerkstrukturen und die Verstetigung des Familienhebammenprogramms sowie drittens über die differenzierte Ausformulierung der Beratungs-, Schulungs- und Unterstützungsangebote für Eltern.

Recht des Kindes auf eine solche außerfamiliale, vorschulische Bildungs-Dienstleistung unabhängig von der familialen Situation. Der Besuch eines Kindergartens ist vom familienabhängigen Ausnahmefall zum gesellschaftlich erwünschten Regelfall geworden – mit dem Wegfall der Bedarfsprüfung ist eine Regelleistung für alle Kinder eingeführt geworden. Über die drei Etappen der Einführung und Ausdehnung des Rechtsanspruchs für Kinder über und unter drei Jahren ist eine zweite Institution der frühen Kindheit neben der Institution Familie normal geworden. Dies kann punktuell mit dem Prozess der Durchsetzung der Schulpflicht im 19. Jahrhundert verglichen werden. Denn auf ganz ähnliche Weise kumulieren heute wie damals staatliche Bemühungen der Durchsetzung des Kinderschutzes, über die das Kind als besonders schutzbedürftig (vor Erwerbsarbeit im 19. Jhd. – vor elterlichem Fehlverhalten im 21. Jhd.) dargestellt wird, mit Aktivitäten zur Durchsetzung des Besuchs einer altersangemessenen Bildungseinrichtung. Der Kindergarten ist nun nicht mehr als nebenfamiliale, unterstützende Nothilfeeinrichtung, wie Jürgen Reyer dies ausgedrückt hat (2006, S. 58 ff.) konstituiert, sondern als familienergänzende Bildungseinrichtung für alle angelegt – dies kommt der Bedeutung der Institution Schule nahe. Die Bedingungen der frühen Kindheit erhalten so über die Konzertiertheit der schutz- und bildungsbezogenen Gesetze eine neue Form der Vereinheitlichung, der Geordnetheit und der Geplantheit.

In der vorangegangenen Rekonstruktion konnten zwei Dinge gezeigt werden. Als erstes ist die staatlich forcierte Durchsetzung eines *absoluten Schutzraumes,* der die größtmögliche Differenz zur Erwachsenheit und zur Schulkindheit darstellt, zu Beginn des 20. Jahrhunderts festzustellen. Gestaltet wurde frühe Kindheit als ein Schutzraum zur Ermöglichung altersangemessener Entwicklung durch den generellen Schutz vor erwerbsförmiger Arbeit, vor Kriminalstrafe und vor Scholarisierungsprozessen sowie durch den vollständigen rechtlichen Ausschluss aus den die eigene Person betreffenden Entscheidungsakten. Dieser Schutzraum bleibt bis in das 21. Jahrhundert erhalten, allerdings sind seit den 1990er Jahren Scholarisierungstendenzen (Zeiher 2009, S. 109) zu beobachten – insofern kann bereits an dieser Stelle von einem Wandel des Schutzraumes gesprochen werden, keinesfalls aber von seiner Erosion.

Als zweites zeigt sich, dass frühe Kindheit zu Beginn des 20. Jahrhunderts über rechtliche Regulierungen in das Private eingesponnen wurde und sich Familialisierung als deren dominantes Charakteristikum herausgebildet hat. Auch hier ist Wandel beobachtbar. Frühe Kindheit wird seit Ende des 20. Jahrhunderts durch die forcierten rechtlichen Regulierungen im Kontext einer veränderten sozialinvestiven Wohlfahrtsstaatlichkeit (vgl. Olk 2007) aus ihrem Eingesponnensein in die Privatheit der Familie herausgeschält. Sowohl die Bedingungen privater Sorge, Erziehung und Förderung als auch die institutionellen Bedingungen des Schutzes, der Kontrolle, der Unterstützung und der Förderung sind zum Gegenstand umfassender Regulierungen geworden. Staatlich angeordnete Einblicke in familiale Erziehungs- und Versorgungspraxen gelten nun nicht mehr nur im Ausnahmefall, also im Falle stark abweichender Praktiken, als normal. Vielmehr wurde eine generalisierte öffentliche Aufmerksamkeit für die privaten und öffentlichen Bedingungen des Kindseins, für die Phase der frühen Kindheit initiiert, denn die Versorgung und Erziehung des kleinen Kindes wird nicht mehr per se als durch die Eltern gewährleistet angesehen. Dennoch kann in diesem Zusammenhang nicht von einer De-Familialisierung gesprochen werden[12]. Betrachtet man die Bedingungen der frühen Kindheit nicht allein aus der Perspektive der Regulierung des Kinderschutzes oder der Kindertagesbetreuung, sondern das Konzert aller Regulierungen in den oben genannten Ordnungsbereichen, wird deutlich, dass weder im Grundgesetz noch im Zivilrecht[13] die basalen familienbezogenen Normen in Bezug auf die Sorge- und Kindschaftsverhältnisse in ihrer grundsätzlichen Verfasstheit angetastet wurden. Durch die planmäßige Institutionalisierung außerfamilialer frühkindlicher Bildung und durch die Normalisierung einer flächendeckenden staatlichen Kontrolle hat allerdings eine Neujustierung des Verhältnisses von Familie, Staat und intermediären Organisationen eingesetzt.

Es deutet sich insgesamt also an, dass sich die Grenze zwischen Schulkindheit und früher Kindheit zu verflüssigen beginnt, dass sich die besondere Besonderung der frühen Kindheit verflüchtigt. Sowohl die zu Beginn des 20. Jahrhunderts durch rechtliche Normsetzungen forcierte außerordentliche Familialisierung als auch der durchgesetzte Schutz vor Scholarisierungsprozessen verändern sich. Frühe Kindheit beginnt, sich in ihrer Gestalt der Schulkindheit anzunähern, was am fortschreitenden Prozess der Institutionalisierung des Kindergartens als Regeleinrichtung des Bildungssystems ablesbar wird. Was dies für Kinder und für alltägliche Praxen der Herstel-

---

12 Bspw. vertreten Honig und Ostner – u. a. in kritischer Auseinandersetzung mit Gøsta Esping-Andersen – die These der De-Familialisierung (ebd. 2001 und 2013) – allerdings beschreibt der Begriff der De-Familialisierung hier die Herstellung kindlicher Wohlfahrt im Spannungsfeld von Familie und Staat bzw. öffentlichem Sektor. Im Fokus stehen die konkreten erbrachten Sorge- und Erziehungsleistungen und die materielle Versorgung im Kontext einer traditionellen Ernährerehemann-Hausfrauenfamilie. Der in diesem Beitrag verwendete Begriff der Familialisierung ist umfassender (vgl. auch Mierendorff 2010, S. 29) und verweist auf die grundsätzliche rechtliche, symbolische und faktische Verwiesenheit des Kindes auf die Familie bzw. die Eltern.

13 In diesem Zusammenhang wäre es interessant, auf das *Kinderrechtsverbesserungsgesetz* von 2002 sowie das Gesetz zur *Ächtung von Gewalt in der Erziehung* (§ 1631 BGB) einzugehen. Beide Regulierungen betreffen die sozialen Beziehungen in der Familie und können als weiterer Schritt gelten, innerfamiliale Beziehungen nicht allein der Gestaltung der Eltern auszusetzen. Damit wird die These der Herauslösung der Familie aus dem Eingesponnensein in das Private bestätigt. Die verfassungsrechtliche bestimmte Primärverantwortung der Familie bleibt aber auch hier unangetastet.

lung von Kindheit bedeutet, bleibt in kommender Zeit zu beobachten und zu untersuchen.

5. Normierungsprozesse von Kindheit im Wohlfahrtsstaat – ein Fazit

In den vorangegangenen Abschnitten ist der Prozess der Normierung von Kindheit, also die Aufschichtung und Ausdifferenzierung von Normen am Beispiel des dichten und sich im Zeitverlauf verändernden Regulierungsgeschehens in Bezug auf die Bedingungen der frühen Kindheit rekonstruiert worden. Welche Schlussfolgerungen lassen sich nun abschließend in Bezug auf die eingangs gestellte Frage nach der Bedeutung des Wohlfahrtsstaates für die Normierungsprozesse von Kindheit ziehen?

Schutzraum Kindheit

Als erstes ist die Bedeutung des Wohlfahrtsstaates für die Durchsetzung und Erhaltung des strukturellen Schutzraumes Kindheit festzustellen. Kindheit hat sich als ein vor existenzsichernder Erwerbsarbeit, Kriminalstrafe und rechtlichen Folgen des eigenen Handelns geschützter Raum über Gesetzesnormen und über die staatliche Kontrolle der Einhaltung dieser überhaupt erst realisieren können. Denn beide Bereiche, das Strafsystem und das System der Existenzsicherung, stehen im Wohlfahrtsstaat in der unmittelbaren Steuerungsverantwortung des Staates und sind nicht den Regulierungskräften der Zivilgesellschaft oder des Marktes überlassen. Der Staat besitzt als einziges Organ die staatliche Gewalt, altersbezogene Sonderregelungen wie das Kinderarbeitsverbot und die Schulpflicht auszusprechen und gegen die Interessen anderer Gruppen – Eltern, Unternehmen – durchzusetzen.

Über rechtliche Regulierungen wird allerdings nicht allein ein rechtlich legitimierter formaler Schutzraum geschaffen, der im größtmöglichen Gegensatz zur Erwachsenheit steht. Vielmehr wird dieser Raum durch die andauernden Regulierungsbemühungen in den fünf genannten Ordnungsbereichen unter den Bedingungen einer westlichen Wohlfahrtsstaatlichkeit ausgestaltet – also ausgestaltet im Sinne eines Entwicklungs- und Bildungsmoratoriums (Zinnecker 2000, S. 36 f.) für jedermann. Allerdings vollzieht sich dieser Prozess unter Anrufung des Entwicklungsparadigmas ausgesprochen differenziert. Durch altersensible und altersdifferenzierte Regulierungen wird Kindheit sequenziert, unterschiedliche Altersphasen werden institutionalisiert und in der permanenten altersbezogenen Ausgestaltung in ihrer Unterschiedlichkeit immer wieder hervorgebracht. So sind im Verlauf der Zeit unter dem Dach Kindheit drei differenzierte Muster der Kindheit entstanden: frühe Kindheit, mittlere Kindheit und Jugend. Offen bleibt zu diesem Zeitpunkt, inwieweit sich der oben skizzierte strukturelle Annäherungsprozess von früher Kindheit und Schulkindheit fortsetzen wird.

Überregionale Angleichung zentraler Normen

Als zweites ist die bereits mehrfach formulierte Bedeutung des Wohlfahrtsstaates in Bezug auf die überregionale und schichtübergreifende Angleichung und vor allem Durchsetzung zentraler Normen zu nennen. Von einem Muster moderner Kindheit im Sinne eines Struktur- und Kulturmusters wäre nicht zu sprechen, gäbe es diese grundlegende Angleichung des gesetzlichen Normrahmens und die Ausdehnung auf und Durchsetzung in allen Gruppen nicht. Die Bedingungen der Kindheit sind in ihrer grundsätzlichen Anlage über die Zeit hinweg angeglichen und überregional vor allem gegen Widerstände einzelner erwachsener Interessengruppen durchgesetzt worden. In den zentralisierten Normen drücken sich normative Vorstellungen angemessener Kindheitsbedingungen aus, die sich im historischen Wandel durchaus verändern, ohne dass aber insgesamt vom Diktum Kindheit als Schutzraum und als Bildungsmoratorium in der Differenz zur Erwachsenheit abgewichen wird. Zu Beginn habe ich bereits darauf verwiesen, dass sich solche Angleichungsprozesse im Kontext gesellschaftlicher Ungleichheitsstrukturen vollziehen und damit keinesfalls zwangsläufig zu der Vereinheitlichung von Lebensbedingungen und Handlungsmöglichkeiten führen.

Kontinuität und Wandel

Obwohl sich die staatlichen Regulierungsprozesse im permanenten Prozess gesellschaftlichen und wohlfahrtsstaatlichen Wandels vollziehen, bleibt über die Zeit hinweg der Schutz des Schutzraumes Kindheit und damit Erhaltung von Kindheit als Strukturmuster im Zentrum des normsetzenden Regulierungshandelns (ausf. Mierendorff 2010). Nicht nur über die Setzung, sondern vor allem auch über die Anpassung und Veränderung von Normen ist dieser Erhalt im Zeitverlauf bisher realisiert worden. Die Ausgestaltung dieses Schutzraumes, also die Fragen nach dem Maß des Schutzes, nach den zu schützenden Bereichen und nach der Gestalt des Bildungsmoratoriums sind unter sich wandelnden ökonomischen, wohlfahrtsstaatlichen und zivilgesellschaftlichen Bedingungen immer wieder neu verhandelt und beantwortet worden. Es besteht ein permanentes Spannungsverhältnis zwischen dem wohlfahrtsstaatlichen Anliegen des Erhalts des Musters moderner Kindheit und gesellschaftlich notwendigen Anpassungen des Normgefüges im Rahmen gesellschaftlichen Wandels. Der Wohlfahrtsstaat hat hier eine ausgesprochen funktionale Flexibilität gezeigt, wie am Beispiel der Normierung der Bedingungen der frühen Kindheit gezeigt werden konnte.

Abschließend soll die Aufmerksamkeit auf das kaum erforschte Zusammenspiel eines sich in alltäglichen Praxen vollziehenden Wandels der Kindheit und wohlfahrtsstaatlichen Regulierungsbemühungen der Bedingungen von Kindheit gelenkt werden. Die Re-Regulierung der Bedingungen früher Kindheit im 21. Jahrhundert ist Teil umfassender gesellschaftlicher, ökonomischer und politischer Veränderungsprozesse, die sich auf den unterschiedlichsten Bühnen vollziehen. Der Umbau des Wohlfahrtsstaates, Tendenzen der Ökonomisierung sozialer Dienstleistungen und Bildungsangebote, der Wandel des nationalen Arbeitsmarktes und die damit in Zusammenhang stehende Erosion des Mail-Breadwinner-Modells, der Wandel der Familie, die Veränderung des Privaten oder aber das Eindringen post-fordistischer Zeitstrukturen in den Familien- und Kinderalltag (vgl. Zeiher 2005) sind insgesamt Prozesse, die sich im Kontext europäischer und globaler Entwicklungen vollziehen und zutiefst ineinander verwoben scheinen. Der Wandel von Kindheit ist nicht außerhalb dieser aufeinander bezogenen gesellschaftlichen Wandlungsprozesse zu denken, sondern deren integraler Bestandteil. Der Wohlfahrtsstaat ist hier einerseits vermittelt über die Setzung von Normen Taktgeber, andererseits aber vor allem auch „nachhinkend Regulierender" der veränderten Realitäten, die sich bereits in den verschiedensten alltäglichen privaten und öffentlichen Praxen vollzogenen haben. Die Erforschung des Zusammenspiels von Prozessen der wohlfahrtsstaatlichen Normsetzung und der sich in alltäglichen Praxen vollziehenden Normalisierungsprozesse von Kindheit in Bezug auf beobachtbare Tendenzen des Wandels des Musters moderner Kindheit ist eine große Herausforderung aktueller Kindheitsforschung.

Literatur

Bühler-Niederberger, D. (2011): Lebensphase Kindheit. Theoretische Ansätze, Akteure und Handlungsräume. Weinheim/München: Juventa.

Bühler-Niederberger, D./Sünker, H. (2009): Gesellschaftliche Organisation von Kindheit und Kindheitspolitik. In: ders. (Hrsg.) (2009): Ordnungen der Kindheit. Problemstellungen und Perspektiven der Kindheitsforschung. Weinheim/München: Juventa, S. 155–183.

Hendrick, H. (2009): „The Evolution of Childhood in Western Europe c. 1400 – c. 1750". In: Qvortrup, J./Corsaro, W./Honig, M.-S. (Hrsg.) (2009): The Palgrave Handbook of Childhood Studies. Houndsmill, Basingstoke, Hampshire: Palgrave Macmillan, S. 99–113.

Honig, M.-S./Ostner, I. (2001): „Das Ende der fordistischen Kindheit". In: Klocke, A./Hurrelmann, K. (Hrsg.) (2001): Kinder und Jugendliche in Armut. Wiesbaden: Westdeutscher Verlag, S. 293–310.

Honig, M.-S./Ostner, I. (2013, i.E.): Die „familialisierte" Kindheit. In: Baader, M.S./Eßer, F./Schröer, W. (Hrsg.) (2013, i.E.): Kindheiten in der Moderne. Eine Geschichte der Sorge. Frankfurt am Main: Campus.

Kaufmann, F.-X. (1989): Religion und Modernität: sozialwissenschaftliche Perspektiven. Tübingen: Mohr.

Kelle, H. (2008): „Normale" kindliche Entwicklung als kulturelles und gesundheitspolitisches Projekt. In: Kelle, H./Tervooren, A. (Hrsg.) (2008): Ganz normale Kinder. Heterogenität und Standardisierung kindlicher Entwicklung. Weinheim/München: Juventa, S. 187–205.

Klinkhammer, N. (2012): Kindheit im Diskurs. Eine wissenssoziologische Diskursanalyse bundesdeutscher Bildungs- und Betreuungspolitik zwischen 1998 und 2009. Dissertationsschrift vorgelegt an der Phil. Fak. III der Martin-Luther-Universität Halle-Wittenberg.

Lessenich, S. (2000): Soziologische Erklärungsansätze zu Entstehung und Funktion des Sozialstaates. In: Allmendinger, J./Ludwig-Mayerhofer, W. (Hrsg.) (2000): Soziologie des Sozialstaates. Weinheim/München: Juventa, S. 39–78.

Franke-Meyer, D. (2011): Kleinkindererziehung und Kindergarten im historischen Prozess. Bad Heilbrunn: Verlag Julius Klinkhardt.

Mayntz, R. (1991): Die politische Steuerbarkeit und Reformblockaden: Überlegungen am Beispiel des Gesundheitssystems. In: Staatswissenschaften und Staatspraxis. Rechts-, wirtschafts- und sozialwissenschaftliche Beiträge zum staatlichen Handeln. Themenheft Nr. 1: Die Zukunft der sozialen Sicherung in Deutschland. Baden-Baden: Nomos Verlagsgesellschaft, S. 285–305.

Mierendorff, J. (2010): Kindheit im Wohlfahrtsstaat. Über die Bedeutung des Wohlfahrtsstaates für die Entstehung und Veränderung des Musters moderner Kindheit – eine theoretische Annäherung. Weinheim/München: Juventa.

Mierendorff, J. (2011): Die Dimension des Alters in der Kinder- und Jugendhilfe. Zeitpolitisches Magazin, Nr. 19, H. 12, S. 110–113.

Mierendorff, J. (2013a, i. E.): Die wohlfahrtstaatliche Kindheit (1914–1945). In: Baader, M. S./Eßer, F./Schröer, W. (Hrsg.) (2013, i. E.): Kindheiten in der Moderne. Eine Geschichte der Sorge. Frankfurt am Main: Campus.

Mierendorff, J. (2013b, i. E.): Frühe Kindheit und Wohlfahrtsstaat – Wandel des Musters früher Kindheit. In: Sektion Sozialpädagogik (Hrsg.) (2013, i. E.): Konstellationen und Kontroversen in der Sozialen Arbeit und der Pädagogik der frühen Kindheit. Weinheim: Beltz Juventa.

Mierendorff, J./Olk, T. (2007): Das Spannungsfeld von Familie und Jugendhilfe – ein historischer Diskurs. In: Schmidt, N. (Hrsg.) (2007): Handbuch kommunale Familienpolitik. Reihe: Hand- und Arbeitsbücher. H. 14. Eigenverlag des Deutschen Vereins für öffentliche und private Fürsorge e. V. Berlin, S. 70–84.

Münder, J. (1990): Das neue Kinder- und Jugendhilfegesetz. Soziale Arbeit 39, H. 6, S. 206–213.

Olk, T. (2007): Kinder im Sozialinvestitionsstaat. Zeitschrift für Soziologie der Erziehung und Sozialisation 27, H. 1, S. 43–57.

Olk, T./Mierendorff, J. (1998): Existenzsicherung für Kinder – zur sozialpolitischen Regulierung von Kindheit im bundesdeutschen Sozialstaat. Zeitschrift für Soziologie der Erziehung und Sozialisation 18, H. 1, S. 38–52.

Olk, T./Mierendorff, J. (2003): Kinderwohlfahrtspolitik in Deutschland. In: Kränzl-Nagl, R./Mierendorff, J./Olk, T. (Hrsg.): Kindheit im Wohlfahrtsstaat. Gesellschaftliche und politische Herausforderungen. Frankfurt am Main: Campus, S. 419–467.

Penski, U. (1986): Recht als Mittel der Politik. Möglichkeit oder Missverständnis. In: Voigt, R. (Hrsg.) (1986): Recht als Instrument der Politik. Beiträge zur sozialwissenschaftlichen Forschung. Bd. 72. Opladen: Westdeutscher Verlag, S. 35–59.

Peuckert, D. J. K./Münchmeier, R. (1990): Historische Entwicklungsstrukturen und Grundprobleme der deutschen Jugendhilfe. In: Sachverständigenkommission 8. Jugendbericht (Hrsg.) (1990): Jugendhilfe – Historischer Überblick und neuere Entwicklung, Materialien zum 8. Jugendbericht. Bd. 1. Weinheim/München: Juventa, S. 2–49.

Reyer, J. (2006): Einführung in die Geschichte des Kindergartens und der Grundschule. Bad Heilbrunn: Julius Klinkhardt.

Sachße, C./Tennstedt, F. (1988): Geschichte der Armenfürsorge. Bd. 2: Fürsorge und Armenpflege 1871–1929. Stuttgart: Kohlhammer.

Sachße, C./Tennstedt, F. (1998): Geschichte der Armenfürsorge. Bd. 1: Vom Spätmittelalter bis zum 1. Weltkrieg. 2. verb. und erweiterte Aufl. Stuttgart: Kohlhammer.

Schmid, P. (2013 i.E.): Bürgerliche Kindheit. In: Baader, M.S./Eßer, F./Schröer, W. (Hrsg.) (2013, i.E.): Kindheiten in der Moderne. Eine Geschichte der Sorge. Frankfurt am Main: Campus.

Turmel, A. (2008): Das normale Kind: Zwischen Kategorisierung, Statistik und Entwicklung. In: Kelle, H./Tervooren, A. (Hrsg.) (2008): Ganz normale Kinder. Heterogenität und Standardisierung kindlicher Entwicklung. Weinheim/München: Juventa, S. 17–58.

Wiesner, R. (2004): Das Tagesbetreuungsausbaugesetz. Zentralblatt für Jugendrecht 91, H. 1, S. 441–476.

Zinnecker, J. (2000): „Kindheit und Jugend als pädagogische Moratorien. Zur Zivilisationsgeschichte der jüngeren Generation im 20. Jahrhundert". In: Benner, D./Tenorth, H.-E. (Hrsg.) (2000): Bildungsprozesse und Erziehungsverhältnisse im 20. Jahrhundert. Praktische Entwicklungen und Formen der Reflexion im historischen Kontext. Zeitschrift für Pädagogik. 42. Beiheft. Weinheim/Basel: Beltz, S. 36–68.

Zeiher, H. (2005): Neue Zeiten – neue Kindheiten? Wandel gesellschaftlicher Zeitbedingungen und die Folgen für Kinder. In: Zeitschrift für Familienforschung, Sonderheft 5, S. 74–91.

Zeiher, H. (2009): Ambivalenzen und Widersprüche der Institutionalisierung von Kindheit. In: Honig, M.-S. (Hrsg.) (2009): Ordnungen der Kindheit. Problemstellungen und Perspektiven der Kindheitsforschung. Weinheim/München: Juventa, S. 103–126.

Teil I

Risikodiskurse, Prävention und Normalisierung

Tanja Betz und Stefanie Bischoff

Risikokind und Risiko Kind

Konstruktionen von Risiken in politischen Berichten

1. Ausgangsbeobachtungen und Fragestellung

Der Begriff des Risikos im Zusammenhang mit Kindern und Kindheit erhält derzeit insbesondere im Kontext der gesellschaftlichen und fachpolitischen Debatte um Frühe Hilfen und frühe Förderung Aufwind. Der Risikobegriff findet dabei in der deutschen Debatte in unterschiedlicher Weise Verwendung. Frühe Hilfen beispielsweise sollen Eltern schon ab der Schwangerschaft unterstützen, um ihren Kindern bereits in der frühen Kindheit eine „gesunde Entwicklung zu ermöglichen und somit Risiken für Gefährdungen […] zu reduzieren" (Paul 2012, S. 6). Dabei sollen insbesondere diejenigen Eltern Unterstützung erfahren, die aufgrund großer Belastungen aus eigener Kraft nicht ausreichend für ihre Kinder sorgen können. Zu den Belastungen zählen eigene psychische Beeinträchtigungen und häusliche Gewalt wie auch Probleme aufgrund von mangelnder Bildung und Armut (ebd.). Neben den Entwicklungsrisiken für Kinder wird – ebenfalls mit Blick auf die Familie bzw. das Aufwachsen im privaten Rahmen (vgl. Betz 2013a) – auch das Risiko für Kindeswohlgefährdungen ins Blickfeld gerückt. Dieses Risiko ist dann erhöht, wenn elterliche, soziale und ökonomische Risikofaktoren kumulieren wozu psychische Erkrankungen, Partnerschaftskonflikte oder ein niedriges Einkommen gezählt werden (vgl. Meier-Gräwe/Wagenknecht 2012). Auch Gesundheitsrisiken werden im Zusammenhang mit Frühen Hilfen debattiert, u. a. mit Blick auf individuelle Risikofaktoren wie Regulationsstörungen, besondere Vulnerabilität in den ersten drei Lebensjahren des Kindes oder ein schwieriges Temperament (Thyen 2012, S. 16). Neben diesem Strang der Risikodebatte, der sich um Frühe Hilfen, Schutz und Prävention dreht, wird in Bezug auf frühe Förderung auf den Zusammenhang zwischen geringen Bildungschancen, niedrigen Kompetenzniveaus und „schwierige(n) häusliche(n) Bedingungen für Bildungserfolg" (Autorengruppe Bildungsberichterstattung 2012, S. 8) hingewiesen. Zu den Risikolagen, die wiederum der Familie zugerechnet werden, zählen dabei insbesondere drei Strukturmerkmale von Familie: ein bildungsfernes Elternhaus (Risiko der Bildungsferne), ein soziales Risiko, d. h. kein Elternteil ist erwerbstätig und schließlich ein finanzielles Risiko, d. h. das Einkommen liegt unter der Armutsgefährdungsgrenze von 60% des Durchschnittsäquivalenzeinkommens (ebd.). Darüber hinaus wird meist der Migrationshintergrund als eigenständiger Risikofaktor ausgemacht (vgl. Brandes/Friedel/Röseler 2011). In diesem Strang der Risikodebatte werden die Themen frühe Förderung, Bildung und Intervention verquickt, häufig im Sinne einer Kompensation ungleicher Startchancen.

In der Konsequenz der skizzierten, miteinander verschmolzenen Debatten erhält eine zunehmende Zahl von Kindern das Label ‚Risikokind' (zur Verbreitung des Risikobegriffs: siehe Dekker 2009) und gilt u.a. als hilfe- und förderungsbedürftig. Zugleich wird debattiert, inwiefern von Kindern selbst Risiken ausgehen – sofern z.B. Hilfe oder frühe Förderung unterbleibt. Beobachtbar ist auch ein kontinuierliches Anwachsen der öffentlichen Schutz-, Kontroll- und Behandlungsbemühungen (für kindliche Störungen u.a. am Beispiel der Legasthenie: Bühler-Niederberger 2001), die in medizinischen, politischen und pädagogischen Feldern angesiedelt sind und im Zusammenhang mit Diskussionen um Normalität und Abweichung kindlicher Entwicklung stehen (Kelle/Tervooren 2008, S. 7 f.).

Aufgrund der Vielschichtigkeit der Debatten und der darin eingehenden Begriffsverwendungen, der unterschiedlichen Logiken im Zusammenhang mit der Funktionalisierung des Risikodiskurses, der vielfältigen Protagonisten und Themenfelder, ist Robert/Pfeifer/Drößler (2011, S. 19) zuzustimmen, dass eine evaluative, d.h. bilanzierende und bewertende Einordnung der aktuellen Entwicklungen mit Blick auf die Gestaltung und Veränderung von Kindheit verfrüht sei. Vielmehr ist es naheliegend aus sozialwissenschaftlicher Perspektive zunächst die Vielschichtigkeit des Diskurses aufzuzeigen und einzelne Facetten vertiefend zu bearbeiten, wie dies z.B. Wohlgemuth (2009) für die „Zauberformel Prävention" realisiert, indem sie der Frage nachgeht, wie der Begriff der Prävention in der Sozialpolitik sowie im Handlungsfeld der Kinder- und Jugendhilfe Verwendung findet.

Wir wollen im Folgenden der Frage nachgehen, wie Kinder im Kontext Risiko aktuell konstruiert werden und wie sich der darauf bezogene Diskurs[1] innerhalb bundespolitischer Dokumente gestaltet. Dabei gehen wir davon aus, dass der Begriff „Risiko" im Zusammenhang mit Kindheit und Kindern eine politisch bedeutsame Kategorie darstellt, die aufgrund der Kontingenz des Risiko-Labels verschiedene Lesarten zulässt, deren Funktion für die Gestaltung von Kindheit, im Sinne einer Normierung von Kindheit, bislang noch kaum untersucht wurde. Unser Ziel ist es, hierfür erste Ansatzpunkte zu erarbeiten. Den zentralen und zugleich empirischen Fokus des Artikels legen wir auf die Analyse des gegenwärtigen Risikodiskurses

---

1 Den Risikodiskurs innerhalb bundespolitischer Dokumente verstehen wir als einen thematisch gebundenen Diskurs. Ausgangspunkt der Beobachtung sind die Themen ‚Kindheit' und ‚Risiko' (s. Kap. 3).

innerhalb bundespolitischer Dokumente in Deutschland. Konkret geht es um folgende Forschungsfragen:

- Wie werden ‚Risikokinder' und Risiken *für* Kinder in gegenwärtigen bundespolitischen Dokumenten konstruiert? (‚Risikokind')
- Wie wird der Diskurs ausgestaltet?
- Inwiefern werden Kinder dabei selbst zum Risiko erklärt? (‚Risiko Kind')
- Welche (möglichen) politischen Funktionen übernehmen diese Konstruktionen?

Zur Bearbeitung dieser Fragen legen wir zunächst unsere Grundannahmen dar und geben einen Überblick über den Forschungsstand. Darauf folgend skizzieren wir das methodologisch-methodische Vorgehen und präsentieren die zentralen Ergebnisse unserer Studie. Abschließend diskutieren wir die Befunde vor dem Hintergrund der forschungsleitenden Fragen.

2. Theoretische Annahmen und Forschungsstand

2.1 Kindheit als Konstruktion

Eine Grundprämisse, vor deren Hintergrund erst die Konzeptualisierung von Kindern und Kindheit in gegenwärtigen politischen Aussagezusammenhängen analysiert und rekonstruiert werden kann, ist diejenige, dass Kindheit als soziale Konstruktion verstanden werden kann und daher in einem soziohistorischen Kontext und in Abhängigkeit von seiner jeweiligen gesellschaftlichen Ausgestaltung gesehen werden muss (vgl. u.a. Lohmann/ Mayer 2009). Die Perspektiven auf, aber auch die Erfahrungen von (risikofreier) Kindheit variieren in Zeit und Raum (vgl. Bühler-Niederberger 2001; James/James 2008a; Read 2011). Mit Nybell (2001) kann daher argumentiert werden, dass es notwendig ist, nicht nur Kinder ‚an sich' zu ‚beobachten', sondern auch die sozialen, politischen und ideologischen Kontexte, die Kinder und Kindheit produzieren (ebd., S. 216). Ähnlich formulieren auch Kelle/Tervooren (2008) mit Blick auf Veränderungen in der kindlichen Entwicklung und den historisch variierenden Grenzziehungen zwischen normalen und nicht-normalen Kindern, dass „sich nicht die Kinder (allein), sondern die entwicklungsbezogenen Evaluations- und Diagnoseinstrumente, das Bild des Kindes und die institutionellen Arrangements, die Kindern und Eltern zur Verfügung gestellt werden, gewandelt haben" (ebd., S. 11). Daran wird deutlich, dass Kindheit und die Rede von Kindern in Aushandlungsprozesse und Interaktionen eingebettet sind, die wiederum (herrschaftliche) Interessen wiederspiegeln bzw. hervorbringen (vgl. Bühler-Niederberger 2005; James/James 2004, 2008a, 2008b; Mierendorff 2008). Dabei spielen verschiedene Akteursgruppen und Institutionen eine zentrale Rolle, die sowohl von den vorherrschenden Kindheitskonstruktionen abhängig sind als auch diese mit produzieren. Nybell (2001) bringt dies wie folgt auf den Punkt:

> „Modern ideas of what a child is and what constitutes a proper childhood are the cultural ground upon which institutions of parenthood and the childcaring professions like education and social work have been established. Nurturing the growth and development of children during well-articulated stages of modern childhood entailed specific kinds of protection, education and socialization – tasks assigned to families, schools and child welfare agencies and the practices of teachers and social workers not only depend upon but also produce conceptions of childhood" (ebd., S. 217 f.).

Vor dem Hintergrund dieser Annahmen sind in Forschungsarbeiten unterschiedliche Konzeptualisierungen von Kindern und Kindheit herausgearbeitet worden, die gesellschaftlich als mehr oder weniger legitim, als mehr oder weniger „normal" gelten (vgl. u. a. Bühler-Niederberger 2001; James/James 2008a; Loseke/Cahill 1994). Diese Vorstellungen bzw. Perspektiven auf Kinder sind dabei vielschichtig. U. a. werden Kinder als Unschuldige, Lehrlinge, Personen aus eigenem Recht etc. (vgl. Mills 2000), als Unfertige und ‚Becomings' (vgl. Betz 2013b), als Probleme (vgl. Brown-Rosier 2009) oder auch als (Schutz-)Bedürftige, Gefährdete und potentiell Gefährliche (vgl. Bühler-Niederberger 2001, 2005; James/James 2008b) beschrieben. Dabei beziehen sich diese Konstruktionen in Teilen auf alle Kinder, teilweise aber auch auf spezifische Teilgruppen von Kindern wie z. B. Kinder mit Migrationshintergrund (vgl. Betz 2010), Jungen oder arme Kinder. Letztere werden – im Kinderarmutsdiskurs – als psychisch und physisch nicht gesund, als verhaltensauffällig, bildungsarm und potentiell gewalttätig konzipiert (vgl. Mierendorff 2008). Dabei stehen die Konstruktionen von (normalen) Kindern in enger Verbindung zu den kindbezogenen Institutionen und dort gängigen sozialen Praktiken. Diese Konzeptualisierungen von Kindern und Kindheit können dabei als ‚Vielfalt von Diskursen' verstanden werden, die sprachlich und symbolisch repräsentiert sind in Texten und Bildern an unterschiedlichen Orten, zu verschiedenen Zeiten sowie in verschiedenen sozialen Bereichen (Politik, Fachpraxis, Wissenschaft etc.). Sie sind darüber hinaus existent in sozialen Praktiken innerhalb von Institutionen oder zwischen Akteuren, die wiederum mit sprachlichen und symbolischen Repräsentationen in Wechselwirkung stehen und auf diese Weise Wahrnehmung steuern (vgl. Kelle 2009).

Loseke/Cahill (1994) z. B. zeigen über die empirische Rekonstruktion des amerikanischen populärwissenschaftlichen Diskurses von 1900 bis 1990 auf, wie außerhäusliche Kinderbetreuung normalisiert wird. Dies geschieht u. a., indem diese als unhinterfragte Notwendigkeit des modernen Lebens eine diskursive Verbindung mit verschiedenen Faktoren eingeht: mit der Betreuung aufgrund der spezifischen Bedürfnisse des Kindes, mit den Defiziten in der Kindererziehung der modernen Familie, mit den ökonomischen Zwängen, welche die Arbeitsmarktintegration der Mütter erforderlich macht und mit den Rechten und Pflichten der modernen Frau. Kindertagesbetreuung bringt damit Kinder hervor, die erfolgreichere und normalere Erwachsene sein werden als ihre (unterprivilegierten, armen) Eltern. Normalisierung, so die Annahme der Autoren, funktioniert dabei über die diskursive Konstruktion der ‚richtigen‘ Kinderbetreuung oder der ‚richtigen‘ Intervention. Die Entwicklung der Kinder geht dabei konform mit wissenschaftlich entwickelten Standards der normalen menschlichen Entwicklung. So wird Kinderbetreuung zu einer Technologie, um nützliche Individuen herzustellen.

In Bezug auf die Konstruktion von ‚Risikokindern‘ in Zusammenhang mit Vorstellungen von Normalität und Abweichung, stellen Lohmann/Mayer (2009) in einem historischen Überblick heraus, dass Beobachtungen negativen kindlichen Verhaltens häufig auf der Folie einer bürgerlichen Vorstellung von ‚richtigem‘ Benehmen und ‚richtiger‘ kindlicher Entwicklung Kontur erlangten. Gleichzeitig seien Vorstellungen von ‚Normalität‘ stark mit diskursiven Konzepten und Praktiken westlicher Gesellschaften verknüpft, wie beispielsweise der möglichst flächendeckenden Sammlung statistischer Daten über Kinder und der damit einhergehenden Sorge um die Abweichung vom ‚Normalen‘ (vgl. Link 2008 zitiert nach Lohmann/Mayer 2009, S. 9). Die zunehmende Datensammlung führte, so Lohmann/Mayer (2009), zu einer Defizitperspektive auf diejenigen Gruppen, die vom Durchschnitt abwichen und häufig als Bedrohung öffentlicher Ordnung interpretiert wurden. Dies galt besonders häufig für Kinder aus unteren sozialen Klassen (ebd., S. 10 f.) – eine (Defizit-)Konstruktion, die bis heute verbreitet ist und Gültigkeit hat (s. Kap. 4.2).

Ebenfalls in einem historischen Rückblick auf die Konstruktion von „children at risk“ im westlich geprägten Diskurs des 19. und 20. Jahrhunderts konstatiert Dekker (2009), dass trotz wachsendem gesellschaftlichem Wohlstand, wachsender Aufmerksamkeit für die Probleme von Kindern und der Implementierung entsprechender Institutionen und Maßnahmen die Zahl der als gefährdet wahrgenommenen ‚Risikokinder‘ bis heute stetig ansteige. Dies gehe einher mit einem ungebrochenen Glauben – abgesehen von einem kurzen Einbruch in den 1970er-Jahren – an die Effektivität von Intervention und Prävention. Empirisch belegt Dekker diese Beobachtung, indem er pädagogische Klassiker, z. B. von Key und Rousseau bis hin zu zeitgenössischen internationalen erziehungswissenschaftlichen Publikationen, heranzieht. Weiterhin betrachtet er neben der Etablierung von Kinderschutzgesetzen und Kinderrechten die Entstehung der Kinder- und Kindheitsforschung um 1900 als ‚Multiplikator‘ der Konstruktion von ‚Risikokindern‘. Dabei beschreibt er am Beispiel des niederländischen ‚electronic child dossier', wie durch flächendeckend implementierte Instrumente zur Beobachtung von Kindern und zunehmend breitere Definitionen von Risiken *alle* Kinder zu ‚Risikokindern' gemacht werden (ebd., S. 33). Darauf bezugnehmend konstatiert er zur Jahrtausendwende die Ablösung des von Ellen Key ausgerufenen „Century of the Child" durch „a Century of the Child at Risk" (ebd., S. 35).

Ähnliches stellen Lubeck/Garrett (1990) für den amerikanischen Diskurs der späten 1980er-Jahre fest: Das ‚at-risk'-Konzept sei sehr weit gefasst und beziehe sich z.T. auf einzelne Kinder, ganze Kindergruppen oder potentiell alle Kinder. Inhaltlich werde das ‚Risiko' u.a. als personenbezogenes Merkmal oder alternativ als soziale Lage ausbuchstabiert (s. Kap. 4). Dabei enthalte die jeweilige Definition bereits implizite Hinweise auf das, was zur Risikominderung folgerichtig erscheine und daher getan werden *soll*. ‚Risikokinder', als emotional instabile Kinder, legen psychologische Betreuung und Kooperationen zwischen Eltern und Institutionen nahe, soziale Risikolagen (wie Armut) hingegen eher Reformen des Arbeitsmarkts und sozialer Sicherungssysteme von Familien. Gleichzeitig stellen die Autorinnen zwei verbindende und konstante Merkmale unterschiedlicher Konstruktionen von ‚Risikokindern' und Risiken für Kinder heraus: Erstens die Konstruktion versagender Eltern und Pädagogen als ‚Retter' der Kinder und zweitens die (sprachliche) Entrüstung über individuelles Fehlverhalten im Risikokinder-Diskurs, eine Konstruktion, die sozialstrukturelle Lebensbedingungen und Lebenschancen von Familien in den Hintergrund rücken lässt (ebd., S. 338).

Im Kontext der skizzierten, überwiegend historisch angelegten internationalen Untersuchungen zur diskursiven Konstruktion von ‚Risikokindern' ist es unser Ziel, einen Beitrag zur Rekonstruktion der gegenwärtigen Vorstellungen und Wissensbestände sowie argumentativen Repertoires über ‚Risiko-Kinder' im politischen Feld in Deutschland zu leisten.

2.2 Politische Konstruktionen von Kindheit und Risiko

In der Fokussierung auf Kindheitskonstruktionen, die im politischen Feld hervorgebracht werden, konzipieren wir Politik als ein soziales Feld und damit als ein Feld der Auseinandersetzung um Deutungsmacht (vgl. z.B. Kajetzke 2008). Die im politischen Feld (re-)produzierten, umkämpften und anerkannten Konzeptualisierungen von ‚Risikokindern' können auch außerhalb dieses Feldes bedeutsam werden und Wirkung entfalten, da sie durch die Autorität der Institution (z.B. Bundesministerien) mit Macht versehen sind. Der Zugang zur ‚offiziellen' Sprache und Sprachbeherrschung einer politischen Institution ermöglicht es, legitime Grenzziehungen zu schaffen und so die soziale Welt über Sprache zu definieren. Darüber hinaus bedarf es für die Entfaltung von Wirkung der Anerkennung der Autorität durch Andere. Diese Anerkennung wiederum ist an spezifische Bedingungen, wie die Äußerung in einer legitimen Sprechsituation geknüpft, z. B. eine politische Rede oder ein politischer Bericht (vgl. Bourdieu 2005).

Das politische Feld als eine Instanz der Diskursreproduktion (Höhne 2010, S. 424) kann vor diesem Hintergrund als ein Rahmengeber für die Gestaltung der Bedingungen von Kindheit mit Einfluss auf die Gesetzgebung verstanden werden. Hier wird verhandelt, was Kinder (und Familien) innerhalb einer Gesellschaft tun können, sollen und dürfen (vgl. z. B. James/ James 2008a). Dies zeigt sich beispielsweise am Bundeskinderschutzgesetz, das Anfang des Jahres 2012 in Kraft trat und in dem Frühe Hilfen gesetzlich verankert wurden; ein weiteres Beispiel ist das Kinderförderungsgesetz aus dem Jahr 2008, in dem es u. a. um die Verbesserung der frühkindlichen Förderung für Kinder unter drei Jahren geht. Im Jahr 2013 wird es in diesem Zusammenhang einen Rechtsanspruch auf einen ‚Kita-Platz‘ geben.

Deutschsprachige Literatur zu politischen Konstruktionen von Kindheit im Zusammenhang mit Risiko ist kaum auffindbar (vgl. Betz 2013a). Indessen gibt es internationale Forschungsarbeiten, die auf interessante Zusammenhänge hinweisen. James/James (2008a) beispielsweise analysieren in ihren Arbeiten die unterschiedlichen Konnotationen von ‚Risiko‘ im Zusammenhang mit Kindheit für den politischen Diskurs in Großbritannien. Unter anderem zeigen sie auf, dass das Label Risiko mit dem Aufkommen einer zunehmenden „moral panic" verwendet wird. Eine gesellschaftliche Gruppe, hier: *alle* Kinder, werden hierbei als Bedrohung für die zentralen Werte und Interessen der Gesellschaft konstruiert (ebd., S. 109 ff.). Darüber hinaus zeigen die Autoren auf, dass der Risikodiskurs mit dem Schutzdiskurs Hand in Hand geht. Maßnahmen zur Kontrolle und Disziplinierung von Kindern werden legitimiert und ihre Implementierung forciert. Auch Turnbull/Spence (2011) arbeiten am Beispiel Großbritannien heraus, dass das Risikokonstrukt potentiell fortwährende Rechtfertigungen für Interventionen und Überwachung von Kindern liefert. Der Risikodiskurs funktioniert dabei – anders als der Problemdiskurs (vgl. Brown-Rosier 2009) – bereits auch ohne problematisches Verhalten und real existierende Probleme.

Eine weitere politische (Risiko-)Konstruktion legt Hughes (2011) am Beispiel der Rede von antisozialem Verhalten von jungen Menschen offen. Er arbeitet zwei gegensätzliche Perspektiven heraus, obwohl das jeweils beschriebene Verhalten als vergleichbar problematisch dargestellt wird: In England ist der dominante Diskurs derjenige, der sich um „Risiken für die Gesellschaft" („risk to society") dreht, die durch junge Menschen verursacht werden, die sich antisozial benehmen. In Victoria (Australien) hingegen dreht sich der politische Diskurs um Risiken für Kinder („risks to children"), die sich antisozial benehmen (ebd., S. 391 f.). Hughes differenziert daher zwischen „children at risk" (Victoria) und „children as risks" (England). Auch Brown-Rosier (2009) hat für den US-amerikanischen Diskurs ähnliche Konstruktionen herausgearbeitet, die mit Problemverhalten von

Heranwachsenden assoziiert werden: Kinder als Probleme („children as problems") und Kinder, die Probleme haben („children as having problems"). Die Doppelfigur von „gefährdet" und potentiell „gefährlich" hat Bühler-Niederberger (2005, S. 141) auch für Deutschland aufgezeigt.

Wie deutlich wird, gibt es zumindest bezogen auf den internationalen Forschungsstand, Rekonstruktionen der politischen Konzeptualisierung von Risiken im Zusammenhang mit Kindern und Kindheit und empirische Plausibilisierungen ihrer politischen und gesellschaftlichen Folgen (vgl. u.a. Brown-Rosier 2009; James/James 2008a). Es ist jedoch anzunehmen, dass sich diese Konzeptualisierungen entsprechend gesellschaftlicher und politischer Eigenlogiken in unterschiedlichen Ländern unterscheiden und somit auch unterschiedliche Politiken nach sich ziehen können. Für den deutschsprachigen Kontext liegen bisher keine Untersuchungen vor. Des Weiteren sind nur wenige der oben skizzierten Arbeiten methodisch ‚kontrolliert', d.h. es fehlt eine Darstellung der jeweiligen Analyse auf der Basis konkret bestimmbaren empirischen Materials, welches die herausgearbeiteten Konstruktionen und insbesondere auch die daraus abgeleiteten politischen Konsequenzen empirisch erhärten könnten. Im Unterschied dazu soll im Folgenden das empirische Material und das Vorgehen in der vorliegenden Studie dargelegt werden. Schlussfolgerungen zu den (möglichen) politischen Funktionen der Konstruktionen werden dabei separat verhandelt.

3. Diskursanalytisches Verständnis, methodisches Vorgehen und Datenkorpus

Im Folgenden stellen wir die diskursanalytische Teilstudie vor, die innerhalb des laufenden Projekts EDUCARE („Leitbilder ‚guter Kindheit' und ungleiches Kinderleben") an der Goethe-Universität Frankfurt im Fachbereich Erziehungswissenschaften und im Forschungsverbund IDeA durchgeführt wird und die empirische Grundlage der Analysen darstellt[2].

Mit Keller (2010) gehen wir davon aus, dass Diskurse der sozialwissenschaftlichen Analyse nicht *direkt* zugänglich sind und zu Beginn der Untersuchung daher eine Zusammenhangsvermutung stehen muss (ebd., S. 206). Diese – in unserem Fall thematische – Vermutung eines Zusammenhangs im Hinblick auf dokumentierte und beobachtbare Aussageereignisse dient uns als analytisches Konstrukt und bildet den Ausgangspunkt zur Bestimmung des Datensamples (ebd.). Ein zentraler Ansatzpunkt zur Auswahl des Datenmaterials war das Interesse für das politische Feld als spezifischen Wissensbereich (Höhne 2010, S. 425). Damit gehen wir im Anschluss an

---

2   Informationen zum Projekt, das von der VolkswagenStiftung im Rahmen eines Schumpeter-Fellowships finanziert wird, gibt es u.a. auf der Website http://www.uni-frankfurt.de/fb/fb04/we2/professionalisierung/Projekt_educare.html.

die skizzierten internationalen Untersuchungen u. a. von einem Zusammenhang zwischen Konstruktionen von Kindern und Kindheit, von Risiko und daraus resultierenden Zuschreibungen und Adressierungen aus.

Zur *Eingrenzung* der zahlreichen, in Frage kommenden politischen Dokumente zur empirischen Untersuchung dieses Zusammenhangs, waren die folgenden Punkte ausschlaggebend: Wichtig war uns die Aktualität der Dokumente (und damit eine Festlegung auf den Zeitraum 2004–2010) und die thematische Eingrenzung auf den Projektfokus in EDUCARE (Kindheit und Bildung), innerhalb derer die Konstruktionen von ‚Risiko' und ‚Risikokindern' beleuchtet wird. Diesem thematischen Feld[3] entsprechend stehen diejenigen Politikbereiche im Fokus, die explizit die Themen ‚Kindheit' und ‚Bildung' verhandeln, nämlich Bildungs-, Kinder- und Jugendhilfe-, Integrations-, Sozial- und Familienpolitik. Im Anschluss an die Thematische Diskursanalyse (vgl. Höhne 2010; Höhne/Kunz/Radtke 1999, 2005) fassen wir dabei Aussagen *über* Kinder und Kindheit als Thema auf, das sich in spezifischen Wissensbereichen, hier: der Politik, und innerhalb unterschiedlicher Diskursformen z. B. in Beschlüssen und Berichten manifestiert (Höhne 2010, S. 425).

Eine entsprechende Recherche entlang der genannten Eingrenzungspunkte ergab über 60 thematisch einschlägige Erklärungen, Berichte, Pläne, Programme, Beschlüsse, Dossiers und Broschüren auf Bundesebene und auf den Landesebenen von Hessen und Sachsen[4]. Die nötige Reduktion erfolgte durch das Auswahlkriterium der Praxisrelevanz[5]. Dies kann am Beispiel des Siebten Familienberichts der Bundesregierung (vgl. BMFSFJ 2006a) verdeutlicht werden: Seit einem 1965 gefassten Beschluss des Bundestages ist die Bundesregierung mit der regelmäßigen Vorlage eines Familienberichts beauftragt. Zur Erstellung des Berichts wird eine Kommission mit bis zu sieben Sachverständigen eingesetzt; die Bundesregierung ist zu einer Stellungnahme verpflichtet (vgl. ebd.). Die selbsterklärte Zielsetzung des Berichtes beinhaltet, „eine Grundlage für koordiniertes gesellschaftliches Handeln [zu] liefern" (ebd., S. XXIII, Einschub T. B./S. B.) und so maßgeblichen Einfluss auf familienpolitische Reformen und Maßnahmen zu nehmen. Der Familienbericht erfährt zudem eine feste Verankerung in

---

3 Zur vorläufigen Bestimmung eines thematischen Diskurses: vgl. Höhne 2010, S. 432.

4 Im Rahmen des Projekts EDUCARE werden zusätzlich zu den Analysen der Dokumente quantitative und qualitative Erhebungen in den Bundesländern Hessen und Sachsen durchgeführt. Daher wurden die jeweiligen Länderebenen ebenfalls in die Analyse einbezogen. Die Ergebnisse des vorliegenden Beitrags beziehen sich indessen nur auf Dokumente der Bundesebene.

5 Zur Bestimmung der Praxisrelevanz der Dokumente diente uns die Analyse der jeweiligen institutionellen Rahmungen. Hierzu gehörten u. a. die Recherche von Herausgeberinnen, Auftraggebern und Autorinnen sowie die Berücksichtigung der selbsterklärten Zielsetzung oder Funktion des Dokuments sowie die rechtlichen Grundlagen der Erstellung.

den öffentlichen Medien sowie eine hohe Verbreitung in der Fachöffentlichkeit (z. B. durch entsprechende Tagungen unterschiedlicher Verbände).

Unter Berücksichtigung der genannten Punkte wurden 16 politische Dokumente bestimmt, die in die Analysen eingegangen sind. Zu diesen Dokumenten gehören u. a. der Siebte Familienbericht (BMFSFJ 2006a), der Nationale Bildungsbericht aus dem Jahr 2010 (Autorengruppe Bildungsberichterstattung 2010) und der 3. Armuts- und Reichtumsbericht der Bundesregierung von 2008 (BMAS 2008)[6].

Unser Anliegen ist es danach zu fragen, welches Wissen in den politischen Dokumenten etabliert oder auch erzeugt wird (Kajetzke 2008, S. 107) und entlang welcher Strukturen sich Sinn in diesem spezifischen Wissensbereich konstituieren kann (vgl. Diaz-Bone 2007). Diskurse verstehen wir dabei in Anlehnung an die Thematische Diskursanalyse als „sprachlich zeichenförmige Seite gesellschaftlich relevanten Wissens" (Höhne/Kunz/Radtke 2005, S. 29). Die Autoren rekurrieren damit auf den überindividuellen Charakter von Wissen und auf die Zeichenhaftigkeit des innerhalb von Diskursen artikulierten und zirkulierenden Wissens, das bestimmten Regeln und Strukturen folgt. Eine so ausgerichtete Diskursanalyse „zielt auf die Rekonstruktion typischer semantischer Elemente thematischer Diskurse" (ebd.). So kann ein thematisch gebundener Diskurs über die Analyse von einzelnen Diskursdokumenten nachvollzogen und erschlossen werden, denn „die zu untersuchenden Fragmente [markieren] nicht einen Ausschnitt des Diskurses [...], sondern umgekehrt [ist] das ‚Ganze' im ‚Kleinen' enthalten" (Höhne/Kunz/Radtke 1999, S. 46).

Die Rekonstruktion von ‚Risikokindern' im Rahmen des Projekts EDUCARE erfolgte in vier methodischen Schritten: Zunächst wurden, wie dargestellt, alle Dokumente systematisch gesichtet mit dem Fokus auf die Thematisierung von Risiken im Zusammenhang mit Kindheit, sodann erfolgte eine qualitativ-inhaltliche Analyse aller relevanten Textstellen. Auf dieser Basis wurde eine Feinanalyse ausgewählter Textstellen unter Verwendung äußerungstheoretischer Analysestrategien (vgl. Angermüller 2007) sowie der Analyse von semantischen Verknüpfungen und Differenzsetzungen (vgl. Höhne 2010) durchgeführt und schließlich erfolgte die Konklusion der Analyseebenen, die im Folgenden dargestellt wird.

4. Ergebnisse

Analog zu den Ergebnissen des bereits dargestellten internationalen Forschungsstands erweist sich auch die bundespolitische Konstruktion von ‚Risiko' im Kontext der Themen ‚Kindheit' und ‚Bildung' als inhaltlich kon-

---

6 Eine Auflistung der im Artikel verwendeten politischen Dokumente befindet sich im Quellenverzeichnis.

tingent; sie wird je nach Kontext unterschiedlich entfaltet. Risikofaktoren, Auswirkungen, mögliche Maßnahmen und betroffene Kinder(gruppen) sind dabei höchst variabel (vgl. Betz 2013a). Dennoch lassen sich dominante Konstruktionen bzw. Diskursmuster herausarbeiten, die in Kapitel 4.1 im Überblick dargestellt werden. Sie werden inhaltlich unterschiedlich ausgestaltet, folgen aber alle *einer* dominanten Logik der Strukturierung: Als Ausgangspunkt des Risikos werden soziale Faktoren (wie Armut, s. Textbeispiel 4 oder 5) betont, die in einem nachweisbaren Zusammenhang mit negativ bewerteten Auswirkungen (wie soziale Isolation, s. Textbeispiel 1, oder Versagen im Bildungssystem in Textbeispiel 3) verhandelt werden. Diese dominante Logik geht Hand in Hand mit der Dominanz statistisch-quantitativer wissenschaftlicher Forschungsergebnisse. Diese Ergebnisse sind dokument- und politikbereichsübergreifend nachweisbar und legitimieren einen Großteil der Aussagen.

4.1 Vier dominante Muster im Risikodiskurs

Aus den identifizierten Differenzlinien, den Konstruktionen von Kindern, Eltern oder Familien, lassen sich, bezogen auf den Gesamtkorpus, vier dominante Diskursmuster im Sinne wiederkehrender Thematisierungs-, Darstellungs- und Strukturierungsweisen aufzeigen, mittels derer ,Risikokinder' in spezifischer Weise hervorgebracht werden. Das verbindende eines Musters kann z.B. die Differenzierungslinie kompetent/inkompetent sein oder eine ganz spezifische Verknüpfung von wiederkehrenden Argumenten bzw. Themen. Diese sind häufig mit spezifischen Darstellungsweisen bzw. Konstruktionen von Risikokindern verknüpft, die im Folgenden durch typische Textbeispiele veranschaulicht werden.

Diskursmuster 1: Risikokinder als abweichende Defizitwesen
Das Diskursmuster zeichnet sich v.a. dadurch aus, dass sich Risiken als graduell *negative Abweichungen* von einer im Diskurs sichtbar werdenden Norm und ,Risikokinder' als abweichend von normalen, nicht-defizitären Kindern konstituieren. ,Risikokinder' werden damit durch das gekennzeichnet, was sie *nicht* haben, *nicht* können und *nicht* sind.

Textbeispiel 1:
„Im Bereich der *Grundversorgung* [kursiv i. O.] lassen sich bei über einem Drittel [armer Vorschulkinder] Mängel nachweisen. [...]. Sie sind weniger wissbegierig, äußern weniger ihre Wünsche, nehmen weniger am Gruppengeschehen teil und haben weniger Kontakt zu anderen Kindern der Gruppe [als Kinder aus nicht-armen Verhältnissen]. [...]" (BMFSFJ 2005, S. 168, Einschub T. B./S. B.).

Die Explizierung des Mangels durch sprachliche Negationen lässt einen Gegenhorizont sichtbar werden, der aufzeigt, wie Kinder unter idealen Bedingungen (nicht-arm) scheinbar sind: wissbegierig, aktiv und selbstbewusst im Hinblick auf ihr Kommunikationsverhalten (Äußerung von Wünschen) sowie sozial integriert und interessiert. ‚Risikokinder' – im Textbeispiel sind es in Armut lebende Kinder – weichen graduell („weniger") von dieser impliziten Norm ab. Sie werden als Defizitäre, Abweichende konstruiert, die – aus einer pädagogischen Perspektive – in den Normbereich (zurück) zu bringen sind.

In einer weiteren Variante dieses Diskursmusters orientiert sich die Form der Abweichung an einer expliziten Norm:

Textbeispiel 2:
„Ausreichende Bewegung, körperliche Aktivität im Alltag und eine ausgewogene Ernährung sind wichtige Voraussetzungen für eine gesunde Entwicklung der Kinder und Jugendlichen. Viele Mädchen und Jungen wachsen jedoch vornehmlich mit Computerspielen, Fastfood und Fernsehen auf" (BMFSFJ 2006b, S. 40).

Die Abweichung konstituiert sich hier kategorial: ‚Risikokinder' gehen den prinzipiell ‚falschen' Aktivitäten nach (z. B. Computer spielen) und nicht denen, denen sie nachgehen *sollen* (bewegungsintensive Aktivitäten). Die Abweichung orientiert sich ganz explizit an einem normativen Soll (vgl. Kelle 2008). Legitimiert wird die Norm im Textbeispiel durch die „gesunde Entwicklung" (s. o.) und damit durch das ‚Wohl des Kindes' welches uneingeschränkt positiv besetzt ist und im gesamten Diskurs keiner weiteren argumentativen Stützung bedarf.

In beiden Fällen werden ‚Risikokinder' (arme Kinder, aber auch: Kinder mit Migrationshintergrund und Kinder Alleinerziehender) als Defizitwesen angesehen, die eine im Diskurs sichtbar werdende Norm nicht erfüllen.

Diskursmuster 2: Risikokinder als Kinder in spezifischen sozialen Lagen

In diesem Diskursmuster werden Risiken v. a. *als ungünstige Umweltbedingungen* thematisiert. Dabei sind ‚Risikokinder' potentiell *alle* Kinder, denn alle *könnten* von ungünstigen Lagen betroffen sein, auch wenn sie es aktuell (noch) nicht sind.

Textbeispiel 3:
„Das soziale und familiäre Umfeld, in dem Kinder aufwachsen, hat entscheidenden Einfluss auf einen erfolgreichen Erwerb von Bildung. Kinder und Jugendliche können durch wirtschaftliche und soziale Veränderungen in Risikolagen geraten, die ihre erfolgreiche Teilnahme am Bil-

dungssystem negativ beeinflussen" (Autorengruppe Bildungsbericht-erstattung 2010, S. 24).

In einer zweiten Variante sind ‚Risikokinder' in erster Linie Kinder, die sich bereits in spezifischen sozialen Lagen (hier: sozioökonomisch benachteilig-te Bedingungen) befinden und so als Risikogruppe sichtbar werden:

Textbeispiel 4:
„Auch wenn der Gesundheitszustand der meisten Kinder in Deutschland gut ist, gibt es doch beunruhigende Befunde besonders bei Kindern, die unter ungünstigen Bedingungen aufwachsen. Gesundheit und Krankheit stehen im Zusammenhang mit sozialen Faktoren und Rahmenbedingun-gen und unterliegen insofern der gesellschaftlichen und politischen Ver-antwortung. Das Risiko, körperlich, seelisch oder geistig zu erkranken, in der Entwicklung gefährdet zu sein oder eine Vernachlässigung bzw. Misshandlung zu erleiden, steigt deutlich an, wenn Kinder unter so-zioökonomisch benachteiligten Bedingungen aufwachsen" (BMFSFJ 2010a, S. 60).

In beiden Fällen gibt es keine aktuell bereits eingetretene Form beobachte-ter Gefährdung; die als riskant eingestuften sozialen Lagen an sich legiti-mieren Anknüpfungspunkte für Handlungsaufforderungen zur Intervention bzw. Prävention bzw. lassen diese sogar als *notwendig* erscheinen[7]. Dies ge-schieht im obigen Textbeispiel durch die Verknüpfung von „Gesundheit und Krankheit" über „soziale Faktoren und Rahmenbedingungen" mit „gesell-schaftlicher und politischer Verantwortung". Vor dem Hintergrund der Ge-sundheit der Kinder scheint es über die Anrufung von Gesellschaft – und damit auch von Pädagogen, Wissenschaftlerinnen unterschiedlicher Diszi-plinen und pädagogischen Institutionen etc. – folgerichtig, entsprechende Maßnahmen zu implementieren. Das vorliegende Muster, in dem Risiko-kinder als Kinder in spezifischen sozialen Lagen konstruiert werden, impli-ziert in logischer Schlussfolgerung die Notwendigkeit einer möglichst um-fassenden Beobachtung *aller* Kinder und ihrer Familien in der „Logik des Verdachts" (Bühler-Niederberger 2011, S. 189) und zur Prävention von Fol-gen, die noch nicht eingetreten, aber wahrscheinlich sind (siehe auch Dek-ker 2009; siehe Diskursmuster 3). Über die wiederkehrende Thematisierung bestimmter sozialer Lagen (wie z.B. Einkommensarmut der Eltern) gewin-

---

7 Im selben Kapitel des Nationalen Aktionsplans für ein kindergerechtes Deutschland „Damit Kinder gesund aufwachsen können" (BMFSFJ 2010a, S. 60–69) werden Handlungsfelder wie u. a. der Ausbau von Prävention und Gesundheitsförderung und die Beobachtung der gesundheitlichen Situation durch ein kontinuierliches Gesund-heitsmonitoring explizit benannt (ebd., S. 62).

nen diese eine besondere Stellung im Diskurs. Kinder selbst erscheinen dabei als weitgehend passiv und Produkt ihrer Umwelt.

Diskursmuster 3: Risikokinder als statistisch Betroffene und potentielles Risiko für die Gesellschaft

Dieses Muster, das in seinen grundlegenden Eigenschaften auch in allen anderen Diskursmustern präsent ist, lässt sich durch das Element der statistisch fundierten Prognose beschreiben. Das Risiko bestimmt sich damit v. a. über die *Wahrscheinlichkeit,* dass etwas Negatives (aktuell oder zukünftig) eintritt. Das Spezifische ist der Fokus auf die Potentialität und die stark negativ konnotierten Auswirkungen, die dem Risiko zugeschrieben werden. Dies kann – wie oben beschrieben und im Gesamtkorpus am häufigsten der Fall – z. B. inhaltlich in Bezug auf eine bestimmte soziale Lage geschehen, aber auch in Bezug auf andere ‚Faktoren‘, wie z. B. Temperamentseigenschaften (BMFSFJ 2005, S. 161) oder innerfamiliäre Gewalterfahrungen von Kindern (BMFSFJ 2010b, S. 37).

Textbeispiel 5:
„Kinder aus Familien mit niedrigem sozio-ökonomischem Status schneiden bezüglich […] gesundheitsbezogener Lebensqualität statistisch gesehen deutlich schlechter ab. Säuglingssterblichkeit, Untergewichtigkeit bei Geburt, angeborene Fehlbildungen sowie akute und chronische Erkrankungen kommen bei Kindern aus unteren Sozialschichten überdurchschnittlich häufig vor […]" (BMFSFJ 2005, S. 155).

Kinder – im Textbeispiel insbesondere spezifische Kindergruppen wie Kinder aus Familien mit niedrigem sozio-ökonomischem Status – sind hier potentiell von negativen Auswirkungen betroffen und bedürfen in logischer Schlussfolgerung des Schutzes durch Erwachsene (vgl. Betz 2013a). In einer anderen Variante geht die Betroffenheit noch über das körperliche, gesundheitliche und seelische Wohlbefinden der Kinder hinaus:

Textbeispiel 6:
„Kinder, deren gesunde Entwicklung gefährdet ist, können ihre vorhandenen Potenziale nicht ausreichend nutzen. Die individuellen und gesellschaftlichen Kosten dieser (oftmals vermeidbaren) Fehlentwicklungen sind hoch" (BMFSFJ 2010a, S. 60).

Kinder selbst und wiederum insbesondere spezifische Kindergruppen wie Kinder, deren gesunde Entwicklung gefährdet ist, werden zukünftig zum potentiellen Risiko für eine funktionierende, leistungsstarke und rentable Gesellschaft.

Diskursmuster 4: Risikokinder als Bedrohte und potentielle Bedrohung

Dieses Diskursmuster unterscheidet sich vornehmlich durch sprachliche und thematische Affektivität von dem der ‚Risikokinder als statistisch Betroffene und potentielles Risiko für die Gesellschaft'. Risiken werden explizit *als Bedrohung* konstruiert. Fokussiert werden Gefahren, die entsprechend benannt werden: Zentral sind affektiv aufgeladene Themen wie Leid, Vernachlässigung, Misshandlung, Tod sowie physische und psychische Krankheiten, die den geforderten pädagogischen und/oder politischen Interventionen den entsprechenden Nachdruck verleihen (s. Kap. 5):

Textbeispiel 7:
„Kinder und Jugendliche leiden immer häufiger unter psychischen Störungen wie Ängsten, Zwängen oder Depressionen. Selbstverletzungen und Suizidversuche nehmen zu. Die rechtzeitige Erkennung von psychosozialen Risikofaktoren [...] ist die Basis jeder frühzeitigen interdisziplinären Intervention" (BMFSFJ 2006b, S. 43).

Auch hier sind tendenziell *alle* Kinder schutzbedürftige und verletzliche Wesen und damit ‚Risikokinder'. Erkannt werden müssen, so konstruiert es der Diskurs, nicht nur die Störungen, sondern bereits die entsprechenden Risikofaktoren. Ähnlich dem dritten Diskursmuster gibt es auch hier eine Variante, die Kinder nicht nur als Bedrohte, Verletzliche sondern ebenso als potentielle Bedrohung konstruiert:

Textbeispiel 8:
„Die Gründe, die zur Vernachlässigung von Kindern durch ihre Eltern führen können, sind sehr vielschichtig. Häufig kommen individuelles Versagen, psychische Belastungen, mangelnde Bewältigungsstrategien sowie soziale und ökonomische Ursachen zusammen. Eltern, die gegen ihre Kinder Gewalt anwenden, haben häufig selbst in ihrer eigenen Kindheit Gewalt erfahren" (BMAS 2008, S. 101).

Gewalttätige Eltern werden in Textbeispiel 8 als ehemalige ‚Risikokinder' konstruiert. Entsprechend werden damit heutige ‚Risikokinder' in bestimmten sozialen Lagen – in der Vorausschau (vgl. Betz 2013a) – zu potentiellen Gewalttätern und zu einer Bedrohung für ihre eigenen Kinder. Damit wird eine Reproduktion des Risikos im familialen Generationenverlauf angedeutet.

4.2 Kinder als Risiko

Innerhalb der Diskursmuster 3 und 4 lässt sich eine Kippfigur ausmachen: Entscheidend ist dabei, *für wen* und *worin* das konstruierte Risiko besteht. Während Kinder selbst aufgrund drohender Gefahr für das eigene Wohlbefinden und ihre Gesundheit, Maßnahmen zu ihrem Schutz bedürfen (‚Risikokind'), bedarf es scheinbar gleichzeitig der Intervention zum Schutz der Gesellschaft *vor* Kindern, die zukünftig zu einer Bedrohung bestehender – oder erwünschter – gesellschaftlicher Ordnung und politischer Werte werden (‚Risiko Kind'). Diese Kippfigur wird in Abb. 1 dargestellt.

Abb. 1: Die Kippfigur vom „Risikokind" zum „Risiko Kind" im bundesdeutschen Risikodiskurs

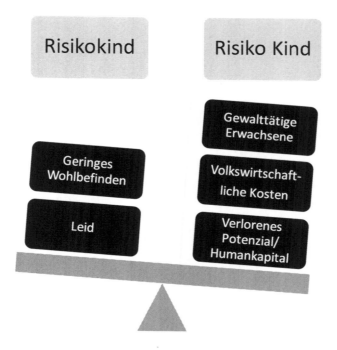

Im Diskurs werden Kinder – insbesondere die im Diskurs hervorgehobenen Kinder mit Migrationshintergrund, Kinder aus sozioökonomisch ‚schwierigen' Verhältnissen, Kinder ‚bildungsferner' Eltern oder Kinder Alleinerziehender – zum Risiko für die Gesellschaft. Bei dieser Konstruktion tritt die Gegenwart von Kindern gänzlich hinter deren und v.a. hinter die gesellschaftliche Zukunft zurück. Kinder werden potentiell zu ungebildeten Erwachsenen ohne Schulabschluss und Chancen auf dem Arbeitsmarkt, sie werden gewalttätig, chronisch krank, sie sind nicht optimal entwickelt und werden demnach nicht in der Lage sein, ihre Potentiale, ihr Humankapital ‚richtig' zu nutzen. Diskursiv bedeutsam ist das Kind hier lediglich als zukünftiger Erwachsener (vgl. Betz 2013b für internationale Reports zum Well-Being von Kindern).

5. Fazit und Ausblick

Die empirische Rekonstruktion des Risikodiskurses im Zusammenhang mit Kindern und Kindheit weist auf drei zentrale Charakteristika hin, welche die Konstruktionen von Kindern im Diskurs verdeutlichen und Aufschluss darüber geben, wie der Diskurs sich gestaltet. Dabei werden abschließend mögliche Funktionen der dominanten politischen Risikokonstruktionen skizziert und Forschungsdesiderate markiert.

Die herausgearbeiteten Konstruktionen von Risiken zeigen erstens, dass ‚Risikokinder' vornehmlich als arme, bildungsferne, sozial exkludierte, mit einem Elternteil aufwachsende, nicht deutschsprachige Kinder konstruiert werden. Potentiell wird diese Konstruktion aber auch auf alle Kinder angewandt. Risiken für Kinder werden dabei v. a. – über soziale Faktoren – in den Bereichen Bildung, Gesundheit, Entwicklung, Teilhabe, materielle und räumliche Ressourcen verortet. Es wäre interessant diesen Befund zukünftig hinsichtlich seiner möglichen Auswirkungen auf die Selbstbeschreibungen von Kindern zu vertiefen, d. h. mit Blick auf die Frage, ob z. B. arme Kinder die Beschreibungen als ‚Risikokinder' für sich übernehmen und was daraus für ihr Handeln folgt. Turmel (2008) weist im Zusammenhang mit seinen historischen Analysen darauf hin, dass Menschen sich selbst zusehends in Übereinstimmung mit den Klassifizierungen betrachteten, die für sie geschaffen wurden (ebd., S. 26). Aufschlussreich ist hierbei unsere Beobachtung, dass die Kinder für die politischen Akteure keine Rolle als eigenständige Adressaten spielen, d. h. anders als z. B. der Gruppe der Eltern im politischen Diskurs (vgl. Bischoff/Betz 2013, i. E.), werden Kindern keine Aufgaben zugeschrieben. Kinder selbst werden somit nicht als Akteure konzipiert, vielmehr wird anderen gesellschaftlichen Gruppen wie Eltern, Professionellen, Wissenschaftlerinnen oder auch politischen Funktionsträgern das Mandat zur Minimierung von ‚Risikokindern' (vgl. Betz 2013a) und die Sorge um das (Risiko-)Kind diskursiv zugeschrieben. Diese Sorge erweist sich, mit Link (2008) gesprochen, „implizit ganz verständlich als Streben zur Normalität und als Prävention von Abweichung" (ebd., S. 59). In diesem Zusammenhang sind die implementierten Verfahren zur medizinischen und pädagogischen Diagnostik und die Einführung von Screenings einzuordnen. Sie lassen den Schluss zu, dass „prinzipiell alle Kinder resp. die Kindheiten aller Individuen zum Objekt systematischer Beobachtung [gemacht werden] mit der Zielsetzung, Gefahren und Defizite vom Einzelnen und von der Gesellschaft abzuwenden" (Bühler-Niederberger 2001, S. 602, Einfügung T. B./S. B.). Die Funktion der Risikokonstruktion liegt, so kann man mit Lohmann/Mayer (2009) argumentieren, (auch historisch gesehen) u. a. also darin, neue Maßnahmen, Professionen und Institutionen hervorzubringen, die sich den Abweichungen und Risiken zuwenden und die Angst der Erwachsenen minimieren, dass die Kinder nicht normal sind.

Zweitens sind unterschiedliche Diskursmuster auffindbar. Zentral ist hier die starke Defizitorientierung als ein grundlegendes, dominantes Muster, das den Diskurs strukturiert. Darüber hinaus werden explizite und implizite Normen (re-)produziert und sichtbar gemacht. Der Diskurs operiert mit Statistiken und Wahrscheinlichkeiten (zum Aufkommen dieses probabilistischen Denkens: siehe Turmel 2008), fokussiert auf Umweltbedingungen, die auf Kinder einwirken, entwirft Bedrohungsszenarien und korrespondiert zudem mit unterschiedlichen Vorstellungen von (Risiko-)Kindern wie Kinder als Bedrohte und Schutzbedürftige sowie Kinder als (zukünftige) Bedrohung. Kinder werden dabei vornehmlich als passive Wesen konstruiert, die unter widrigen Bedingungen leben. Dieses Ergebnis steht in Kontrast zu englischen und amerikanischen Kontexten, in denen Kinder *als Kinder* stärker als aktiv, bedrohlich und gefährlich konzipiert werden (vgl. Brown-Rosier 2009; James/James 2008b). Im bundespolitischen Kontext vorgefundenen Diskurs hingegen tragen Kinder (noch) keine Verantwortung (z. B. für mögliches Fehlverhalten), sie werden einstimmig als Opfer ihrer Lebensumstände konzipiert und die Verantwortung dafür wird Erwachsenen zugeschrieben. Alle skizzierten Diskursmuster zielen dabei u. a. auf eine Normierung von ‚guter' Kindheit, d. h. eine Kindheit, die sich innerhalb geregelter und institutionalisierter Bahnen vollzieht, kontrollierbar und gleichzeitig jederzeit optimierbar ist, sowohl im Hinblick auf ein – diskursiv unreflektiertes – Wohl jedes Kindes als auch mit Blick auf das Wohl von Staat, Wirtschaft und Gesellschaft. Beides scheint auf gleichem Wege widerspruchslos erreichbar.

Schließlich zeigt sich, dass Kinder dann selbst zum Risiko (‚Risiko Kind') werden, wenn im Diskurs der Fokus auf die Gegenwart der Kinder hinter dem auf die Zukunft der Gesellschaft zurücktritt. Dabei wird eine weitere Funktion des Risikodiskurses offenkundig: Er stärkt und untermauert das Entwicklungs(psychologische)-Paradigma (vgl. James/James 2008a) mit seinem teleologischen Fluchtpunkt des gelungenen Erwachsenenseins. Das ‚Interesse' des Risikodiskurses ist somit das ‚produktive' Erwachsensein, d. h. der normale Erwachsene, der seinen gesellschaftlichen Aufgaben und Pflichten nachkommen kann. Damit wird die Bedeutung der (normalen) kindlichen Entwicklung für die Gesellschaft betont. Die Beobachtung und Kontrolle, ob auf dem Weg zum Erwachsensein alles ‚nach Plan' verläuft, ist dabei unabdingbar, da es um hohe öffentliche Kosten geht, u. a. in den Bereichen Frühe Hilfen und frühe Bildung. Hier lohnt es sich früh in ‚rentable' gesellschaftliche Gruppen zu investieren (vgl. auch Textbeispiel 6)[8], damit sich die Ausgaben auch auszahlen. Man kann daher davon sprechen, dass der Rückgriff auf (Risiko-)Kinder im Diskurs des politischen Feldes sowohl als Vorbereitung als auch als Legitimation von politischen Vorhaben und Rekonfigurierungsprozessen im Wohlfahrtsstaat betrachtet werden kann (vgl. z. B. Mierendorff 2008). Die Diskursform ‚politische Berichte', die wir empirisch näher beleuchtet haben, dient dabei, wie Ostner (2007) am Beispiel des Siebten Familienberichts der Bundesregierung von 2006 herausarbeitet, häufig der argumentativen Nachbereitung und nachträglichen Unterstützung der von Seiten der Politik bereits getroffenen Entscheidungen in einem oder mehreren Politikfeldern. Diese Prozesse genauer empirisch aufzuschlüsseln wäre ein lohnendes Unterfangen.

Quellenverzeichnis

Autorengruppe Bildungsberichterstattung (2010): Bildung in Deutschland 2010. Ein indikatorengestützter Bericht mit einer Analyse zu Perspektiven des Bildungswesens im demografischen Wandel. Bielefeld: Bertelsmann.
Bundesministerium für Arbeit und Soziales (BMAS) (2008): Lebenslagen in Deutschland. Der dritte Armuts- und Reichtumsbericht der Bundesregierung. Berlin.
Bundesministerium für Familie, Senioren, Frauen und Jugend (BMFSFJ) (2005): Zwölfter Kinder- und Jugendbericht. Bericht über die Lebenssituation junger Menschen und die Leistungen der Kinder- und Jugendhilfe in Deutschland: Bildung, Betreuung und Erziehung vor und neben der Schule. Berlin.
Bundesministerium für Familie, Senioren, Frauen und Jugend (BMFSFJ) (2006a): Familie zwischen Flexibilität und Verlässlichkeit. Perspektiven für eine lebenslaufbezogene Familienpolitik. Siebter Familienbericht. Berlin.
Bundesministerium für Familie, Senioren, Frauen und Jugend (BMFSFJ) (2006b): Nationaler Aktionsplan. Für ein kindergerechtes Deutschland 2005–2010. Berlin.
Bundesministerium für Familie, Senioren Frauen und Jugend (BMFSFJ) (2010a): Perspektiven für ein kindergerechtes Deutschland. Abschlussbericht zum Nationalen Aktionsplan „Für ein kindergerechtes Deutschland 2005–2010" (NAP). Berlin.
Bundesministerium für Familie, Senioren, Frauen und Jugend (BMFSFJ) (2010b): Familienreport 2010. Leistungen, Wirkungen, Trends. Berlin.

Literatur

Angermüller, J. (2007): Nach dem Strukturalismus. Theoriediskurs und intellektuelles Feld in Frankreich. Bielefeld: Transcript.
Autorengruppe Bildungsberichterstattung (2012): Bildung in Deutschland 2012. Ein indikatorengestützter Bericht mit einer Analyse zur kulturellen Bildung im Lebenslauf. Bielefeld: Bertelsmann.

---

8   Besonders dominant ist das Thema der Nutzung der Potenziale von Kindern im Abschlussbericht des Nationalen Aktionsplans „Perspektiven für ein kindergerechtes Deutschland" (vgl. BMFSFJ 2010a).

Betz, T. (2010): Modern children and their well-being. Dismantling an ideal. In: Andresen, S./Diehm, I./Sander, U./Ziegler, H. (Hrsg.) (2010): Children and the Good Life. New Challenges for Research on Children. Dordrecht: Springer, S. 13–28.

Betz, T. (2013a, angenommen): Risks in Early Childhood. Reconstructing Notions of Risk in Political Reports on Children and Childhood in Germany. In: Child Indicators Research.

Betz, T. (2013b, angenommen): Counting what counts. How children are represented in international and national reporting systems. In: Child Indicators Research.

Bischoff, S./Betz, T. (2013, i. E.): „Denn Bildung und Erziehung der Kinder sind in erster Linie auf die Unterstützung der Eltern angewiesen". Eine diskursanalytische Rekonstruktion legitimer Vorstellungen ‚guter Elternschaft‘ in politischen Dokumenten. In: Fegter, S./Kessl, F./Langer, A./Ott, M./Rothe, D./Wrana, D. (Hrsg.) (2013, i. E.): Diskursanalytische Zugänge zu Bildungs- und Erziehungsverhältnissen. Wiesbaden: VS.

Bourdieu, P. (2005): Was heißt sprechen? Zur Ökonomie des sprachlichen Tausches. 2., erw. und überarb. Aufl. Wien: Braumüller.

Brandes, H./Friedel, S./Röseler, W. (2011): Gleiche Startchancen schaffen! Bildungsbenachteiligung und Kompensationsmöglichkeiten in Kindergärten. Eine repräsentative Erhebung in Sachsen. Opladen: Budrich UniPress.

Brown-Rosier, K. (2009): Children as Problems, Problems of Children. In: Qvortrup, J./Corsaro, W. A./Honig, M.-S. (Hrsg.) (2009): The Palgrave Handbook of Childhood Studies. Houndmills: Palgrave Macmillan, S. 256–272.

Bühler-Niederberger, D. (2001): Makellose Kindheiten und die Konstruktion abweichender Kindergruppen. In: Behnken, I./Zinnecker, J. (Hrsg.) (2001): Kinder – Kindheit – Lebensgeschichte. Ein Handbuch. Seelze-Velber: Kallmeyer, S. 601–616.

Bühler-Niederberger, D. (2005): Kindheit und die Ordnung der Verhältnisse. Von der gesellschaftlichen Macht der Unschuld und dem kreativen Individuum. Weinheim: Juventa.

Bühler-Niederberger, D. (2011): Lebensphase Kindheit. Theoretische Ansätze, Akteure und Handlungsräume. Weinheim/München: Juventa (Grundlagentexte Soziologie).

Dekker, J. J. H. (2009): Children at risk in history: a story of expansion. In: Paedagogica Historica 45, S. 17–36.

Diaz-Bone, R. (2007): Die französische Epistemologie und ihre Revisionen. Zur Rekonstruktion des methodologischen Standortes der Foucaultschen Diskursanalyse. In: Forum Qualitative Sozialforschung 8 (2). Art. 24. http://nbn-resolving.de/urn:nbn:de: 0114-fqs0702241 (Abruf 12. 4. 2012).

Höhne, T. (2010): Die Thematische Diskursanalyse – dargestellt am Beispiel von Schulbüchern. In: Keller, R./Hirseland, A./Schneider, W./Viehöver, W. (Hrsg.) (2010): Handbuch Sozialwissenschaftliche Diskursanalyse. Band 2: Forschungspraxis. 4. Aufl. Wiesbaden: VS, S. 423–453.

Höhne, T./Kunz, T./Radtke, F.-O. (1999): Bilder von Fremden. Formen der Migrantendarstellung als der „anderen Kultur" in deutschen Schulbüchern von 1981–1997. Zwischenbericht. Frankfurt am Main: Goethe-Universität.

Höhne, T./Kunz, T./Radtke, F.-O. (Hrsg.) (2005): Bilder von Fremden. Was unsere Kinder aus Schulbüchern über Migranten lernen sollen. Frankfurt am Main: Goethe-Universität.

Hughes, N. (2011): Young people ‚as risk‘ or young people ‚at risk‘: Comparing discourses of anti-social behaviour in England and Victoria. In: Critical Social Policy 31, S. 388–409.

James, A./James, A. L. (2004): Constructing Childhood. Theory, Policy and Social Practice. London: Palgrave Macmillan.

James, A./James, A. L. (2008a): Key concepts in childhood studies. Los Angeles: Sage.

James, A./James, A. L. (2008b): Changing Childhood in the UK: Reconstruction Discourses of ‚Risk' and Protection. In: dies. (Hrsg.) (2008): European childhoods. Cultures, politics and childhoods in Europe. Basingstoke: Palgrave Macmillan, S. 105–128.

Kajetzke, L. (2008): Wissen im Diskurs. Ein Theorienvergleich von Bourdieu und Foucault. Wiesbaden: VS.

Kelle, H. (2008): „Normale" kindliche Entwicklung als kulturelles und gesundheitspolitisches Projekt. In: Kelle, H./Tervooren, A. (Hrsg.) (2008): Ganz normale Kinder. Heterogenität und Standardisierung kindlicher Entwicklung. Weinheim/München: Juventa, S. 187–205.

Kelle, H. (2009): Kindheit. In: Andresen, S./Casale, R./Gabriel, T./Horlacher, R./Larcher Klee, S./Oelkers, J. (Hrsg.) (2009): Handwörterbuch Erziehungswissenschaft. Weinheim/Basel: Beltz, S. 464–477.

Kelle, H./Tervooren, A. (2008): Kindliche Entwicklung zwischen Heterogenität und Standardisierung – eine Einleitung. In: Kelle, H./Tervooren, A. (Hrsg.) (2008): Ganz normale Kinder. Heterogenität und Standardisierung kindlicher Entwicklung. Weinheim/München: Juventa, S. 7–14.

Keller, R. (2010): Der Müll der Gesellschaft. Eine wissenssoziologische Diskursanalyse. In: Keller, R./Hirseland, A./Schneider, W./Viehöver, W. (Hrsg.) (2010): Handbuch Sozialwissenschaftliche Diskursanalyse. Band 2: Forschungspraxis. 4. Aufl. Wiesbaden: VS, S. 197–232.

Link, J. (2008): Zum diskursanalytischen Konzept des flexiblen Normalismus. Mit einem Blick auf die kindliche Entwicklung am Beispiel der Vorsorgeuntersuchungen. In: Kelle, H./Tervooren, A. (Hrsg.) (2008): Ganz normale Kinder. Heterogenität und Standardisierung kindlicher Entwicklung. Weinheim/München: Juventa, S. 59–72.

Lohmann, I./Mayer, C. (2009): Lessons from the history of education for a „century of the child at risk". In: Paedagogica Historica 45, S. 1–16.

Loseke, D. R./Cahill, S. E. (1994): Normalizing Daycare – Normalizing the Child: Daycare Discourse in Popular Magazines, 1900–1990. In: Best, J. (Hrsg.) (1994): Troubling children. Studies of children and social problems. New York: Aldine de Gruyter, S. 173–199.

Lubeck, S./Garrett, P. (1990): The Social Construction of the ‚At-Risk' Child. In: British Journal of Sociology of Education 11, S. 327–340.

Meier-Gräwe, U./Wagenknecht, I. (2012): „Frühe Hilfen sind eine Zukunftsinvestition". In: Frühe Kindheit, die ersten 6 Jahre 14, S. 24–29.

Mierendorff, J. (2008): Armut als Entwicklungsrisiko? Der politische Kinderarmutsdiskurs. In: Kelle, H./Tervooren, A. (Hrsg.) (2008): Ganz normale Kinder. Heterogenität und Standardisierung kindlicher Entwicklung. Weinheim/München: Juventa, S. 147–164.

Mills, R. (2000): Perspectives of Childhood. In: Mills, J./Mills, R. (Hrsg.) (2000): Childhood Studies. A Reader in perspectives of childhood. London: Routledge, S. 7–38.

Nybell, L. (2001): Meltdowns and Containments: Constructions of Children at Risk as Complex Systems. In: Childhood 8 (2), S. 213–230.

Ostner, I. (2007): Sozialwissenschaftliche Expertise und Politik. Das Beispiel des Siebten Familienberichts. In: Zeitschrift für Soziologie 36, S. 385–390.

Paul, M. (2012): Was sind Frühe Hilfen? In: Frühe Kindheit, die ersten 6 Jahre 14, S. 6–7.

Read, J. (2011): Gutter to Garden: Historical Discourses of Risk in Interventions in Working Class Children's Street Play. In: Children & Society 25, S. 421–434.

Robert, G./Pfeifer, K./Drößler, T. (Hrsg.) (2011): Aufwachsen in Dialog und sozialer Verantwortung. Bildung, Risiken, Prävention in der frühen Kindheit. Wiesbaden: VS.

Thyen, U. (2012): Der Beitrag Früher Hilfen zu früher Förderung und Bildung von Kindern. In: Frühe Kindheit, die ersten 6 Jahre 14, S. 16–23.

Turmel, A. (2008): Das normale Kind: Zwischen Kategorisierung, Statistik und Entwicklung. In: Kelle, H./Tervooren, A. (Hrsg.) (2008): Ganz normale Kinder. Heterogenität und Standardisierung kindlicher Entwicklung. Weinheim/München: Juventa, S. 17–40.

Turnbull, G./Spence, J. (2011): What's at risk? The proliferation of risk across child and youth policy in England. In: Journal of Youth Studies 14, S. 939–959.

Wohlgemuth, K. (2009): Prävention in der Kinder- und Jugendhilfe. Annäherung an eine Zauberformel. Wiesbaden: VS.

Steffen Eisentraut und Hannu Turba

Norm(alis)ierung im Kinderschutz

Am Beispiel von Familienhebammen und Sozialpädagogischen FamilienhelferInnen

1. Einleitung

Das Thema Misshandlung und Vernachlässigung von Kleinkindern hat in den letzten Jahren verstärkte mediale und politische Aufmerksamkeit erfahren. Insofern gewinnt die Frage an Bedeutung, auf der Grundlage welcher Normalitätsvorstellungen solche ‚Kindeswohlgefährdungen' durch medizinische und sozialpädagogische Professionen definiert und diagnostiziert werden und welche Strategien der Norm(alis)ierung daraus abgeleitet werden. Der Beitrag geht dieser Frage nach, indem er Handlungslogiken zweier für das Organisationsfeld Kinderschutz zentraler Akteursgruppen vergleichend untersucht: Sozialpädagogische FamilienhelferInnen (SPFH), die als Regelleistung des Kinder- und Jugendhilfegesetzes (KJHG) seit längerer Zeit eine entscheidende Rolle spielen, und Familienhebammen, denen als originär gesundheitsbezogene Profession gerade in jüngster Zeit eine große Bedeutung für den Kinderschutz zugeschrieben wird.[1]

Für die Analyse dieser Handlungslogiken erscheint dabei zunächst interessant, welche Kriterien für die Beurteilung einer möglichen Gefährdungssituation durch die professionellen Akteure herangezogen werden und des Weiteren, welche Strategien der Abhilfe an diesen Diagnoseprozess anschließen. Die Betrachtung von Handlungslogiken kann dabei – zumal im hochgradig (gesetzlich) geregelten und arbeitsteilig organisierten Feld des Kinderschutzes – nicht ohne eine Betrachtung einiger elementarer Hand-

---

1 Wir rekurrieren dabei auf erste empirische Ergebnisse des DFG-Forschungsprojekts „SKIPPI" (Sozialsystem, Kindeswohlgefährdung und Prozesse professioneller Interventionen), das bis 2013 in Kooperation der Universitäten Wuppertal und Kassel durchgeführt wird (vgl. Alberth/Bode/Bühler-Niederberger 2010). Während das Projekt in einem breiteren Ansatz auf die Untersuchung von Triageprozessen sowohl vor dem Hintergrund struktureller Bedingungen als auch der Interaktionen von Professionellen mit dem privaten Raum der Klienten abzielt (und dabei sämtliche mit Kindeswohlgefährdung befassten Akteursgruppen auf der Ebene ausgewählter lokaler Settings in den Blick nimmt), beschränken wir uns hier auf eine normalisierungstheoretische Lesart einiger Teilergebnisse.

lungsbedingungen erfolgen, die die konkrete Interventionspraxis in spezifischer Weise kanalisieren. In einem ersten Schritt wird daher zunächst der für die betrachteten Akteure relevante institutionelle und professionell-organisationale Handlungsrahmen entfaltet und zu gängigen Theorieangeboten hinsichtlich der Normalisierung und Normierung von Kindheit in Beziehung gesetzt. Anschließend untersuchen wir anhand empirischen Materials die Handlungslogiken der beiden Berufsgruppen vor dem Hintergrund des Normalismuskonzepts: Betrachtet werden typische Indikatoren der Beobachtung und Diagnose (Normalitätserwartungen) sowie daraus abgeleitete Normalisierungsstrategien.

2. Das Organisationsfeld Kinderschutz im Licht des Normalismuskonzepts

Will man sich der Normalisierung von Kindheit im Kinderschutz analytisch nähern, so erscheinen zunächst einige Vergewisserungen über die Rahmenbedingungen dieses speziellen Organisationsfeldes notwendig. Als staatlich definierter Aufgabenbereich richtet er sich auf den Gegenstand der Kindeswohlgefährdung, womit üblicherweise sämtliche Erscheinungsformen von Misshandlung, Vernachlässigung und sexuellem Missbrauch von Kindern bezeichnet werden (Schmid/Meysen 2006, S. 2-1). Im deutschen Recht schlägt sich dieser Begriff an unterschiedlichen Stellen nieder: So stellt schon Art. 6 GG klar, dass Pflege und Erziehung der Kinder „zuvörderst" in der Verantwortung ihrer Eltern liegen, wobei die „staatliche Gemeinschaft" über deren „Betätigung wacht". Das damit angesprochene staatliche Wächteramt konkretisiert § 1666 BGB: Sofern das „körperliche, geistige oder seelische Wohl des Kindes gefährdet" ist und die Eltern „nicht bereit oder in der Lage sind, die Gefahr abzuwenden", obliegt die Verantwortung für die Abwendung der Gefährdung in letzter Konsequenz dem Familiengericht. Im Vorfeld sind jedoch – ebenfalls durch institutionelle Regeln fixiert – eine Vielzahl anderer Interventionsinstanzen mit der Wahrung des Rechtsguts Kindeswohl betraut (vgl. Bode/Eisentraut/Turba 2012). Das Achte Sozialgesetzbuch (SGB VIII) verweist die „Gesamt- und Planungsverantwortung" an die öffentlichen Träger der Jugendhilfe. Demnach ist es die Aufgabe der örtlichen Jugendämter und hier in erster Linie der Allgemeinen Sozialen Dienste (ASD), Maßnahmen zur Vermeidung bzw. Abwendung von Kindeswohlgefährdungen (z. B. durch eine Sozialpädagogische Familienhilfe oder eine Familienhebamme) zu disponieren und organisieren. Das SGB VIII stellt hierfür einen exemplarischen Katalog von Leistungen zur Verfügung, die von niedrigschwelligen Beratungs- und Fördermaßnahmen über ambulante bis hin zu (teil-)stationären ‚Hilfen zur Erziehung' reichen und von externen freien Trägern erbracht werden. Der 2005 eingeführte „Schutzauftrag bei Kindeswohlgefährdung" (§ 8a SGB VIII) sieht dabei für den ASD einen konkreten Handlungsablauf bzgl. Gefährdungseinschätzung, Hilfe-angebot, Inobhutnahme, Gerichtsanrufung, etc. vor. Zudem dehnt dieser zentrale Paragraph die Verantwortung für den Kinderschutz explizit auf die leistungserbringenden Träger aus, die ebenfalls Gefährdungseinschätzungen vornehmen, gezielt Hilfen anbieten und – sofern diese Hilfen nicht ausrei-chen – das Jugendamt einschalten müssen. Darüber hinaus involvieren jüngste Gesetzesinitiativen wie das 2012 in Kraft getretene Bundeskinder-schutzgesetz oder die auf Länderebene nahezu flächendeckend eingeführten verbindlichen Vorsorgeuntersuchungen verstärkt Instanzen jenseits der Ju-gendhilfe, insbesondere Akteure des Gesundheitswesens wie Kinderärzte oder Hebammen.

Festzuhalten ist also, dass der Kinderschutz in Deutschland durch prä-skriptive Gesetzesnormen gekennzeichnet ist, die eine vermeintlich klare Normalitätsgrenze vorschreiben und bei deren Übertretung staatliche Ge-genmaßnahmen vorsehen. Indes handelt es sich beim Kindeswohl und des-sen Gefährdung um unbestimmte – also interpretationsoffene und in der Praxis operationalisierungsbedürftige – Rechtsbegriffe (Jordan 2006, S. 28 f.), woraus sich im Einzelfall entsprechende Beurteilungs- und Hand-lungsspielräume ergeben. Die Grenzen von Normalität gestalten sich – trotz Versuchen, sie in standardisierten Instrumenten wie z. B. Checklisten fest-zuschreiben – also als durchlässig. Mit Blick auf das mannigfaltige Spek-trum für den Kinderschutz zuständiger Instanzen liegt die Vermutung nahe, dass die Beurteilung von Sachverhalten je nach Akteursgruppe höchst un-terschiedlichen Normalitätserwartungen folgt, aus denen dementsprechend unterschiedliche Normalisierungsstrategien abgeleitet werden. Stellt man nun SPFH-Kräfte und Familienhebammen mit Blick auf ihre institutionel-len und professionell-organisationalen Handlungsbedingungen gegenüber, so erscheinen solche Distinktionen auf den ersten Blick auch hier wahr-scheinlich.

Die *Sozialpädagogische Familienhilfe (SPFH)* ist eine Regelleistung des SGB VIII. Laut § 31 hat sie die Aufgabe, „durch intensive Betreuung und Begleitung Familien bei ihren Erziehungsaufgaben, bei der Bewältigung von Alltagsproblemen, der Lösung von Konflikten und Krisen […] [zu, SE/HT] unterstützen und Hilfe zur Selbsthilfe [zu, SE/HT] geben". Sie wird in aller Regel von ausgebildeten Sozialpädagogen durchgeführt, die bei freien Trägern der Wohlfahrtspflege angestellt sind. SPFH-Kräfte sind per gesetz-lichem Schutzauftrag dazu verpflichtet, bei gewichtigen Anhaltspunkten für eine Kindeswohlgefährdung das Jugendamt zu informieren. Nach unseren Erfahrungen im Feld scheint ein relativ junger Trend darin zu bestehen, die SPFH für sog. ‚Clearingaufträge' zu verwenden, bei denen eine klassische Jugendamtsaufgabe an diese ‚outgesourct' wird: Innerhalb von sechs bis acht Wochen soll hier eingeschätzt werden, ob eine Kindeswohlgefährdung vorliegt und welche Folgemaßnahmen geboten erscheinen.

Die Berufsgruppe der *Familienhebammen* hat gerade in jüngster Zeit viel öffentliche Aufmerksamkeit erfahren; so nehmen sie z.B. im neuen Bundeskinderschutzgesetz einen prominenten Platz ein und erhalten im Rahmen dessen eine finanzielle Förderung aus Bundesmitteln. Der originär im Gesundheitswesen angesiedelte Hebammenberuf wird hier ergänzt durch eine psychosoziale Zusatzausbildung; zwar handelt es sich (noch) nicht um eine geschützte Berufsbezeichnung, doch zeigen sich durchaus Professionalisierungstendenzen in Form zunehmend ausdifferenzierter institutionalisierter Fortbildungscurricula. Familienhebammen arbeiten in vielfältigen Kontexten: freiberuflich, in Gesundheitsämtern, zumeist aber bei freien Trägern der Wohlfahrtspflege, wo sie (formal als ‚präventives‘ Angebot oder auch als SPFH-Maßnahme) durch die öffentliche Jugendhilfe finanziert werden (Meysen/Schönecker/Kindler 2009, S. 119 ff.). Zu ihrer Zielgruppe zählen speziell so genannte „Multiproblemfamilien" (Staschek 2006, S. 6), bei denen verschiedene „Risikofaktoren" vorliegen (z.B. Gewalt, Alkohol- oder Drogensucht, massive Überforderung, junges Alter der Mutter, Armut oder Migrationshintergrund; vgl. Ayerle/Sadowski 2007). Familienhebammen sollen hier – oft eingebunden in lokale Projekte der ‚Frühen Hilfen‘, die einen starken Fokus auf Prävention und die Früherkennung von Belastungssituationen legen – medizinische *und* psychosoziale Unterstützung bieten. Anders als reguläre Hebammen bleiben sie über die achtwöchige Phase des Wochenbetts hinaus bis zu einem Jahr in den Familien. Im Gegensatz zu Sozialpädagogischen FamilienhelferInnen unterliegen sie formal nicht dem gesetzlichen Schutzauftrag, sondern grundsätzlich der Schweigepflicht, sind aber durch vertragliche Vereinbarungen mit den Jugendämtern ebenfalls verpflichtet, wahrgenommene Kindeswohlgefährdungen weiterzumelden.[2]

Wie dieser kurze Abriss zeigt, unterscheiden sich die beiden Akteursgruppen sowohl im Hinblick auf ihre ‚professionellen Wurzeln‘ (Medizin bzw. Sozialpädagogik) als auch ihre institutionelle und organisationale Einbettung. Jedoch zeigen sich auch Überschneidungen, z.B. in Bezug auf den Adressatenkreis, die Auftragsvergabe durch die öffentliche Jugendhilfe sowie die Verpflichtung der Akteure auf einen – wenn auch unterschiedlich ausbuchstabierten – ‚Schutzauftrag‘. Daraus ergeben sich Konfliktlinien zwischen institutionellen Rahmenbedingungen der Berufsausübung und je eigenen, historisch gewachsenen professionellen Grundhaltungen der Fachkräfte. So erfährt insbesondere der primär als gesundheitsfördernd, präventiv und niedrigschwellig charakterisierte Hebammenberuf durch die ge-

---

2 Häufig wird bereits vor Beginn der Betreuung eine Schweigepflichtsentbindung angestrebt, welche die Eltern unterzeichnen müssen. Manche Leistungsvereinbarungen folgen in der Diktion § 8a SGB VIII, andere gehen noch darüber hinaus, indem sie eine unverzügliche Weitermeldung bereits in Verdachtsfällen verlangen (zur kritischen Position der Hebammenverbände s. Nieting 2010).

nannten Hybridisierungstendenzen eine neue Ausrichtung: Während sich Hebammenarbeit traditionell an *alle* Mütter richtet (Klenk/Selow 2011, S. 1), dabei zunächst von „gesunden Kindern" als Normalzustand ausgeht (Staschek 2006, S. 37) und psychosoziale Aspekte im 20. Jahrhundert sukzessive aus dem Aufgabenspektrum ausgeklammert wurden (Klenk/Selow 2011, S. 5), so sollen mit den Familienhebammen nun vorrangig ‚Risikogruppen' angesprochen werden, wodurch sie zumindest implizit den Charakter einer bisher professionsfremden ‚Kinderschutzmaßnahme' erhalten. In gewissem Maße gilt dies freilich auch für den Bereich der SPFH, wo sich ebenfalls Konflikte zwischen einer unter Praktikern verbreiteten Hilfeorientierung und oft missliebigen Kontrollaufträgen als ‚verlängerter Arm des Jugendamtes' zeigen (s. u.). Doch hat sich hier durch die enge institutionelle Kopplung an das Jugendamt – so die vorläufige These – bereits ein eingespielterer Umgang mit der gesetzlich eingeforderten Normalitäts- bzw. Abweichungskonstruktion entwickelt: Fachkräfte scheinen in diesem Kontext in viel stärkerem Ausmaß mit der dichotomen Entscheidungsfrage konfrontiert, ob eine Kindeswohlgefährdung vorliegt oder nicht (‚ja oder nein').[3]
Im Gegensatz zur regulären Hebamme, deren Betätigungsfeld sich stets auf einen begrenzten Zeitraum vor und nach der Geburt richtet und als Regelleistung der Krankenkasse universal verfügbar ist, kommt die SPFH seit jeher in *außergewöhnlichen* Situationen mit variierenden Zeiträumen ‚nach Bedarf' zum Einsatz, was von vornherein ein potenziell stigmatisierendes bzw. (gerade im Kontext der o. g. Clearingaufträge) kontrollierendes Element in die Adressatenbeziehung einbringt. Insofern erscheint die Orientierung der SPFH an einer kinderschutztypischen *Abweichungslogik* nahe liegend. Bei Hebammen hingegen gehören die Entwicklungsbeobachtung des Kindes mittels Wiegen oder Messen und die Verortung der Werte auf einer statistischen Skala zum klassischen Handlungsrepertoire. Somit orientieren sie sich traditionell an *normalistischen* Normen bzw. ‚normal ranges' und folgen insofern eher einer *Entwicklungslogik*.

Soweit ein eher normatives Moment nun beim ‚Hybridtyp' Familienhebamme durch die Konzentration auf ‚Risikogruppen' oder eine starke Betonung kinderschutzbezogener Aufgaben ebenfalls zum Tragen kommt, muss offenbar gerade diese Berufsgruppe die genannten Logiken miteinander koppeln bzw. sich der feldspezifischen Logik anpassen (vgl. dazu kritisch: Nieting 2010, Klenk/Nieting 2011).

Insofern zeigen sich hier „Interferenzen und Kopplungen zwischen Normalität und Normativität" (Link 2009, S. 34; Gerhard/Link/Schulte-Holtey

---

3   Nicht umsonst ist der damit verbundene Konflikt zwischen Hilfe und Kontrolle konstitutiv für die sozialpädagogische Profession und zentraler Gegenstand der Ausbildung.

2001, S. 7 sowie Kelle in diesem Band)[4] mit potenziell bedeutsamen Auswirkungen auf Professionelle und Adressaten. Im Kontext des Kinderschutzes sind Familienhebammen zusätzlich verpflichtet, sich nach präskriptiven Gesetzesnormen, also *normativen* Normen zu richten. Der Einbezug medizinischer Expertise und ‚wissenschaftlich' (nicht ‚nur' normativ) hergeleiteter Bewertungsmaßstäbe in das Kinderschutzsystem eröffnet in diesem Zusammenhang die Möglichkeit, Konstruktionen des ‚Anormalen' und daraus abgeleitete Interventionsmaßnahmen sowohl politisch-moralisch zu etablieren (Kelle 2009, S. 85; vgl. auch Turmel 2008) als auch gegenüber Adressaten zu legitimieren (Kelle 2007, S. 207).[5] Ähnlich wie im Kontext der kinderärztlichen Vorsorgeuntersuchungen, die – ursprünglich als gesundheitsfördernde ‚Screeningmaßnahme' gedacht, mittlerweile jedoch auch als Kinderschutzinstrument propagiert – „auch einen Erziehungskontext für Eltern konstituieren" (Kelle/Seehaus 2010, S. 41), scheint also mit den Familienhebammenangeboten eine neuartige, wissenschaftlich fundierte Entwicklungslogik in das herkömmlich eher von einer Abweichungslogik gekennzeichnete Feld des Kinderschutzes einzusickern und entsprechende Begründungsmuster bereit zu stellen. Welche Logik im Feld und bei den betrachteten Berufsgruppen aber tatsächlich vorherrscht, darüber gibt die obige Analyse der strukturellen Gegebenheiten *allein* nur begrenzt Aufschluss, da institutionelle Regeln konkrete Handlungsvollzüge zwar kanalisieren, jedoch nicht determinieren können (Kelle 2007, S. 198). Der folgende Abschnitt soll daher aufzeigen, wie die Logiken des Feldes auf der Interaktionsebene sichtbar werden.

3. Normalitätserwartungen und Normalisierungsstrategien

Inwieweit die dargestellten divergenten Handlungsbedingungen mit im Feld vorgefundenen Handlungslogiken der betreffenden Akteursgruppen korrespondieren, soll nun anhand von empirischem Material aus dem o. g. Forschungsprojekt illustriert werden. Dabei wird auf insgesamt 24 leitfadengestützte Interviews mit Sozialpädagogischen FamilienhelferInnen und Familienhebammen aus vier Kommunen zurückgegriffen. Zentraler Bestandteil der Interviews waren konkrete Fallschilderungen der Fachkräfte mit daran anschließenden Rückfragen zu Entscheidungsprozessen und Beurteilungsmustern, auf die sich die folgenden empirischen Beispiele im Wesentlichen

---

4   Dabei folgen wir – indem wir Überlagerungen von Handlungslogiken unterschiedlicher Berufsgruppen betrachten – einer leicht abgewandelten Lesart des Interferenzbegriffs.

5   Analoge Tendenzen zeigen sich auch im Bereich der Jugendhilfe: etwa wenn SPFH-Kräfte gemeinsam mit den Eltern ‚Kinderschutzbögen' ausfüllen, um diesen ‚objektive' Schwellenwerte zu verdeutlichen (s. u.).

stützen.[6] Die Analyse soll Aufschluss darüber geben, a) auf welche Indikatoren der Beobachtung und Diagnose die Akteure zurückgreifen und – damit einhergehend – welche Normalitätserwartungen bei ihnen vorherrschen und b) welche aus der Diagnose abgeleiteten Maßnahmen zur Bearbeitung bzw. Behebung des vorgefundenen Zustands, d. h. welche Normalisierungsstrategien angewendet werden.

a) Normalitätserwartungen: Typische Indikatoren der Beobachtung und Diagnose

Bei den Sozialpädagogischen FamilienhelferInnen fällt auf, dass diese auf die Frage nach eigenen Fällen häufig zunächst mit einer Beschreibung der *Eltern* antworten (Alberth/Bode/Bühler-Niederberger 2010, S. 491 f.): Thematisiert werden deren psychischer Zustand (z. B. depressiv, überfordert, alkohol- oder drogenabhängig), die allgemeine Lebensführung und deren Umstände (z. B. fehlende Tagesstruktur, häufige Umzüge, Arbeitslosigkeit, alleinerziehend), der Wohnungszustand (z. B. Stapel von Schmutzwäsche, Inhalt des Kühlschranks), der Kommunikationsstil mit dem Kind (z. B. Benutzung von Schimpfwörtern) sowie Beziehungen unter Erwachsenen (z. B. wechselnde Partner der Mutter, Paarprobleme). Unter Betonung einer ‚systemischen' Perspektive werden darüber hinaus oft Problemlagen des gesamten bzw. erweiterten ‚Familiensystems' thematisiert, wie folgendes Zitat exemplarisch zeigt:

„[…] ich arbeite in einer Familie, da kriege ich das Familiensystem irgendwie nicht im Sinne des Kindes richtig hin, nach anderthalb Jahren nicht, trotz vieler reflektierender Gespräche, weil sich immer eine Oma von außen total einmischt. […] Da haben wir jetzt hier eine Kollegin, die ist ausgebildet in Familiengesprächen, die bitte ich jetzt dazu, dass wir das einfach geregelt kriegen. Dass das System für das Kind besser gestaltet wird." (Interview SPFH)

Ein zweiter Ankerpunkt der Erzählungen ist die *Kooperationsbereitschaft* der ‚Klienten'. So führen Eltern, die sich kooperativ und ‚offen' zeigen, so gut wie immer zu einer positiveren Bewertung des Falls und einer niedrige-

---

6 Auf den SPFH-Bereich entfallen 14 Interviews (darunter 10 ‚fallnahe' Fachkräfte sowie 4 Leitungen/KoordinatorInnen), auf Familienhebammenangebote 10 Interviews (7 Familienhebammen, 3 Leitungen/KoordinatorInnen). Kriterien für die Fallauswahl waren das Alter des Kindes (0–6 Jahre) sowie das Vorliegen einer Misshandlungs- oder Vernachlässigungsproblematik (angenommene Kindeswohlgefährdung). Über die Fallgeschichten hinaus waren u. a. auch Reflexionen der eigenen (Berufs-)Rolle sowie selbst wahrgenommene Distinktionen Thema der Interviews, die ebenfalls in die Analyse mit einfließen.

ren Einstufung des Risikos einer Kindeswohlgefährdung – unabhängig von der Qualität der Meldung bzw. des Anfangsverdachts. Andersherum werden Klienten, die Maßnahmen nur widerwillig annehmen und eigentlich keine Zusammenarbeit mit der Jugendhilfe wollen, als „schwierigste Fälle" beschrieben. Sie erscheinen aus Sicht der Sozialarbeiter als potenziell gefährlicher, weil weniger berechenbar und kontrollierbar. So beschreibt eine Interviewpartnerin den Kooperationswillen der Eltern als wesentlichen Faktor für Erfolg oder Scheitern des Interventionsprozesses:

„[…] die Bereitschaft der Eltern, also wenn die fehlt, dann kann man im Kinderschutz nichts ausrichten. […] vielmehr dann ist es eben so, dass die Kinder in Obhut genommen werden müssen oder untergebracht werden müssen. […] Wenn die Eltern bereit sind dazu […], also da habe ich dann das Gefühl, ich habe etwas bewirkt." (Interview SPFH)

Insgesamt lässt sich festhalten, dass typische Indikatoren der Beobachtung und Diagnose im Bereich der SPFH vor allem *normativen* Kriterien entsprechen, die sich auf die Eltern beziehen. Demgegenüber zeigt sich das Vokabular der befragten SozialpädagogInnen in Bezug auf das Kind eher reduziert. Zwar werden zuweilen auch kindbezogene Indizien (z.B. körperliche Merkmale oder auffälliges Verhalten des Kindes[7]) mit in die professionellen Abwägungsprozesse mit einbezogen und können in Einzelfällen den Interventionsverlauf bestimmen oder verändern, doch scheinen diese meist von der Einschätzung der Eltern überlagert: Ob und wann eine Normabweichung (Kindeswohlgefährdung) diagnostiziert wird, hängt weniger vom Zustand des Kindes ab als vielmehr von normativ aufgeladenen Beurteilungen der Eltern und deren Bereitschaft, die Intervention in den privaten Raum zuzulassen, ‚Hilfe' anzunehmen und konstruktiv mitzuarbeiten.[8]

Die für die SPFH typische Normalitätserwartung bezieht sich also gewissermaßen auf ein (Ideal-)Bild von Familie, die als zentrale Sozialisationsinstanz dafür Verantwortung trägt, einen geschützten Raum für kindliches Aufwachsen zur Verfügung zu stellen, gesellschaftlich definierte Normen und Werte an Kinder zu vermitteln und somit letztlich soziale Ordnung zu bewahren.[9] Werden diese Anforderungen nicht erfüllt oder scheinen bedroht, bedarf es der Intervention. Die professionelle Beurteilung von Kin-

---

7 Wobei ‚auffällig' sowohl diagnostizierte oder vermutete Krankheitsbilder („selektiver Mutismus"; „ADS"), situative Einschätzungen („wirkte verwirrt") als auch deviantes Verhalten („kennt keine Grenzen"; „verschlampt Schularbeiten") meinen kann.

8 Dieses Lösungsmuster lässt sich auch mit der Phrase „Den Zustand des Kindes diagnostizieren durch die Beurteilung der Eltern" (Alberth/Bode/Bühler-Niederberger 2010, S. 491) beschrieben.

9 Kinderschutz verfolgt demnach nicht nur das Ziel eines Schutzes gefährdeter Kinder, sondern auch eines Schutzes der Gesellschaft vor gefährlichen Kindern (ebd., S. 489).

dern bzw. deren Situation ist insofern abhängig vom Zustand der Eltern bzw. des ‚Familiensystems‘. Die Normalitätserwartung beinhaltet zudem eine Vorstellung von moralisch adressierbaren und lernfähigen ‚Klienten‘. Die Bereitschaft mitzuarbeiten erscheint als zentrales Kriterium für die Einschätzung von Gefährdungslagen. Zeigen Eltern keine Kooperationsbereitschaft (mehr), verwirken sie ihr Recht zur Erziehung ihrer Kinder.

Bei den von uns befragten Familienhebammen betreffen gängige Beobachtungs- und Diagnosekriterien demgegenüber vor allem den *Entwicklungsstand des Kindes* (z. B. Gewichtszunahme, Motorik), seinen Pflegezustand (z. B. Hygiene, Kleidung) sowie weitere aus medizinischer Sicht für bedeutsam gehaltene Erfordernisse (z. B. Impfungen, Vorsorgeuntersuchungen). Normalitätseinschätzungen werden durch Messung und den Vergleich mit dem für das jeweilige Lebensalter durchschnittlichen oder ‚normalen‘ Entwicklungsstand – mithilfe standardisierter Instrumente und Methoden sowie auf der Basis eines durch Ausbildung erworbenen medizinischen Wissens vorgenommen.[10] Abweichungen vom ‚Normalverlauf‘ markieren dabei potenziell Gefährdungen für das Kind. Insofern folgen Familienhebammen gewissermaßen der von Honig (1999, S. 62) beschriebenen teleologischen Logik der „Entwicklungskindheit“, nach der Kindheit als Prozess des Fortschritts und der Vervollkommnung auf der Grundlage pädagogischen, medizinischen und psychologischen Wissens betrachtet wird. Folgendes Zitat illustriert den zunächst an der kindlichen Entwicklung ansetzenden Diagnoseprozess der Familienhebammen:

„Dass die [Kinder] eigentlich einen zufriedenen Eindruck auch machen. Für mich ist immer ausschlaggebend, manchmal haben die so offene Hände und spielen ein bisschen. Oder sind die immer in einer Anspannung? [...] Der war ein nettes, sehr freundliches Kind, aber da hatte noch nie jemand mit gespielt. Man merkte, wie die anderen entwickelt sind, die ich zum Beispiel im Schwimmen hab. [...] wie die schon mitspielen, singen usw. Und das fehlte dem komplett.“ (Interview Familienhebamme)

Als zweiter bedeutender Fokus des diagnostischen Blicks von Familienhebammen zeigen sich in den Fallschilderungen *Mutter-Kind-Interaktionen* (abgelesen z. B. am Blickkontakt). Diesbezügliche Probleme werden z. B. mit Schlagworten wie „mangelnde Bindung“ oder „emotionale Kälte“ umschrieben; typische Normalitätserwartungen betreffen die mütterliche „Feinfühligkeit“ und das richtige Erkennen von „Signalen“ und „Bedürfnissen“ des Kindes:

---

10 Eine Familienhebamme äußerte hierzu im Interview bezeichnenderweise, gerade in der von Hebammen begleiteten frühen Lebensphase ginge es v. a. um „facts“.

„[...] sie hat auch keine richtige Interaktion mit dem Kind gezeigt. Also
[...] nicht auf den Schoß genommen [...]. Ich sage: Gucken Sie doch
mal, wenn ich den auf dem Schoß habe, streichle oder mit ihm spreche,
dann ist der ganz anders. Der braucht einfach Zuwendung, der braucht
Aufmerksamkeit. Und deswegen schlägt er auch mit dem Kopf gegen
die Wand, der ist so was von pfiffig, der muss einfach auch gefordert
werden ein bisschen." (Interview Familienhebamme)

Wie das Beispiel zeigt, thematisieren zwar auch die befragten Hebammen
mütterliches Verhalten, allerdings gilt die Aufmerksamkeit hier im Gegensatz zur SPFH fast ausschließlich unmittelbar kindbezogenen Verhaltensweisen. Neben bindungs- und interaktionsbezogenen Faktoren nehmen dabei wiederum Aspekte, die die Gesundheit des Kindes betreffen, einen besonders hohen Stellenwert ein (z. B. Rauchen in Gegenwart des Kindes,
Kinderbett neben der Heizung, unregelmäßiges Stillen).

Deuten sich bei der Beurteilung mütterlichen Verhaltens tendenziell bereits Überschneidungen mit den Normalitätserwartungen der SPFH an, fanden wir in den Interviews mit Familienhebammen klare Evidenzen für eine
Ausweitung des hebammentypischen Beobachtungsrasters: Man schaue
auch bezogen auf die Wohnumgebung oder das familiale Umfeld durchaus
„mal genauer hin" und betreue letztlich „die ganze Familie".

b) Norm(alis)ierungsstrategien

Bezogen auf die Sozialpädagogische Familienhilfe wurde bereits angedeutet, dass diese durch ihre institutionelle Einbindung in den gesetzlichen
Schutzauftrag und die vergleichsweise enge Kopplung an das Jugendamt
– trotz der sozialpädagogischen Maxime des „Respekt[s] vor der Autonomie der Betroffenen" (Dewe et al. 2001, S. 29) – von vornherein ein kontrollierendes Element enthält. Sozialarbeiterische Praxis bewegt sich zwischen den beiden – im disziplinären Diskurs häufig thematisierten – Polen
‚Hilfe' und ‚Kontrolle' (vgl. exemplarisch Urban 2004). So problematisie-
ren auch von uns befragte Fachkräfte oft diese Doppelrolle; auch ihre Normalisierungsstrategien spiegeln an vielen Stellen diesen Konflikt[11]:

„[...] man muss eben auch Lust haben, auf schwierige Menschen partei-
isch einzugehen, gleichzeitig aber auch zu sagen: Also so geht das hier
bei euch nicht mehr weiter. Wenn ich hier heute ankomme und sehe, hier

---

11 Hohes Konfliktpotenzial besteht v. a. dann, wenn das Jugendamt die Annahme der
Hilfe zur Bedingung macht, um von einer Inobhutnahme abzusehen oder explizite
Kontrollaufträge erteilt, die den privaten Raum der Familien besonders stark tangie-
ren (z. B. Kinder nackt in Augenschein nehmen, Kühlschrank kontrollieren).

ist schon wieder so ein Schweinestall, da kann doch kein Kind auf dem Fußboden rumkrabbeln, oder kein Baby, ne. Also man muss eben so beides haben, man muss sehr viel Empathie haben für die Klienten, aber eben auch gleichzeitig durchsetzungsfähig sein." (Interview SPFH)

SPFH-Kräfte sind häufig um die Strukturierung von Tagesabläufen sowie der Haushalts- und Lebensführung der Eltern bemüht. Instrumente dieser als ‚Hilfe zur Selbsthilfe‘ verstandenen Anleitung sind z. B. die Begleitung bei Behördengängen, das Aufstellen von Termin-, Putz- und Zeitplänen oder das Einteilen von Geld für den täglichen Lebensunterhalt. Starke Verbreitung finden auch Methoden der systemischen Sozialarbeit (z. B. Genogramm), mit deren Hilfe nach „tiefer liegenden Konflikten im Familiensystem" gesucht wird. In unseren Interviews führten solche systemischen Beratungspraktiken teilweise zu dem konkreten Vorschlag, Beziehungskonflikte oder nicht aufgearbeitete Traumata professionell therapieren zu lassen, während andere Akteure die Strategie verfolgten, die Familienmitglieder für die „Systemstörungen" zu sensibilisieren und einen „neuen Blick reinzubringen".

In regelmäßigen Gesprächen mit den Eltern werden Wünsche für die Zukunft besprochen und entsprechende Zielvereinbarungen getroffen. Bei dauerhafter Zielverfehlung werden die Eltern im Gespräch mit den Defiziten konfrontiert. Tadel oder auch latente Drohungen mit der Meldung an das Jugendamt sind dabei zuweilen durchaus Teil dieser Konfrontationen, wie folgendes Zitat exemplarisch zeigt:

„Und wir haben auch so praktische Sachen organisiert, also die hatte drei kleine Zimmer, was wir eigentlich schon so erstmal gut fanden, aber ein Zimmer war vollgepackt bis unter die Decke mit Sperrmüll. […] Also ihr dann so eine Karte besorgt, ihr gesagt, wie man die ausfüllt, dann kam das Sperrmülldatum, dann hatte sie geschafft, die Hälfte raus zu tragen, […] dann komme ich Montag an, das halbe Zimmer nur leer geräumt, ne, ich sage: So, jetzt glaube ich das hier echt nicht, ne. Wieso ist nicht alles raus getragen? Also auch geschimpft, ne." (Interview SPFH)

So zielen zentrale Normalisierungsstrategien im Kontext der SPFH oft auf eine professionelle Bearbeitung der Eltern nach normativen Kriterien ab – durchaus mit ‚erzieherischem‘ Anspruch. Dieser zielt nicht nur auf eine äußerliche Verhaltensänderung seitens der Eltern, sondern vielmehr noch auf deren ‚innere‘ Überzeugung, was sich im Material an diversen Stellen widerspiegelt.[12] Kontinuierliche Verhandlungen mit den Eltern und moralische

---

12 Zwei exemplarische Interviewauszüge: „[…] immer wieder versucht mit der Mutter zu sprechen. Sie war dann auch irgendwann in der Lage, dass sie sagte, ich glaube

Appelle stehen im Zentrum der professionellen Bemühungen. Die Normalisierung von Kindheit wird über eine Normierung der Eltern angestrebt.

Demgegenüber stellt sich das kinderschutzbezogene ‚Kontrollmandat' bei den Familienhebammen als weniger ausgeprägt dar; zumindest scheint es die Beziehung zu den Adressaten bzw. Müttern weniger stark zu belasten, so dass es eher gelingt, ein Vertrauensverhältnis aufzubauen. Die Anleitung der Eltern durch die Hebammen bezieht sich zumeist auf den direkten Umgang mit dem Kind. Die Befragten umschreiben ihre Tätigkeit z.B. mit Phrasen wie „Tipps geben" oder „gemeinsam üben" (etwa wie man ein Fläschchen macht), was schon in der Wortwahl weit weniger ‚kontrollierend' klingt als bei der SPFH und einer verbreiteten Selbstauffassung der Akteurinnen entspricht, die exemplarisch in folgendem Zitat zum Ausdruck kommt:

„Ich habe nicht so diese Funktion natürlich, [...] zu drücken und ‚Wie sieht es hier denn aus?'. Das sage ich natürlich auch, aber die Leute haben auch nicht das Geld und ich werde die Menschen nicht so verändern können, nach meinen Sauberkeitsvorstellungen oder so. Das muss man einfach tolerieren und ein bisschen beiseiteschieben, wenn das Kind gut versorgt ist. Und der Mutter muss es gut gehen." (Interview Familienhebamme)

Oft betont wird in diesem Zusammenhang eine große (auch körperliche) Nähe zur betreuten Mutter, die fast schon an ein „schwesterliches" oder „mütterliches" Verhältnis grenze. Im Allgemeinen erscheinen die Strategien der Hebammen erheblich weniger ‚fordernd' als im Bereich der SPFH: „Verständnis zeigen", „zu Selbstvertrauen verhelfen" oder die Mutter „vor Überforderung schützen" sind dementsprechend gängige Motive in den Fallschilderungen.[13] Die Normalisierungsstrategie indes schließt keineswegs einen Blick für Gefährdungspotenziale aus:

„Also [...] wenn ein Kind nicht gedeiht, dann muss man gucken, woran liegt das. Das kann mal passieren, dass das über ein, zwei Wochen nicht richtig gedeiht, dann werde ich natürlich die Frau erst mal zum Kinderarzt schicken [...]. Und sie beraten, wie sie die Ernährung vielleicht verändern kann. Wenn ich sehe, das Kind gedeiht nicht, dann ist das auf eine Art eine Kindeswohlgefährdung, dann muss man gucken, woran liegt

---

das ist auch das Beste"; „Die Mutter ist nicht so zu erreichen, dass die von innen was verändert".

13 Eine Interviewpartnerin umschrieb diese unter Hebammen verbreitete unterstützende, empathische, „sehr dichte" Beziehung zur Mutter daher treffend mit dem Schlagwort „care the mother".

das? Ist das Kind krank? Sind die nicht in der Lage zum Arzt zu gehen?"
(Interview Familienhebamme)

Darüber hinaus konnten wir noch weitere Eigenheiten der Hebammentätigkeit identifizieren, denen gewissermaßen ‚strategische' Bedeutung zukommt: So fällt in den Interviews mit Familienhebammen eine, verglichen mit der SPFH, präzisere Abgrenzung des Tätigkeitsbereichs auf, die es (noch) eher erlaubt, Kontrollfunktionen dem Jugendamt zuzuweisen oder dies gegenüber den Adressaten glaubhaft zu vermitteln. Sobald der eigene begrenzte Handlungsrahmen ausgeschöpft scheint, werden Fälle zudem konsequent an andere Akteure (z. B. Kinderärzte, Kliniken, Therapeuten, Beratungsstellen) weitervermittelt oder es wird explizit zur Annahme einer SPFH-Maßnahme geraten. Schließlich stellt auch das regelmäßige Wiegen und Vermessen des Kindes mit der daran anschließenden Entwicklungsdokumentation eine offenbar wirkungsvolle Normalisierungsstrategie dar: So scheint gerade das Operieren auf der Basis von ‚normal ranges' und wissenschaftlich hergeleiteten Diagnosen – die eine Externalisierung der Problemzuschreibung erlauben und insofern auch „Vertrauen schaffen" können (Kelle 2007, S. 207) – ein entscheidendes Werkzeug darzustellen, den Zugang zum privaten Raum der Adressaten sicherzustellen und diesen Einsichten in ‚objektiv' wahrgenommene Problemlagen zu vermitteln. Probleme hinsichtlich der Kooperationsbereitschaft erweisen sich somit als weniger gravierend als bei der SPFH, die in stärkerem Ausmaß ‚klare Grenzen' benennen und Druck ausüben muss.

Damit einher gehen hohe Ansprüche an Familienhebammen im Kontext des Kinderschutzes, die gewissermaßen ‚professionsfremde' Perspektiven beinhalten: Da sie die einzigen Personen sind, die das Kind regelmäßig nackt in Augenschein nehmen und zudem über ein spezifisches körperbezogenes Wissen verfügen, können sie Gefährdungshinweise wahrnehmen, die anderen Akteuren meist verborgen bleiben. In der Praxis werden sie deshalb z. B. häufiger von (in Tandem-Konstellationen kooperierenden) SozialpädagogInnen für eine ‚zweite Meinung' hinzugezogen oder sogar formal als SPFH durch die öffentliche Jugendhilfe beauftragt, womit manchmal entsprechend durchgreifende Kontrollmandate einhergehen.[14]

Gleichzeitig sind im Bereich der Jugendhilfe ‚Imitationen' solcher (medizinischen Praktiken ähnlichen) Normalisierungsstrategien zu beobachten: So füllen SPFH-Kräfte zuweilen gemeinsam mit den Eltern so genannte

---

14 Umgekehrt verfügen übrigens auch SozialpädagogInnen zuweilen über träger- und auftraggeberseitig sehr geschätzte Vor- oder Zusatzausbildungen (z. B. Kinderkrankenschwestern, Spezialisten für frühkindliche Entwicklung) und arbeiten demzufolge öfters in entsprechenden Kontexten. Dabei waren es in unseren Interviews gerade diese (Ausnahme-)Fachkräfte, die über spezielle kindbezogene Wissensbestände verfügten, die wir sonst nicht antrafen.

‚Kinderschutzbögen' aus, die die Bewertung verschiedener Kriterien (z.B. Interaktion mit Bezugspersonen, Pflegezustand des Kindes, häusliche Umgebung) auf einer mehrstufigen Skala erlauben. Dabei betonen sie den großen Nutzen solcher quasi-wissenschaftlichen, vermeintlich „objektiven Instrumente", die mit ihren „klaren Standards" als Legitimation gegenüber den Eltern, der Erzeugung von Mitarbeit und letztlich deren Einsicht in an sie herangetragene Erfordernisse dienen könnten.[15]

Im Organisationsfeld Kinderschutz zeigen sich demnach auch in Bezug auf angewendete Normalisierungs*strategien* Überschneidungen und Kopplungen unterschiedlicher Handlungslogiken: So adressiert wie aufgezeigt auch Hebammenarbeit gewissermaßen das Verhalten von Eltern, während Akteure aus dem Bereich der Jugendhilfe ihrerseits Strategien des Gesundheitswesens ‚imitieren'.

4. Schluss

Auf der Grundlage der Analyse lässt sich die These formulieren, dass die Diagnosen von SPFH-Kräften häufig auf normativen Einschätzungen und *Beurteilungen der Eltern* basieren und auch ihr professionelles Wissen zumeist ein Wissen um die Eltern ist. Urteile über deren Lebensführung, das Erziehungsverhalten sowie die Kooperationsbereitschaft spielen für die Gefährdungseinschätzung eine wichtige Rolle. Normalisierungsstrategien setzen dementsprechend beim elterlichen Verhalten und einer ‚inneren' Überzeugung der Klienten zur Verhaltensänderung bzw. zur Mitarbeit an. Somit zielen Interventionen der SPFH eher auf eine *Normierung von Eltern* und folgen der im Kinderschutz institutionell angelegten *Abweichungslogik*.

Die Diagnosen der Familienhebammen beziehen sich demgegenüber häufiger auf den *Entwicklungsstand des Kindes,* den sie mittels wissenschaftlich hergeleiteter Instrumente vermessen, dokumentieren und auf einem Kontinuum (‚normal range') verorten, insofern also eher normalistischen Normen folgen. Daraus abgeleitete Strategien der Abhilfe richten sich im Vergleich zur SPFH zwar durchaus auch auf elterliches Verhalten, fokussieren jedoch spezifischer auf kindbezogene Verhaltensweisen, an denen in Form von praktischen Ratschlägen, gemeinsamen Übungen etc. gearbeitet wird. Familienhebammen zielen daher eher unmittelbar auf die *Normalisierung von Kindern* und folgen somit einer hebammentypischen *Entwicklungslogik*. Doch müssen sie im Rahmen ihres Mandats auch Abweichun-

---

15 Z.B. könne man als SPFH den Standpunkt vertreten: „Das ist nichts, was ich mir ausdenke [...], das gilt für ganz Deutschland" und so Eltern „ein Stück weit in Kooperation kriegen". Allgemein dienten die Instrumente der Klärung der Frage: „Worum geht es überhaupt?". Adressaten, die sich anhand der Skalen auch selbst einschätzen sollen, gelangten so z.B. zu der Erkenntnis: „Ach, das ist auch wichtig?".

gen von präskriptiven (Gesetzes-)Normen berücksichtigen und insofern zwei unterschiedliche Herangehensweisen miteinander koppeln. Soweit sich die Familienhebammen im Rahmen dieser Hybridisierung der Sozialpädagogischen Familienhilfe annähern, übernehmen sie die in der Gesamtbetrachtung nach wie vor dominante feldtypische Logik des Kinderschutzes, nach der *Normalisierung von Kindheit durch die Normierung von Eltern* zu erreichen ist.

Interferenzen zwischen Normalität und Normativität zeigen sich somit darin, dass eine traditionell unmittelbar an der kindlichen Entwicklung ansetzende Berufsgruppe nun auch normative Beurteilungsraster bezogen auf die Eltern bzw. das ‚Familiensystem‘ und dementsprechend normierende Strategien anwenden muss.[16] Diese Ausweitung des spezifischen ‚Hebammenblicks‘ um sozialpädagogische Bewertungskriterien und Handlungsmuster hat unter Umständen handfeste Auswirkungen auf Professionelle und Adressaten sowie die interaktive Aushandlung von Normalitätserwartungen zwischen diesen Parteien.[17] Durch eine Verschiebung der Handlungslogiken von Familienhebammen in Richtung elternbezogener ‚Normativität‘ könnten diese in Zukunft vor ähnlichen Problemen bezüglich der Kooperationsbereitschaft ihrer Klienten stehen wie die SPFH. Die erwähnten ‚Imitationen‘ normalisierender Strategien seitens der Jugendhilfe – quasi eine Hybridisierung mit umgekehrtem Vorzeichen – zeigen indes, dass man bestrebt ist, mit ‚objektiven‘ Diagnoseinstrumenten einen Zutritt zum privaten Raum erfolgreicher zu legitimieren und Kooperation dauerhaft sicher zu stellen.

---

16 Obschon anzumerken ist, dass Hebammen (wie auch SozialpädagogInnen) sich seit jeher sowohl an normalistischen als auch normativen Normen orientiert haben dürften, insofern die beiden Normentypen potenziell immer miteinander korrespondieren. So können aus Normalisierungsbestrebungen der Hebammen durchaus Normierungen erwachsen, die traditionell allerdings (ausschließlich) auf den Bereich kindlicher Entwicklung ziel(t)en.

17 So wird auch im politischen Diskurs insbesondere dann Konfliktpotenzial gesehen, wenn Hebammen unreflektiert als ‚kostengünstigere SPFH‘ oder ‚Allheilmittel‘ eingesetzt werden und der anerkanntermaßen erhebliche Vertrauensvorsprung, den die Hebammen bei den Adressaten genießen, durch ‚normativ‘ geprägte, interventionistische Herangehensweisen dadurch gestört wird (Turba 2012, S. 95 f.). Schließlich wird eine zentrale Verheißung der Einbindung von Familienhebammen gerade darin gesehen, dass diese mit Schwangerschaft und Geburtsnachsorge ein „völlig stigmafreies Thema“ (Schone et al. 1997, S. 231) und somit wertvolle Anknüpfungspunkte zu verunsicherten „Problemfamilien“ an der Hand haben, die ihnen als „verlängerter Arm des Jugendamtes“ (Nieting 2010, S. 1) verloren gehen könnten.

Literatur

Alberth, L./Bode, I./Bühler-Niederberger, D. (2010): Kontingenzprobleme sozialer Interventionen – Kindeswohlgefährdung und der organisierte Eingriff in den privaten Raum. In: Berliner Journal für Soziologie 20, S. 475–497.

Ayerle, G./Sadowski, K. (2007): Gesundheitsförderung durch Familienhebammen im Land Sachsen-Anhalt. In: Bund Deutscher Hebammen (Hrsg.) (2007): Kongressband XI. Hebammenkongress „Hebammen fördern Gesundheit – von Anfang an". Karlsruhe: Bund Deutscher Hebammen, S. 92–105.

Bode, I./Eisentraut, S./Turba, H. (2012): Kindeswohlgefährdung als Systemfrage. In: Thole, W./Retkowski, A./Schäuble, B. (Hrsg.) (2012): Sorgende Arrangements. Kinderschutz zwischen Organisation und Familie. Wiesbaden: VS, S. 39–50.

Dewe, B./Ferchhoff, W./Scherr, A./Stüwe, G. (2001): Professionelles soziales Handeln. Weinheim/München: Juventa.

Gerhard, U./Link, J./Schulte-Holtey, E. (Hrsg.) (2001): Infografiken, Medien, Normalisierung. Zur Kartografie politisch-sozialer Landschaften. Heidelberg: Wissenschaftsverlag der Autoren.

Honig, M.-S. (1999): Entwurf einer Theorie der Kindheit. Frankfurt am Main: Suhrkamp.

Jordan, E. (2006): Kindeswohlgefährdung im Spektrum fachlicher Einschätzungen und rechtlicher Rahmenbedingungen. In: ders. (Hrsg.) (2006): Kindeswohlgefährdung. Rechtliche Neuregelungen und Konsequenzen für den Schutzauftrag der Kinder- und Jugendhilfe. Weinheim/München: Juventa, S. 23–37.

Kelle, H. (2007): „Ganz normal": Die Repräsentation von Kinderkörpernormen in Somatogrammen. Eine praxisanalytische Exploration kinderärztlicher Vorsorgeinstrumente. In: Zeitschrift für Soziologie 36, Heft 3, S. 197–216.

Kelle, H. (2009): Kindliche Entwicklung und die Prävention von Entwicklungsstörungen. Die frühe Kindheit im Fokus der *childhood studies*. In: Honig, M.-S. (Hrsg.) (2009): Ordnungen der Kindheit. Problemstellungen und Perspektiven der Forschung. Weinheim/München: Juventa, S. 79–102.

Kelle, H./Seehaus, R. (2010): Die Konzeption elterlicher Aufgaben in pädiatrischen Vorsorgeinstrumenten. Eine vergleichende Analyse von Dokumenten aus Deutschland, Österreich und der Schweiz. In: Kelle, H. (Hrsg.) (2010): Kinder unter Beobachtung. Kulturanalytische Studien zur pädiatrischen Entwicklungsdiagnostik. Opladen: Budrich, S. 41–94.

Klenk, M./Selow, M. (Deutscher Hebammenverband) (2011): Stellungnahme des Deutschen Hebammenverbandes zum Referentenentwurf Bundeskinderschutzgesetz (BKiSchG). www.hebammenverband.de/index.php?id=788 (Abruf: 1.8.2012).

Klenk, M./Nieting, A. (Deutscher Hebammenverband) (2011): Stellungnahme zur Abgrenzung der Tätigkeitsfelder der Hebamme, Familienhebamme und der Sozialpädagogischen Familienhebamme (SPFH). www.hebammenverband.de/index.php?id=788 (Abruf: 1.8.2012).

Link, J. (2009): Versuch über den Normalismus: Wie Normalität produziert wird. Göttingen: Vandenhoeck & Ruprecht.

Meysen, T./Schönecker, L./Kindler, H. (2009): Frühe Hilfen im Kinderschutz. Rechtliche Rahmenbedingungen und Risikodiagnostik in der Kooperation von Gesundheits- und Jugendhilfe. Weinheim/München: Juventa.

Nieting, A. (Deutscher Hebammenverband) (2010): Positionspapier des Deutschen Hebammenverbandes. Förderung der Eltern-Kind-Bindung ist der beste Kinderschutz! Familienhebammen leisten dazu einen aktiven Beitrag. www.hebammenverband.de/index.php?id=788 (Abruf: 1.8.2012).

Schmid, H./Meysen, T. (2006): Was ist unter Kindeswohlgefährdung zu verstehen? In: Kindler, H./Lillig, S./Blüml, H./Meysen, T./Werner, A. (Hrsg.) (2006): Handbuch Kindeswohlgefährdung nach § 1666 und Allgemeiner Sozialer Dienst (ASD). München: DJI, S. 2-1–2-9.

Schone, R./Gintzel, U./Jordan, E./Kalscheuer, M./Münder, J. (1997): Kinder in Not. Vernachlässigung im frühen Kindesalter und Perspektiven sozialer Arbeit. Münster: Votum.

Staschek, B. (2006): Expertise Familienhebammen (BMFSFJ-Aktionsprogramm „Frühe Hilfen für Eltern und Kinder und soziale Frühwarnsysteme"). www.staschek.com/images/StaschekFamilienhebammen.pdf (Abruf: 1.8.2012).

Turba, H. (2012): Grenzen „begrenzter Rationalität" – Politisch-administrative Steuerungsambitionen im Kinderschutz. In: Marthaler, T./Bastian, P./Bode, I./Schrödter, M. (Hrsg.) (2012): Rationalitäten des Kinderschutzes. Kindeswohl und soziale Interventionen aus pluraler Perspektive. Wiesbaden: VS, S. 79–104.

Turmel, A. (2008): A Historical Sociology of Childhood. Developmental Thinking, Categorization and Graphic Visualization. Cambridge: Cambridge University Press.

Urban, U. (2004): Professionelles Handeln zwischen Hilfe und Kontrolle – Sozialpädagogische Entscheidungsfindung in der Hilfeplanung. Weinheim/München: Juventa.

Sabine Bollig

,Individuelle Entwicklung' als familiales Projekt

Zur Normativität von Normalisierungspraktiken in kindermedizinischen Vorsorgeuntersuchungen

1. Kindermedizinische Untersuchungen und die Normierung von ,Entwicklungskindheit'

Medizinische Routineuntersuchungen im Kindesalter, wie die deutschen Vorsorge- und Schuleingangsuntersuchungen, zielen darauf, bei allen Kindern einer bestimmten Altersgruppe etwaige Problemstellungen in der kindlichen Entwicklung frühzeitig zu erkennen und zu behandeln, um dadurch die Manifestierung von Erkrankungen und Entwicklungsstörungen zu verhindern. Gerade wegen dieser präventiven Ausrichtung lassen sie sich als zentrale Institutionen einer entwicklungsbezogenen Normierung von Kindheit verstehen (vgl. Kelle i. d. B.) – und zwar in doppelter Weise:

Zum einen bringen sie medizinisch-psychologische Entwicklungsnormen zur Anwendung durch welche die Differenzierung zwischen ,unauffälliger/nicht-gefährdeter' versus ,auffälliger/gefährdeter' Entwicklungsprozesse am jeweils konkreten Fall vollziehbar wird. Die frühzeitige Erkennung und Vermeidung von Entwicklungsproblemen wird dabei durch statistische Risikokonzepte möglich, welche Entwicklungsgefahren bereits im Vorfeld ihres Auftretens auf der Basis von „normal ranges" kalkulierbar machen (vgl. Hacking 1990). Mit ihrer Orientierung an diesen statistischen Normalitätskonstruktionen konstituiert sich in den medizinischen Routineuntersuchungen ein objektiver und geordneter Körper der Kinder, an dem die individuellen Entwicklungsfortschritte scheinbar nur abgelesen werden müssen, und der die Aufwendungen zur Durchsetzung je spezifischer Entwicklungsnormen gleichsam in sich aufnimmt und vergessen macht (vgl. Turmel 2009). Als regelmäßig in der Kindheit stattfindende ,Check-ups' sind die medizinischen Routineüberprüfungen daher als zentraler Distributions- und Legitimationskontext für Entwicklungsnormen zu verstehen, die über ihre medizinische Funktion hinaus dazu beitragen, dass uns die individuellen

Formen des Aufwachsen von Kindern als ‚normal' (oder eben auch nicht) erscheinen.

Zum anderen – jedoch eng mit Ersterem verknüpft – stellen die Untersuchungen zentrale gesellschaftliche Orte der Normierung elterlichen Sorge- und Erziehungsverhaltens dar. Historisch betrachtet, kann das im Schnittfeld von (Sozial-)Medizin, Pädagogik und Psychologie aufgebaute Feld der öffentlich veranstalteten Entwicklungsdiagnostik nämlich als einer der zentralen Transmissionsriemen für das moderne Arrangement von Eltern, Kindern und Staat/Gesellschaft verstanden werden (vgl. Armstrong 1983). In diesem Arrangement stellt der objektivierte Körper der Kinder das vermittelnde Objekt zwischen dem öffentlichen, staatlichen Raum und dem privaten Raum der Familie dar (vgl. Lee/Motzkau 2011) – und dies sowohl epistemologisch wie praktisch. So schuf, wie Turmel (2009) aufzeigt, erst die statistische Konstruktion und Repräsentation ‚normaler Entwicklung' im ausgehenden 19. Jahrhundert die Wissensvoraussetzungen für die rationelle Ausgestaltung der zeitgleich forcierten Maßnahmen zur Kontrolle und Anleitung der vor allem mütterlichen Familienarbeit in der Pflege und Erziehung der Kinder.[1] Als zentraler Umschlagplatz für die medizinische Normierung ‚guter Elternschaft' etablierten sich diese Untersuchungen im Kontext der hygienischen Gesundheitsfürsorge aber vor allem auch deshalb, weil bei ihnen die Eltern (resp. Mütter) bei der Untersuchung ihrer Kinder dabei waren – und auch direkt adressiert wurden (vgl. Jones 1983). Das machte und macht die medizinischen Früherkennungsuntersuchungen bis heute zu einem der zentralen Orte, an dem die Erfassung kindlicher Entwicklungsfortschritte und die entwicklungsbezogene Normierung elterlichen Verhaltens amalgamieren (vgl. Bollig/Tervooren 2009). In der aktuellen Debatte zur „(Neu-)Regulierung" und „Entprivatisierung" der Familie werden die seit 2006 zur Verpflichtung gemachten Kindervorsorgeuntersuchungen deshalb auch als bedeutsame Arenen zur (Re-)Produktion gesellschaftlicher Erwartungen an die pädagogische Ordnung der Familie benannt (vgl. Oelkers/Richter 2010; Hünersdorf/Toppe 2011).

In dieser doppelten Normierungsfunktion sind kindermedizinische Früherkennungsuntersuchungen entsprechend als *Institutionen der Entwicklungskindheit* zu verstehen (vgl. Kelle 2009). Mit diesem Begriff ist eine kindheitssoziologische Perspektive umrissen, in der ‚Entwicklung' als gesellschaftliches Produkt, als „both a cognitive form and a hybrid object"

---

1 Dass diese Rationalisierung der Familie entlang von Entwicklungsnormen seine Vorläufer in der frühen sozialhygienischen Konstruktion des Kinderkörpers fand, hat Foucault (2003) in seiner Studie zum westeuropäischen Masturbationsdiskurs für das ausgehende 18. Jahrhundert aufgezeigt. Die kampagnenhafte Struktur des Masturbationsdiskurses zeigte ihre Wirksamkeit, Foucault folgend, dabei vor allem durch die Somatisierung und Pathologisierung der Masturbation, die eine neue „Physik des familialen Raums" durchzusetzen half, in denen die (bürgerlichen) Kinder der ständigen Beobachtung durch ihre Eltern bedurften.

(Turmel 2009, S. 311), dekonstruiert wird, das nicht einfach Wesensmerkmale von Kindern beschreibt, sondern diese als soziomateriales Phänomen überhaupt erst in bestimmter Weise hervorbringt (vgl. Prout 2002; Bollig 2010). Da die Konzeption von Entwicklung jedoch nicht nur Kinder betrifft, sondern auch reguliert wer oder was als Erwachsener zu gelten hat und in welchem Sorgeverhältnis Erwachsene/Eltern und Kinder zueinander stehen, stellt es auch eines der zentralen Bezugspunkte der Generationendifferenzierung dar (vgl. Bloch/Popkewitz 2000). In kindheitssoziologischen Terms wird dieses relationale Verhältnis von Erwachsenen und Kindern mit dem Konzept von *Kindheit als einer generationalen Ordnung* gefasst (vgl. Honig 1999). Kindermedizinische Früherkennungsuntersuchungen in diesem Sinne als Institutionen der Entwicklungskindheit zu konzeptualisieren, führt entsprechend dazu die beiden oben angesprochenen Normierungsprozesse in ihrem wechselseitigen Bezug zu thematisieren. Es stellt sich dann die Frage, wie und in welcher Weise in diesen Untersuchungen ‚Entwicklung‘ formiert wird und welche Erwartungen dadurch in Bezug auf das Verhältnis von Eltern zu ihren Kindern wirksam werden.

Wie ein solches „governing parents through child development knowledge" (vgl. Bloch/Popkewitz 2000) in der lokalen Untersuchungspraxis geschieht, steht im Fokus meines ethnographischen Dissertationsvorhabens „Entwicklungskindheit als Beobachtungsprojekt". Dabei untersuche ich am Beispiel der deutschen Kindervorsorge- und Schuleingangsuntersuchungen wie sich die praktische Konstruktion bestimmter Entwicklungskonzepte mit der Formierung und Kontrolle familiärer/elterlicher Sorge- und Erziehungsaufgaben in diesen Untersuchungen praktisch vermittelt. Analytisch stehen dabei die ‚Praktiken der Entwicklungsbeobachtung‘ im Vordergrund, welche ich aus praxisanalytischer Perspektive (vgl. Schatzki 2002) als eine heterogene Darstellungspraxis rekonstruiere, in der Entwicklungsphänomene in je spezifischer Weise repräsentiert und hervorgebracht werden, und die ihre Normativität in Bezug auf das Verhältnis von Kindern und Eltern vor allem auch dadurch entfaltet, dass sich in dieser Hervorbringung von Entwicklungsphänomenen Prozesse der Fremd- und Selbstbeobachtung in vielfältiger Weise verschränken.

In diesem Beitrag fokussiere ich nun eine Praxis in den Kindervorsorge- und Schuleingangsuntersuchungen, die zunächst weniger auf deren Normierungseffekte, im Sinne der Durchsetzung von Normen, hinzuweisen scheint. Vielmehr wird das (scheinbar) gegenteilige realisiert, nämlich die Normalisierung bestimmter Abweichungen von der Norm. Dies geschieht dadurch, dass Leistungen/Verhaltensweisen des Kindes zwar als auffallend kommuniziert werden, es aber dennoch auch zu Normalitätszuschreibungen kommt. Olin-Lauritzen/Sachs (2001) haben in ihrer Studie zu Check-up-Untersuchungen ein relativ ähnliches Phänomen hervorgehoben: das „subtle downplaying of results". Dieses von ihnen beobachtete Herunterspielen von Ergebnissen zur Größen- und Gewichtsentwicklung von Kleinkindern verorten sie dabei innerhalb einer doppelten Problemstellung der Professionellen in den Untersuchungen: zum einen statistische Normalitätskonstrukte mit dem individuellen Fall vermitteln zu müssen und zum anderen gegenüber ihren Patienten/Eltern in einer Spannung zwischen „informing and supporting" zu stehen. Dies führe dazu, dass „understandings of norms, and normal range, are constantly created and recreated in the actual moment-by-moment interaction in ways that are not related simply to objective findings" (ebd., S. 513). Interessieren sich Olin-Lauritzen/Sachs dabei vor allem dafür, wie sich die Akteure die statistischen Konstruktionen von *Risiken* in medizinischen Tests verstehbar machen, so richte ich im Folgenden den Blick auf die andere Seite dieser Risikokonstruktionen, nämlich die Frage, welche *‚einheimischen' Konzeptionen normaler Entwicklung* in solche Normalisierungspraktiken eingewoben sind (vgl. Bollig 2010). Dabei analysiere ich, wie in den von mir beschriebenen Normalisierungspraktiken ‚Normalitäten' eingeführt werden, in welcher Weise es zur situativen Aushandlung von Normalitätsgrenzen kommt, und welche normativen Erwartungen gegenüber Eltern durch diese Praktiken etabliert werden; sprich: wie *Entwicklungskindheit* in diesen Untersuchungen praktisch formiert wird.

2. Analytische Konzepte und empirisches Material dieser Studie

2.1 Normalisierung, Normalität und Normativität

Wenn ich hier von Praktiken der Normalisierung spreche, referiere ich auf ein vielschichtiges Konzept (vgl. Wenning 2001; Kelle i. d. B.). In medizinischen/therapeutischen Kontexten wird der Begriff der Normalisierung meist mit einer positiven Bedeutung versehen, beispielsweise wenn sich ein kritischer Zustand wieder auflöst, sprich ‚normalisiert'. Im sozialwissenschaftlichen Vokabular wird er dahingegen zumeist im Sinne einer kritischen Analyse moderner gesellschaftlicher Subjektivierungsformen verwandt. In Anlehnung an den Foucaultschen Begriff der Normalisierungsgesellschaft (vgl. Foucault 1999) macht der Begriff hier darauf aufmerksam, dass gesellschaftliche Integrationsprozesse und die Ausbildung des Selbstverhältnisses von Individuen zunehmend über die stetige Relationierung von Individuum und Bevölkerung aufgebaut werden.[2] Dies führe zu einer (Selbst-)

---

2 Hat Foucault in seinem früheren Werk „Überwachen und Strafen" den Begriff der Normalisierung noch im Kontext der disziplinarischen Herstellung von Subjekten verwendet, also als kontrollierende Anpassung an präskriptive Verhaltensnormen, so unterscheidet er später zwischen ‚disziplinarischer' und ‚regulierender' Normalisierung, wobei letztere in der Ausrichtung von Subjekten am normalverteilten Verhalten Vieler besteht (vgl. Schrage 2008).

Ausrichtung an durchschnittlichen Normalitäten, welche die Orientierung an repressiven Erwartungsregeln mehr und mehr ersetze und daher, wie Link (1998) betont, zu einer Autonomie des Normalen gegenüber dem Normativen geführt hat.

Link (ebd.) differenziert dabei zwei Typen von Normen. Mit dem Terminus „normative Normen" werden die sozialen, ethischen und juristischen Normen angesprochen, die als gesellschaftliche Regeln und Erwartungshaltungen gegenüber dem Einzelnen durchgesetzt werden sollen („gute Eltern gehen rechtzeitig mit ihren Kindern zu den Vorsorgeuntersuchungen!'). Normative Normen sind insofern „Punktnormen" (Waldschmidt 1998, S. 10f.), da klar umrissen ist, welche Erwartungen entlang einer Ja/Nein-Logik erfüllt werden sollen und lediglich die Form der Sanktionierung bei Nicht-Konformität graduellen Schwankungen unterliegt. Normalistische Normen dahingegen beziehen sich auf Häufigkeiten und dienen zum Vergleich von Individuen entlang durchschnittsbasierter Maßstäbe. Sie nehmen daher eher die Form von „Streckennormen" (ebd.) ein, da sie mehr oder weniger große Bandbreiten umfassen, die um einen Durchschnitt gruppiert sind (5 % der Kinder gehen selbständig mit 10 Monaten, 50 % mit 12 Monaten). Mit solchen normalistischen Normen hat man es (zunächst) bei den entwicklungspsychologisch und medizinisch formulierten Entwicklungsnormen zu tun. Was ihre Orientierungsfunktion betrifft, so unterscheiden sich normalistische und normative Normen vor allem darin, wie sie soziales Handeln und Normsetzung in eine Reihenfolge bringen: leiten normative Normen mit ihrer binären Codierung von Normeinhaltung und Normverletzung Handeln im Vorfeld an („damit sich mein Kind gut entwickelt, muss ich dies und jenes tun'), so führen normalistische Normen erst im Nachhinein zu Bewertungen und Erwartungsverhalten („im Vergleich zu den anderen ist mein Kind nicht normal, daher muss ich was ändern'). In diesem differenten Bezug von Handlungsanleitung und Normsetzung wirft Normativität das Problem der Toleranz insofern ganz grundsätzlich auf, während Normalität als graduelle Kategorie mit (quasi-technischen) Toleranzen arbeitet (Link 1998, S. 22).

Was nun diese Übergänge und Toleranzen angeht, differenziert Link (1998, 2008) zwei Spielarten des Normalismus: zum einen den „Protonormalismus", der lediglich einen schmalen Bereich des Normalen ausweist und diesen über massiv abschreckende Normalitätsgrenzen einhegt. Und zum anderen den „flexiblen Normalismus", der für viele Lebensbereiche heute charakteristisch ist. Hierbei wird der Normalbereich auf der Basis ermittelter Normalverteilungen maximal ausgeweitet, was im Wesentlichen durch Inklusion und Integration protonormalistisch produzierter ‚Anormalitäten' geschieht. Da die neueren Entwicklungsmodelle sich stark an der Individualität und Variabilität kindlicher Entwicklung ausrichten (vgl. Michaelis/Niemann 2010), was insbesondere ab dem Kleinkindalter zu relativ breiten Korridoren des Normalen führt, lassen sich diese zunächst auch eher diesem zweiten Modell zurechnen (vgl. Link 2008). Damit flexible Normalitätsmodelle jedoch nicht insgesamt kollabieren, muss es auch hier eine erkennbare Festlegung von Normalitätsgrenzen geben. Bezogen auf Entwicklungsnormen werden diese mit Blick auf pathologische Zustände oder massive Einschränkungen der weiteren Entwicklung, die sog. Entwicklungsstörungen, gezogen. Da jedoch der optimalen Entwicklung aller Kinder gerade in der frühkindlichen Phase ein hoher Wert beigemessen wird – wobei das entwicklungsförderliche Verhalten von Eltern als zentrale Ressource gilt –, gleichzeitig es aber auch eine gesellschaftliche Kritik an den Folgen der Normierung von Kindern gibt (z.B. Sonderschulwesen), zeigt sich die Festlegung von Normalitätsgrenzen auch hier mit einem hohen Aufwand symbolischer Aushandlungen konfrontiert. Entsprechend kommt es, wie Link (1998, S. 33) für normalistische Regimes generell festhält, auch hier zu vielfältigen und neuartigen „Interferenzen und Koppelungen zwischen Normalität und Normativität". Geht es in den flexibel-normalistischen Regimes dabei jedoch zunächst um eine breite Inklusion in den Bereich des Normalen, um Zuschreibungen von Anormalität zu vermeiden, so bezeichnet in diesem Fall *Normalisierung* auch nicht einfach nur die Ausrichtung und Anpassung an das Normale, sondern vielmehr die Platzierung eines Verhaltens im Bereich des Auch/Noch-Normalen und somit Ausweitung der Norm. Um solche Formen des ‚Normalmachens' geht es im Folgenden.

2.2 Daten und Untersuchungsfeld

Die dargestellten Analysen basieren auf Protokollsequenzen der teilnehmenden Beobachtung von Kindervorsorgeuntersuchungen, die über mehrere längere Feldphasen im Zeitraum von 2006 bis 2010 bei 18 niedergelassenen (Kinder-)Ärzten und sechs Schulärzten erhoben wurden.[3] Die Kindervorsorgeuntersuchungen werden als Krankenkassenleistungen fortlaufend in insgesamt zehn Einzeluntersuchungen (U1–U9) von 0–5¾ Jahren durch niedergelassene (Kinder-)Ärzte durchgeführt. Die Schuleingangsuntersuchungen (SEU) dahingegen durch die sogenannten Schulärzte in den kinder- und jugendärztlichen Diensten der kommunalen Gesundheitsämter, und dies in aller Regel auch nur einmalig im Zuge des Einschulungsverfahrens. Daher unterscheiden sich beide Untersuchungstypen in ihrer Form und

---

3   Das Datenmaterial wurde im Kontext des DFG-Projektes „Kinderkörper in der Praxis" (Leitung Helga Kelle) erhoben, das von 2006 bis 2011 an der Goethe-Universität Frankfurt durchgeführt wurde und sich einer Ethnographie der Prozessierung von Entwicklungsnormen in Kindervorsorgeuntersuchungen (U3–U9) und Schuleingangsuntersuchungen widmete. Zu Sample und Methodik des Projektes und der eigenen Studie siehe Bollig 2010, Kelle 2010.

Funktion stark. Was den Untersuchungsablauf und die Interaktionsdynamik in den Untersuchungen betrifft, zeigen sich jedoch auch deutliche Gemeinsamkeiten: Beide Untersuchungen werden von Medizinerinnen und ihren Assistentinnen durchgeführt, wobei die Kinder von ihren Eltern oder einem Elternteil begleitet werden. Die Untersuchungen richten sich zudem an alle Kinder einer Alterskohorte und fokussieren dabei sowohl individualmedizinische wie entwicklungsdiagnostische Fragestellungen. Im Fall der späteren Vorsorgen U8, U9, bei denen die Kinder zwischen vier und 5¾ Jahre alt sind, werden zudem dieselben Entwicklungsbereiche fokussiert, wie bei den SEUen, bei denen die Kinder im Regelfall zwischen fünf und sechs Jahre alt sind. Beide Untersuchungen sind zudem explizite Früherkennungsuntersuchungen.

Diese präventive Funktion ist sicherlich der Hauptgrund dafür, dass die hier interessierenden praktischen Formen des ‚Normalmachens' in beiden Untersuchungsformen in ähnlicher Weise, wenn auch mit unterschiedlicher Häufigkeit[4], zu beobachten sind. Was die frühdiagnostischen entwicklungsbezogenen Anteile der Kindervorsorge- und Schuleingangsuntersuchungen betrifft, erfüllen nämlich beide Untersuchungsformen zunächst die Funktion, über vielfältige Untersuchungsmethoden die Kinder in solche mit oder ohne „Anzeichen" (vgl. Hafen 2007) für eine möglicherweise auftretende Entwicklungsgefährdung zu unterteilen. Erst dadurch wird Früherkennung möglich. Ob diese Anzeichen dabei jedoch tatsächlich auf eine drohende Entwicklungsstörung verweisen, oder lediglich im Bereich der normalen Variabilität zu verorten sind, ist bei Anzeichen, die nicht eindeutig auf bestimmte Krankheitsbilder bezogen sind, eine häufig erst zu klärende Frage. Die folgenden Analysen rücken nun diesen Prozess der Einordnung von Anzeichen in den Vordergrund, wobei mich jedoch weniger interessiert, wie Ärzte diese Beurteilungen für sich erarbeiten. Vielmehr geht es mit Blick auf die doppelte Normierungsfunktion der Untersuchungen um die interaktive und wissenskonstruktive Dynamik der Untersuchungssituationen, in denen ein Verhalten/eine Leistung oder aber ein Gesamtbefund explizit als auffallend, aber auch als ‚normal' kommuniziert wird.

---

4 Insgesamt kommen solche Normalisierungen in den Kindervorsorgeuntersuchungen häufiger vor, was neben den dort eher eingesetzten informellen Methoden der Entwicklungsdiagnostik auch aus den differenten zeitlichen Regimes der beiden Untersuchungen erklärlich wird (vgl. Bollig 2010).

3. Normalisierungspraktiken in Kindervorsorge- und Schuleingangsuntersuchungen

3.1 Prekäre Normalitäten: Normalisieren als Platzierung in gegebenen Normalfeldern

Sowohl in den Kindervorsorge- als auch den Schuleingangsuntersuchungen wird in kurzer Zeit ein recht umfassendes Untersuchungsprogramm realisiert, dass entweder über standardisierte Verfahren oder über praxisinterne Routinisierungen gesteuert wird. Entsprechend wird ein hohes Maß an Einzelbefunden (zu Sprache, Motorik, Verhalten, Hautbild, etc.) erarbeitet. Mitteilungen zu den Ergebnissen der unterschiedlichen Teiluntersuchungen durchziehen daher den gesamten Untersuchungsablauf, auch wenn diese bei den späteren Vorsorgen und den SEUen weniger häufig zu beobachten sind, da hier die Interaktion der Ärzte mit den Kindern deutlicher im Vordergrund stehen. Hier werden die Einzelergebnisse oft eher zum Ende der Untersuchung noch einmal detailliert rückgemeldet, auch um die Gesamteinschätzung (Vorsorgen: Kind altersgerecht entwickelt ja/nein, SEU: Kind schulfähig ja/nein) zu begründen. Die Begriffe *„unauffällig"*, *„ok"*, *„in Ordnung"*, und *„normal"* werden dabei weitestgehend synonym eingesetzt, wobei sehr gute Ergebnisse mit Superlativen belegt werden: *„richtig gut"*, *„klasse"*, *„super"*, *„tiptop"* usw.

Sind die Befunde jedoch nicht *„super"*, sondern *„normal"*, wird die Rückmeldung häufig so aufgebaut, dass die Leistungen/Entwicklungsphänomene zwar explizit im Sinne einer Abweichung angesprochen werden, gleichzeitig aber auch kommuniziert wird, dass dies in den Bereich des Normalen fällt. Entsprechend handelt es sich bei dieser Form des Als-Normal-Erklärens auch noch nicht um eine Ausweitung der Normalitätsgrenzen, sondern um eine individuelle Platzierung der Ergebnisse innerhalb des für diese Bereiche gültigen Normalitätskorridors.

SEU: Schulärztin: „Bei der Sprachprüfung hat sie ein Wort nicht erkannt, aber das ist im Normbereich".[5]

U8: Der Arzt schaut sich die Somatogramme zur Gewichts- und Größenentwicklung an: „Er gehört zu den Leichten, aber liegt auf seiner Linie. Das ist also ganz normal".

---

5   Bei den Materialausschnitten referiere ich auf Protokolle teilnehmender Beobachtung, die sowohl von mir als auch meinen Kolleginnen Julia Jansco, Marion Ott, Anna Schweda und Katharina Stoklas im Rahmen des DFG-Projektes erstellt wurden. Alle Namen der in den Protokollen genannten Personen sind anonymisiert.

Dieses typische Muster der Ergebnisrückmeldung, das sich aus der Spannung von Abweichungskommunikation und Normalitätszuweisung aufbaut, hat mit den Formen der Entwicklungsüberprüfung selbst zu tun. Denn deren Leistung ist es zunächst, (Standard-)Abweichungen vom Mittelwert sichtbar zu machen. Dies ist insbesondere der Fall bei Entwicklungs*tests,* wie die in den Kindervorsorgen häufig eingesetzten Denver-Entwicklungsskalen (DES)[6] oder dem in den hessischen Schuleingangsuntersuchungen eingesetzten Entwicklungsscreening S-ENS. Aber auch die in beiden Untersuchungen eingesetzten Seh- und Hörtests ‚funktionieren‘ so, dass auf der Basis einer kontrollierten Testdurchführung Ergebnisse in Form von Zahlenwerten oder graphischen Platzierungen produziert werden. Diese werden dann wiederum durch einen angegebenen Normbereich, mit welchem der gemessene Wert verglichen werden kann, in die Aussage *„normal"* oder *„nicht-normal"* übersetzbar.

Diese Normbereiche werden dabei entweder dadurch konstruiert, dass wie bei dem S-ENS oder dem Seh-/Hörtest Untergrenzen angegeben werden und der Test mit Leistungen in einem bestimmten Bereich endet, bspw. dem Hören einer bestimmten Frequenz bei einer Lautstärke von 20 Dezibel. Hier spricht man davon, dass der Test im unteren Bereich differenziert. Kurztests bzw. Screenings sind in aller Regel so aufgebaut. Andere Tests und graphische Hilfsmittel konstruieren den Normbereich dahingegen so, dass dieser in Bezug auf Ober- und Untergrenzen verlassen werden kann. Dies ist z. B. der Fall bei den sogenannten Somatogrammen zur Größen- und Gewichtsentwicklung, bei denen in einem nach Alter abgetragenen Koordinatensystem entlang einer 3 %, 50 % und 97 %-Linie, genannt Perzentile, angezeigt wird, ob die Wachstumsentwicklung sich im mittleren Normbereich bewegt oder diesen nach unten oder oben verlässt – das Kind also zu den schwereren oder leichteren Kindern gehört, oder sogar zu schwer oder zu leicht ist. Auch die Denver-Entwicklungsskalen (DES) produzieren in ihrer altersgraduierten Erfassung von Fähigkeiten Aussagen darüber, ob ein Kind eine Leistung altersgemäß oder aber früher oder später als die Normierungsgruppe zeigt.

Was jedoch beide Formen von Normalitätsanzeigen in den Tests leisten, ist, dass sie ein „Normalfeld" (vgl. Link 1998) konstruieren, in dem die einzelnen Daten um einen Mittelwert oder zu erreichenden Wert hin gruppiert sind. Die Tests machen dabei nicht nur sichtbar, ob das erhobene individuelle Datum innerhalb der Normalitätsgrenzen liegt, sondern auch *wo genau* in diesem Normalfeld. Rekurriert das medizinische Personal mit dieser Form der Rückmeldung also genau auf das, was die Tests sichtbar machen, so ist

---

6　Ein Test, der immer noch häufig als *„Primitiv-Screening",* wie das ein Kinderarzt aus unserem Sample nennt, in Kinderarztpraxen verwendet wird, auch wenn die Ärzte koinzidieren, dass er auf veralteten und überholten entwicklungspsychologischen Grundannahmen basiert.

die Tatsache, dass sie es überhaupt in dieser Form rückmelden, auch der Tatsache geschuldet, dass in der Testdurchführung selbst diese Abweichungen sichtbar werden, wenn das Kind bspw. einen Ton im Hörtest nicht einordnen kann, beim Hüpfen die Linie nicht trifft oder eine Antwort nicht weiß. Die Ärzte oder Praxismitarbeiter melden insofern nicht nur das Ergebnis selbst mit, sondern ordnen auch nachträglich noch einmal die Performanz während des Testes für die Beteiligten ein.

Solche Rückmeldungen kommen jedoch nicht nur bei Tests zum Einsatz, sondern auch bei den klinischen oder informellen Überprüfungen des Entwicklungsstatus. Hier wird häufig noch eine temporale Einordnung vollzogen, die signalisiert, welche weiteren Entwicklungen zu erwarten sind.

U9: Die Ärztin wendet sich leicht zur Mutter um und fragt: „Wie ist es denn mit der Zweitsprache?" Die Mutter erzählt, dass er kein Wort italienisch spreche, aber alles verstehe.[7] Wenn man ihn auf Italienisch ansprechen würde, dann würde er in Deutsch antworten. „Das ist normal", erklärt ihr die Ärztin, „das ist oft so, dass sie die Zweitsprache erst mal verweigern, auch wenn sie alles verstehen".

U8: Frau Dr. Stepka macht dann ihre Eintragungen in die Patientendatei. „Er hat ein wenig X-Beine", meint sie noch, „aber das ist in dem Alter noch erlaubt". Der Vater blickt interessiert auf die Beine seines Sohns.

Was diese temporalen Verortungen *(„erst mal verweigern", „in dem Alter noch erlaubt")* in Verbindung mit der eher disziplinatorischen Sprache noch zusätzlich verstärkt, ist die kommunikative Abwertung der zunächst ja lediglich deskriptiven Einordnung der Befunde, wodurch sich die auch bereits in den ersten Beispielen angelegte implizite Orientierung am Optimum noch deutlicher realisiert. Denn, dass auch bessere Ergebnisse möglich sind, wird implizit mitkommuniziert. Wie sich dadurch ein ‚Sog zum besseren Ergebnis' etabliert, wird besonders auch daran deutlich, dass solche Formen des für-normal-Erklärens in ihrer Orientierungsfunktion eher unklar bleiben. Denn häufig reagieren die Eltern in diesen Situationen so, dass sie sich den Normalitätsausweis noch einmal bestätigen lassen *(„Das ist also so in Ordnung?")* oder nachfragen, ob denn da *„etwas gemacht"* werden müsse.

---

7 Die Gesprächsanteile der Untersuchungen wurden in den meisten teilnehmenden Beobachtungen mit Audiogeräten aufgezeichnet. War dies nicht der Fall, wurden nur einzelne Zitate in den Feldnotizen festgehalten, die dann ebenfalls als direkte Rede zitiert werden. Da es in den unmittelbar nach der teilnehmenden Beobachtung geschriebenen Protokollen zudem darum geht, nicht den einzelnen Wortlaut, sondern Praktiken im Sinne von „nexuses of doings and sayings" (vgl. Schatzki 2002) zu skizzieren, wurden auch bei Vorlage von Audiodaten die Gesprächsprotokolle in diesem Wechsel von wörtlichen Zitaten und Beschreibungen des Gespräches formuliert.

U9: Als die Testreihe beendet ist richtet sich die Arzthelferin an die Mutter und erklärt ihr den Verlauf und die Befunde des Hörtests. Sie habe mit tiefen Tönen begonnen, die dann immer heller geworden seien und Marcus höre auf dem linken Ohr „alles super", auf dem rechten Ohr die tiefen Töne einen „ganz kleinen Touch später". Sie versichert, das sei aber alles im „normalen Bereich". Ob man da „nach gucken" müsse, fragt die Mutter. „Nein, nein, das ist so total ok".

Wird hier der Befund auf dem rechten Ohr noch zusätzlich dadurch abgewertet, dass das Ergebnis für das andere Ohr als „*super*" eingeführt wird (auf dem linken Ohr scheint es daher als ‚lediglich' normal), so zeigt die Nachfrage der Mutter nach den Handlungsimplikationen, dass solche Formen der Ergebnismitteilung ein eher diffuses Verständnis zur Bedeutung des Normalen liefern. Obwohl das ‚für-Normal-Erklären' eigentlich als Unbedenklichkeitsausweis fungieren soll, bringt es einen eher prekären Status des Normalen hervor, da die individuelle Verortung in Normalfeldern nicht gleichzeitig impliziert, dass damit auch ein zufriedenstellendes Ergebnis erzielt wurde.

3.2 Parallele Normalitäten – Normalisieren als individuelles Ausweiten der Normalitätsgrenzen

Neben dieser impliziten Orientierung am Optimum kommen explizite Empfehlungen zur Optimierung von ‚lediglich' normalen Entwicklungsphänomenen dann besonders häufig vor, wenn die Aussage „*alles normal*" herangezogen wird, um einzelne Befunde, die sich an der unteren Randzone des Normalen oder bereits knapp darüber befinden, mit Blick auf den individuellen Fall hin für normal zu erklären. Dabei kommt es zu einer kommunikativen Konstruktion von Normalitäten, die den Rahmen der vorgegebenen Normalfelder verlassen und sich an anderen Vergleichsgruppen oder -daten orientieren.

U9: Die Ärztin: „Bei der Feinmotorik hapert's noch ein wenig, aber da sind Jungs sowieso langsamer als die Mädels". Aber das könne die Mutter „trotzdem mit ihm üben", ergänzt die Ärztin. „Lassen Sie ihn beim Kochen helfen?" fragt sie nach. „Ja", antwortet Mutter, „das macht er total gerne, schnippeln und so". Es entspannt sich ein Gespräch über Giorgios Aktivitäten im Haushalt und beim Basteln, dass die Ärztin damit abschließt, dass sie zur Mutter sagt: „Er gefällt mir sehr gut. (...) Der ist super gut!".

Auch in diesem Protokollausschnitt aus einer U9 fällt eine insgesamt spannungsreiche Einordnung der feinmotorischen Kompetenzen des Jungen auf.

Wird mit der Formulierung „hapert ein wenig" bereits eine mögliche Über-schreitung der Normalitätsbereiches angezeigt, so wird diese mit der ge-schlechtsbezogenen Typisierung wiederum in den Bereich des Normalen gerückt. Allerdings nun einer Normalität, die eher auf Formen der häufigen Abweichung rekurriert, nämlich das Jungen sich langsamer (oder schlech-ter) in ihren feinmotorischen Kompetenzen entwickeln. Eine Behauptung, die jedoch weniger aus der entwicklungspsychologischen Forschung bestä-tigt wird (Michaelis/Niemann 2010, S. 99), als denn aus einem typisieren-den geschlechtsbezogen Alltagswissen, dem zufolge Jungen weniger gerne basteln und malen (oder Mädchen eher schüchtern sind, etc.). Erzielt der Einsatz des Stereotyps des feinmotorisch weniger weit entwickelten Jungen hier einerseits den Effekt, das Vorliegen einer möglichen Entwicklungs-gefährdung mit Blick auf die typischen Interessen des Jungen abzuweisen, so wird mit dieser Platzierung im lebensweltlichen Erfahrungsraum aber gleichzeitig auch der Rahmen eröffnet, um die Mutter auf individuelle Maß-nahmen der Förderung anzusprechen. Sie könne ja „trotzdem" mit ihm üben.

Diese Form der individuellen Ausweitung der Normalitätsgrenze wird dabei jedoch nicht nur entlang von solchen Typisierungen vollzogen, son-dern auch in Bezug auf Problemstellungen, die in den Herkunftsfamilien der Kinder jedoch eine Normalität darstellen.

U9: Die Ärztin nimmt das U-Heft hervor, sieht die einzelnen Befund-tabellen durch und fragt die Mutter: „Ist er nachts trocken?" „Nein", kommt es von der Mutter rasch und mit Bestimmtheit. Die Ärztin erwi-dert ebenso rasch: „Das macht nix! Wissen Sie, wer das sonst noch hat-te?". „Ja, ja", erwidert die Mutter und ergänzt, dass ihre beiden Gro-ßen das Problem auch hatten. Sie überlegt etwas und sagt, bei dem ei-nen hätte das Einnässen bis 10 Jahre angedauert und bei dem anderen bis 11. Die Ärztin bestätigt dies und sagt in einer etwas geheimniskrä-merischen Art, dass sie das Problem aber auch noch aus anderen Teilen der Familie kenne. „Ach ja", sagt die Mutter so als hätte sie ein Rätsel gelöst: „Sie meinen meinen Exmann". Mutter und Ärztin tauschen sich darüber aus, dass es in der Familie des Exmannes auch viele Fälle von nächtlichem Einnässen in der Kindheit gab und die Ärztin versichert der Mutter, dass dies in Familien oft gehäuft vorkomme, da bräuchte sie sich keine Sorgen zu machen. Das wisse man dann ja und es ginge ja auch wieder weg. „Da machen wir gar nix, da brauchen Sie sich nicht zu stressen".

Auch hier wird das Verhalten des Kindes zwar sprachlich nicht explizit als normal ausgewiesen, aber mit der Grenzziehung „nix machen" ein Normal-bereich abgesteckt (Bollig/Ott 2008, S. 220). Aus medizinischer Sicht voll-zieht die Ärztin damit zunächst eine anamnestische Einordnung des nächtlichen Einnässens[8], bei dessen Pathogenese die genetische Disposition eine große Rolle spielt (vgl. Salzer 2011). Mit Blick auf die damit verknüpften Normalisierungsstrategien wird dabei die Familie als Referenzgruppe für die Einordnung des Befundes in den Bereich des Normalen etabliert, was die individuelle Ausweitung der Normalitätsgrenze über die Konstruktion einer familialen Normalität möglich macht. Die Aussage, dass dies auch in anderen Familien gehäuft vorkomme, fungiert dabei als zusätzliche Normalisierung, welche die Mutter sowohl in der Sorge um den Jungen als auch in Bezug darauf keine ‚normale Familie' zu sein entlastet. Diese Entlastungsstrategie setzt dabei jedoch auch voraus, dass die Mutter darum weiß, dass es sich beim Einnässen des 5½-jährigen Jungen um eine Abweichung vom Normalen handelt[9], weshalb der Rat der Ärztin überhaupt erst lauten kann, sich „keine Sorgen zu machen", sich „nicht zu stressen".

Entsprechend bleibt auch hier eine Differenz zwischen dem *individuell* Normalem und dem *eigentlich* Normalen bestehen, aus der heraus sich die schnell zu realisierende Übereinkunft der Mutter und Ärztin speist. Welche Rolle diese Differenzierung zwischen individuellen und allgemeinen Normalitäten in der Interaktionsdynamik spielt, zeigt sich auch besonders gut dann, wenn solche familienbezogenen Normalitäten eine explizite Aushandlung von Normalitätsgrenzen anstoßen, weil dieses Wissen um die ‚eigentliche' Normalität bei den Eltern nicht unterstellt oder zur Performanz gebracht wird.

SEU: „Er ist ja ein Großer", meint die Ärztin und fragt die Mutter: „Wie groß ist denn der Vater?" „1,82", antwortet Frau Meyer. „Aha, also auch groß und Sie?" „1,78 m" erwidert die Mutter und erklärt auf Nachfrage, dass auch ihre Brüder und die Geschwister ihres Mannes groß seien und nennt zum Teil auch die Maße. Die Schulärztin lacht, „er ist also keine Ausnahme". Ob sie selbst denn schnell gewachsen sei, will sie noch von der Mutter wissen. Da ist sich Frau Meyer nicht so sicher, meint aber nach genauerem Nachfragen, sie habe schon immer zu den Großen gehört, es habe da „keinen Sprung" gegeben. Das Thema wird zunächst nicht weiter besprochen, kommt aber später, bei der körper-

---

8   Mit der Formulierung „*eingeschränkte Blasen- und Darmkontrolle*" wird das Einnässen in dem im Kindervorsorgeheft abgedruckten Befundblatt für die U9 als „*erfragter Befund*" im Bereich der „*Verhaltensauffälligkeiten*" abgefragt.

9   Interessanterweise ist gerade das nächtliche Einnässen ein breit diskutiertes Thema, in dem flexibel-normalistische und protonormalistische Erklärungsmuster miteinander konkurrieren. Diagnosegrundlage für das klinische Störungsbild ‚nichtorganische Euneris' ist das ein fünfjähriges Kind altersgerecht entwickelt ist und dennoch über längeren Zeitraum und mindestens zweimal im Monat nachts einnässt. Da die Häufigkeitsrate dieser ‚Störung' bei 5jährigen jedoch bei 15 % liegt, ordnen viele Eltern und auch Kinderärzte dieses Phänomen als ‚normal' und nicht als Krankheit ein (vgl. Salzer 2011).

lichen Untersuchung des Jungen noch einmal zur Sprache. Die Ärztin fragt die Mutter, ob es in der Familie Rückenprobleme gebe, woraufhin die Mutter lakonisch meint, natürlich gäbe es „in einer Familie mit lauter großen Leuten auch Rückenprobleme", dies sei allerdings „nicht so dramatisch". „Ja, bei Niko müssen sie aber auf die Haltung achten", sagt die Ärztin. Niko habe keine so starke Muskulatur – sie greift dabei demonstrativ an Nikos Schultern, der mit etwas hängendem Oberkörper vor ihr steht –, „da muss man schon nach gucken".

Auch in diesem Beispiel wird die Familie als genetisch-konstitutioneller und auch sozialer[10] Kontext angesprochen, in welchem die Größe des Jungen zunächst normalisiert wird – er ist *„keine Ausnahme".* Jedoch erwächst aus dieser familienbezogenen Normalität nicht die Empfehlung *„nix zu machen".* Vielmehr wird das Familienmerkmal ‚Größe' als potentielle Problematik für Haltungsschwierigkeiten eingeführt, indem kommunikativ vorgeführt wird, dass sich bei den Erwachsenen der Familie daraus bereits ein Problem realisiert hat. Die lakonische Normalitätseinschätzung der Mutter, dass Rückenschmerzen in einer *„Familie mit lauter großen Leuten"* auch normal seien, wird dabei von der Ärztin jedoch nicht als Ausweitung der Normalitätsgrenze akzeptiert. Vielmehr setzt sie den ‚familialen Körper', der die potentielle Zukunft des Kinderkörpers darstellt, mit einem jetzt schon zu beobachteten Phänomen *(„nicht so starke Muskulatur")* in Verbindung, wodurch sich die Sorgeaufgabe der Eltern, *(„auf die Haltung achten")* relativ umstandslos ableiten lässt. Bei Nico ist es bei dem richtigen Engagement eben noch zu verhindern, dass Rückenprobleme entstehen. Entsprechend stellt nicht der Hochwuchs oder die schwache Muskulatur von Niko das Risiko für die körperliche Entwicklung des Jungen dar, sondern die Tatsache, dass diese familiale Normalität die Eltern möglicherweise ‚blind' für notwendige präventive Maßnahmen macht.

Was sich in einer solch normalisierenden Einordnung von Befunden daher realisiert, ist eine Konzeption einer ‚normal abweichenden' Entwicklung, welche die Eltern darauf verpflichtet, die individuellen Entwicklungsleistungen ihres Kindes vor dem Hintergrund vorausgesetzter Normalitätsfolien zu beobachten, und gerade in der individuellen Vermittlung von parallelen Normalitätsfolien ihre Aufgaben der Entwicklungsförderung zu profilieren.

---

10 Im Sinne ihrer Modellfunktion im Umgang mit der aus der Körpergrösse resultierenden Probleme.

3.3 Partielle Normalitäten – Normalisieren als Trennen zwischen Behandlungs- und Optimierungsbedürftigem

Diese Konstruktion von parallelen Normalitäten wird dabei noch weiter forciert, wenn es darum geht, in der Interaktion mit den Eltern besorgniserregende Befunde mit Bezug auf andere Normalentwicklungen abzumildern.

U8, Aryan: „Bewegung, Motorik ist völlig normal“, sagt der Arzt zur Mutter gewandt. „Alles sehr normal“. Die Mutter nickt, sie wirkt erleichtert und beginnt ihren Sohn wieder anzuziehen. „Aber die Aufmerksamkeit“, die könne schon noch ein Problem werden, meint der Arzt. Jetzt legt sich ein sorgenvoller Blick auf Frau Dandekars Gesicht. „Im Kindergarten, da wird das ja akzeptiert“, erklärt er ihr, aber in der Schule würde er es schwer haben. Aber, er habe ja noch 2 Jahre Zeit bis zur Schule, entschärft er seine Aussage selbst, da könne er sich ja „noch setteln“. Im weiteren Gespräch geht es im Weiteren um Aryans Fernsehkonsum[11], danach arbeitet der Arzt noch das Entwicklungsscreening (Denver-Test) weiter ab. Die Mutter beantwortet alle Fragen sicher, scheint jedoch zunehmend aufgelöster, ihr Tonfall überschlägt sich leicht beim Reden. Dr. Spötz scheint sie beruhigen zu wollen. „Er ist ein normales Kind, nur halt sehr lebhaft“, versichert er ihr. Sie solle doch vermehrt mit ihm und der Tochter malen. „Ja, ich versuche zu üben“, erwidert sie rasch. Sie solle sich jeden Tag, wenn auch nur fünf Minuten, mit ihm hinsetzen und gezielt etwas malen oder basteln, schlägt der Arzt vor. Sie nickt. „Sportverein wäre auch nicht schlecht – auch wenn die Unruhe wahrscheinlich bleibt“. Frau Dandekar blickt ihn aufmerksam an. Dr. Spötz macht noch die Eintragungen ins U-Heft und erklärt der Mutter noch einmal, dass „vom Gewicht und so alles normal“ sei.

Das sich in dieser Untersuchungssituation zeigende Wechselspiel zwischen der Ausrichtung auf Auffälligkeiten und ihrer Normalisierung zeigt sich insbesondere häufig bei Entwicklungsphänomenen, deren Qualität als ‚Anzeichen‘ schwer einzuschätzen sind. Eines der häufigsten Themen ist dabei die Aufmerksamkeit oder Konzentrationsfähigkeit. Auch im vorliegenden Beispiel klammert der Arzt nach einer ersten Rückmeldung zur normalen Entwicklung des Jungens (wobei unklar bleibt, ob die zweite Aussage, *„alles ganz normal“,* nur noch einmal seinen zuerst genannten Befund zur normalen Entwicklung im Bereich Bewegung/Motorik verstärkt oder er damit das Gesamtergebnis der Untersuchung mitteilt), diesen Bereich mit einer vagen Problematisierung aus. Dabei bleibt offen, ob der Junge damit den Bereich der normgerechten Aufmerksamkeits- und Konzentrationsentwicklung bereits verlassen hat, oder der Arzt hier lediglich ein Anzeichen für eine sich

---

11 Das Protokoll ist hier gekürzt, vgl. jedoch Bollig/Tervooren 2009.

später auswachsende Problematik erkennt. Denn mit dem Hinweis darauf, dass *„das"* im Kindergarten ja noch akzeptiert werde, später in der Schule aber Probleme zu erwarten seien, ordnet der Arzt die drohende Entwicklungsauffälligkeit nicht nur zeitlich ein, sondern macht auch die sozialen Erwartungen an den Jungen zum Prädiktor dafür, ob die individuellen Charakteristika des Jungen überhaupt erst zur problematischen Auffälligkeit werden. Dass Aryan in der Schule vermutlich Probleme haben wird, liegt eben auch an der Akzeptanz, die dort für mangelnde Aufmerksamkeit aufgebracht werden kann. Gleichzeitig ist mit der Zeit bis zur Einschulung aber auch der Zeitraum formuliert, in dem sich die Auffälligkeit wieder normalisieren kann. Auf diese vage, aber auch spannungsreiche Kommunikation des Untersuchungsergebnis reagiert die Mutter dann auch besorgt, was den Arzt zu einer expliziten Normalisierung seines Befundes anregt, in dem er den Jungen als *„ein normales Kind"* beschreibt und die von ihm angesprochene Problematik nun in die etwas positivere Formulierung *„nur halt sehr lebhaft"* einbettet. Auch die folgenden Anregungen, um die Konzentrationsfähigkeit von Aryan zu fördern (oder seiner Lebhaftigkeit Herr zu werden) zeichnen sich durch eine ambivalente Struktur aus, da der Arzt zwar konkrete Anleitungen gibt, bei seinem Tipp zum Sportverein selbst aber auch noch einmal einräumt, dass die nun als *„Unruhe"* eingeführte Problematik dadurch vielleicht doch nicht behoben werden kann. Mit der abschließenden Mitteilung, dass *„vom Gewicht und so aber alles normal sei"*, wird die zu Beginn bereits mitgeführte Differenzierung zwischen körperlicher und kognitiver Entwicklung noch einmal expliziert, und die Aufgabenteilung zwischen Arzt und Mutter nun endgültig ratifiziert. Beinhalten die Vorschläge des Arztes für eine Verbesserung der Symptomatik ja auch bereits, dass Aryans *„Aufmerksamkeit"*, *„Lebhaftigkeit"* und *„Unruhe"* wenn nicht sogar durch die familiäre Lebensführung bedingt, aber auf jeden Fall dort zu einer Aufgabe wird.

Entsprechend baut sich hier eine Konzeption normaler Entwicklung auf, die durch die Differenzierung zwischen jetzigem und zukünftigem Status, und zwischen medizinischen und lebensweltlichen Problemstellungen und Aufgaben strukturiert wird. Solche Normalisierungen erzeugen somit eine partielle Normalität, in denen der Ausweis von Normalität auch die Funktion erfüllt, zwischen medizinisch Behandelbarem und familial zu Optimierendem zu unterscheiden.

U9: Für 5 ½ Jahre sei dies nicht „ausreichend" erklärt der Arzt nun den Eltern das Bild, das Marco von einem Menschen gemalt hat. Sie sollten ihn zuhause ruhig mal aus einem Buch was abpausen oder nachmalen lassen. „So ein Kopfmensch ist einfach nicht altersentsprechend". Die Eltern nicken. „Die Details sind ja liebevoll", ergänzt der Arzt, „die Finger, die Haare etc.". Aber der Junge müsse sich schon auch in der „Feinmotorik üben". Er gibt den Eltern Tipps zur Schulung der Feinmo-

torik: beim Kochen helfen, keine Schuhe mit Klettverschluss, sondern
solche bei denen man das Binden üben kann, Salat schnippeln und so
weiter. Die Eltern sind sichtlich bemüht aufzuzeigen, dass sie dies alles
mit Marco bereits machen, vor allem weil es vorher bereits Unstimmig-
keiten in Bezug auf Marcos Fernsehkonsum gegeben hat. „Das ist ja
nichts was wir therapieren müssen", erklärt der Arzt ihnen daraufhin,
„die Perzeptionsfähigkeit ist ja da. Gesundheitlich ist der fit, und sonst
auch alles normal". Aber man solle das üben, Marco brauche dies für
die Schule. „Die orientieren sich in der Klasse nämlich nicht an den
Schlechteren. Da müssen sie sich jetzt drum kümmern!".

In diesen Szenen kommt es entsprechend nicht zu einer unmittelbaren Ausweitung der Normalitätsgrenzen, sondern zu einer Gegenüberstellung der
normal entwickelten körperlichen Voraussetzungen und einzelner nicht-
altersentsprechender Fähigkeiten der Kinder, die gerade vor dem Hintergrund, dass die Kinder sich ja *eigentlich normal* entwickeln, als Resultat einer nicht ausreichenden Förderung innerhalb der Familie deutlich gemacht
werden kann. Entsprechend dient der Hinweis darauf, dass ja *„sonst alles*
normal" ist nicht lediglich als Beruhigung, sondern macht den entschiede-
nen Verweis dieser Aufgabe an die Familie als Bildungs- und Entwick-
lungsagentur möglich (vgl. Kelle/Ott 2009).

4. Zur Interferenz von (differenter) Normalität und Normativität in den kindermedizinischen Untersuchungen

In den hier betrachteten kindermedizinischen Früherkennungsuntersuchungen ist, wie weitere Studien aus dem Projektkontext aufzeigen, insgesamt
ein „praktisches Management der Normalität" (vgl. Bollig/Ott 2008; Kelle
2007; Bollig 2010) zu beobachten, in denen sich vielfältige Normalitäts-
maßstäbe und auch Strategien der Normalitätszuschreibung miteinander
vermitteln. An denen zumeist wenig alarmistischen und zu Normalisierungen neigenden Umgangsweisen mit Abweichungen wird dabei nicht nur der
hohe Wert sichtbar, den Eltern wie Ärzte der Tatsache beimessen, Kindern
den Ausweis ‚ein ganz normales Kind zu sein' nicht zu verweigern. Es zeigt
auch die Dilemmata auf, mit denen die Beteiligten in den Untersuchungen
konfrontiert sind. Diese Dilemmata bauen sich sowohl aus der Gleichzeitigkeit von krankheitsbezogener Früherkennung und einer allgemein orientierten Entwicklungsdiagnostik, als auch der Spannung von normorientierter
Erfassung von Abweichungen und einer individuellen Beurteilung von solchen Abweichungen auf, die sich an dem Wissen um hohe Entwicklungs-
variabilitäten orientiert. In ihrer praktischen Durchführung bewegen sich

die Kindervorsorge- und Schuleingangsuntersuchung daher in einer beständigen Spannung zwischen Normierung und Normalisierung.

Um die Frage nach den ‚einheimischen' Entwicklungskonzeptionen in diesem praktischen Management der Normalität weiter auszudifferenzieren, habe ich drei Formen des Normalisierens in den Kindervorsorge- und Schuleingangsuntersuchungen herausgearbeitet, an denen sich nicht nur gleichzeitig virulente Konzepte ‚normaler Entwicklung' aufzeigen lassen, sondern auch wie mit diesen das (pädagogische) Generationenverhältnis in Familien adressabel wird:

- Zum einen in Praktiken des Normalisierens als Platzieren, in dem Test- und Untersuchungsergebnisse in gegebenen Normalitätsfeldern angeordnet werden, was individuelle Positionierungen sichtbar macht. Die damit verbundene spannungsgeladene Kommunikation von Abweichung und Normalitätszuschreibung führt zu einem eher *prekären Status des Normalen,* wodurch sich für die Eltern eine Unsicherheit gegenüber der Bedeutung des Normalen und eine implizite Norm zur Orientierung am Optimum entfaltet.
- Zum zweiten, durch ein Normalisieren als typisierende und familienbezogene Ausweitung von Normalitätsgrenzen, die *parallele Normalitäten* konstruiert. Deren normativer Effekt liegt darin, dass nicht nur die Gewährleistung solcher Normalisierungen an die elterliche Anerkennung von *‚eigentlichen'* und *‚individuellen' Normalitäten* gebunden wird, sondern die elterliche Aufgabe auch darin liegt, die richtige Förderung der Entwicklung ihrer Kinder gerade aus der individuellen Spannung dieser parallelen Normalitäten zu profilieren;
- und zum dritten, ein Normalisieren als Differenzieren zwischen Behandel- und Optimierbarem, bei dem es zu einer Konstruktion *partieller Normalitäten* kommt, mittels derer sich die Verantwortungszuschreibung an die Eltern für eine optimale Entwicklung der Kinder gerade aus der Grenzziehung zwischen eigentlich (körperlich/gesundheitlicher) normaler, aber in den auf Optimierung angewiesenen Teilbereichen doch auch auffälliger Entwicklung ergibt, woraus eine klare Trennung zwischen ärztlich-therapeutischen und familiären Aufgaben möglich wird.

Die vorgestellten Analysen zeigen entsprechend nicht nur die Plastizität des Konzeptes ‚normale Entwicklung' auf (vgl. Bollig 2010), sondern auch wie normalistische und normative Normen dabei vor allem in Bezug auf die medizinischen und pädagogischen Voraussetzungen optimaler Entwicklung interferieren. Oder anders formuliert: mit der Normalisierung von Entwicklungsunterschieden zwischen Kindern, geht eine gesteigerte Normativität in Bezug auf ‚gute Elternschaft' einher. Die präventiv ausgerichtete medizinische Entwicklungsbeobachtung von Kindern realisiert in solchen Normalisierungspraktiken nämlich nicht nur ihre Orientierung an der Individualität kindlicher Entwicklungsprozesse, sondern macht diese als medizinisch supervidierte individuelle Entwicklung für die Eltern vor allem im Bereich ‚normaler' Abweichungen sichtbar. Die Kehrseite solcher flexibel-normalistischer Strategien in den Kindervorsorge- und Schuleingangsuntersuchungen ist entsprechend, dass die individuelle Entwicklung als ein permanent von Denormalisierung bedrohter Prozess konzeptualisiert wird – und als ein familiales Projekt, das stetiger Beobachtung, Bearbeitung und Optimierung bedarf.

Literatur

Armstrong, D. (1983): Political Anatomy of the Body: medical knowledge in Britain in the twentieth century. Cambridge: Cambridge University Press.

Bloch, M./Popkewitz, T. (2000): Constructing the parent, teacher, and child: Discourses of development. In: Soto, L. D. (Hrsg.) (2000): The politics of early childhood education. New York: Peter Lang Publishers, S. 7–32.

Bollig, S. (2010): Die Eigenzeiten der Entwicklung(sdiagnostik). In: Kelle, H. (Hrsg.) (2010): Kinder unter Beobachtung. Kulturanalytische Studien zur pädiatrischen Entwicklungsdiagnostik. Opladen: B. Budrich, S. 95–132.

Bollig, S./Ott, M. (2008): Entwicklung auf dem Prüfstand – zum praktischen Management von Normalität in Kindervorsorgeuntersuchungen. In: Kelle, H./Tervooren, A. (Hrsg.) (2008): Ganz normale Kinder. Heterogenität und Standardisierung kindlicher Entwicklung. Weinheim/München: Juventa, S. 207–222.

Bollig, S./Tervooren, A. (2009): Die Ordnung der Familie als Präventionsressource. Informelle Entwicklungsdiagnostik in Vorsorge- und Schuleingangsuntersuchungen am Beispiel kindlicher Fernsehnutzung. In: Zeitschrift für Soziologie der Erziehung und Sozialisation (ZSE) 29, S. 157–173.

Foucault, M. (1999): In Verteidigung der Gesellschaft. Vorlesungen am Collège de France (1975–1976). Frankfurt am Main: Suhrkamp.

Foucault, M. (2003): Die Anormalen. Vorlesungen am Collège de France (1974–1975). Frankfurt am Main: Suhrkamp.

Hacking, I. (1990): The taming of chance. Cambridge: Cambridge University Press.

Hafen, M. (2007): Grundlagen der systemischen Prävention. Ein Theoriebuch für Lehre und Praxis. Heidelberg: Carl-Auer-Verlag.

Hünersdorf, B./Toppe, S. (2011): Familien im Spannungsfeld zwischen Öffentlichkeit und Privatheit. Gesellschaftlicher Kontext und Strategien der Sozialen Arbeit zur „Effektivierung" der Familie. In: Kommission Sozialpädagogik (Hrsg.) (2011): Bildung des Effective Citizen. Sozialpädagogik auf dem Weg zu einem neuen Sozialentwurf. Weinheim/München: Juventa, S. 209–226.

Honig, M.-S. (1999): Entwurf einer Theorie der Kindheit. Frankfurt am Main: Suhrkamp.

Jones, K. (1983): Sentiment and science: the late nineteenth century pediatrician as mother's advisor. Journal of Social History 17, S. 79–96.

Kelle, H. (2007): „Ganz normal": Die Repräsentation von Kinderkörpernormen in Somatogrammen. Eine praxisanalytische Exploration kinderärztlicher Vorsorgeinstrumente. In: Zeitschrift für Soziologie (ZfS) 36, S. 199–218.

Kelle, H. (2009): Kindliche Entwicklung und die Prävention von Entwicklungsstörungen. Die frühe Kindheit im Fokus der childhood studies. In: Honig, M.-S. (Hrsg.) (2009): Ordnungen der Kindheit. Weinheim/München: Juventa, S. 79–102.

Kelle, H. (Hrsg.) (2010): Kinder unter Beobachtung. Kulturanalytische Studien zur pädiatrischen Entwicklungsdiagnostik. Opladen: B. Budrich.

Kelle, H./Ott, M. (2009): Standardisierung der frühen kindlichen ‚Entwicklung' und ‚Bildung' in Kindervorsorgeuntersuchungen. In: Bilstein, J./Ecarius, J. (Hrsg.): Standardisierung – Kanonisierung. Erziehungswissenschaftliche Reflexionen. Wiesbaden: VS, S. 141–158.

Lee, N./Motzkau, J. (2011): Navigating the bio-politics of childhood. In: Childhood 18, H. 7, S. 7–19. doi:10.1177/0907568210371526.

Link, J. (1998): Versuch über den Normalismus. Wie Normalität produziert wird. 4. Auflage. Göttingen: Vandenhoeck & Ruprecht.

Link, J. (2008): Zum diskursanalytischen Konzept des flexiblen Normalismus. In: Kelle, H./Tervooren, A. (Hrsg.) (2008): Ganz normale Kinder. Heterogenität und Standardisierung kindlicher Entwicklung. Weinheim/München: Juventa, S. 59–72.

Michaelis, R./Niemann, G. (2010): Entwicklungsneurologie und Neuropädiatrie: Grundlagen und diagnostische Strategien. 4. Auflage. Stuttgart: Thieme.

Oelkers, N./Richter, M. (2010): Die post-wohlfahrtsstaatliche Neuordnung des Familialen. In: Böllert, K./Oelkers, N. (Hrsg.) (2010): Frauenpolitik in Familienhand? Neue Verhältnisse in Konkurrenz, Autonomie oder Kooperation. Wiesbaden: VS, S. 15–23.

Olin Lauritzen, S./Sachs, L. (2001): Normality, risk and the future: implicit communication of threat in health surveillance. In: Sociology of Health & Illness 23, S. 497–516.

Prout, A. (2000): Childhood Bodies: Construction, Agency and Hybridity. In: Prout, A. (Hrsg.) (2000): The Body, Childhood and Society. Houndmill: Macmillan, S. 1–18.

Salzer, H. (2011): Nächtliches Einnässen (primäre Enuresis nocturna) – ein Überblick. In: Pädiatrie und Pädologie 46, H. 1, S. 8–11. doi: 10.1007/s00608-011-0263-0.

Schatzki, Th. (2002): The site of the social. Pennsylvania: Pennsylvania State University Press.

Schrage, D. (2008): Subjektivierung durch Normalisierung. Zur Aktualisierung eines poststrukturalistischen Konzepts. In: Rehberg, K.-S. (Hrsg.) (2008): Die Natur der Gesellschaft. Verhandlungen des 33. Kongresses der DGS. Frankfurt am Main/New York: Campus, S. 4120–4129.

Turmel, A. (2009): A Historical Sociology of Childhood. Developmental Thinking, Categorization and Graphic Visualization. Cambridge: Cambridge University Press.

Waldschmidt, A. (1998): Flexible Normalisierung oder stabile Ausgrenzung: Veränderungen im Verhältnis Behinderung und Normalität. In: Soziale Probleme 9, S. 3–25.

Wenning, N. (2001): Differenz durch Normalisierung. In: Lutz, H./Wenning, N. (Hrsg.) (2001): Unterschiedlich verschieden. Differenz in der Erziehungswissenschaft. Opladen: Leske + Budrich, S. 275–295.

Teil II
(De-)Normalisierung von Abweichung

Claudia Peter

Normalisierungsstrategien zu dicken und frühgeborenen Kindern
Medizinische und gesundheitspolitische Diskurse[1]

Ein kontrastierender Vergleich zwischen zwei Gruppen kindlicher Patienten

Frühgeborene Kinder und sogenannte ‚dicke Kinder' eint heute nicht viel mehr, als dass sie zwei verschiedene, inzwischen fest etablierte Patientengruppen der Pädiatrie sind.[2] Ihre ‚Entdeckung' und anschließende Diskursivierung erfolgte zuerst durch die Pädiatrie bzw. gesundheitspolitische Akteure, dann durch die Medien, während sie in den anderen (sozialwissenschaftlichen) Disziplinen zwar bekannt sind, aber bisher nur moderate Aufmerksamkeit fanden. Die Pädiatrie hatte als Erste beobachtet, dass es sich hier um jeweils neu entstandene Patientengruppen handelt, die keine Einzelfälle, sondern massenhaft auftretende Phänomene sind, die eine Zeittypik in der Art in sich tragen, dass sie erst unter den Bedingungen der Moderne entstehen konnten: im Fall der adipösen Kinder als „Reaktionsformen auf gesellschaftlichen Wandel" (von Kardorff/Ohlbrecht 2007, S. 155) und im Fall der frühgeborenen Kinder in Folge neu ausdifferenzierten Wissens, das sich in einer neuen medizinischen Spezialdisziplin institutionalisieren konnte, sowie aufgrund allgemeinerer normativer Verschiebungen im Laufe des 20. Jahrhunderts, die Kinder, Behinderte und Kranke betrafen.[3]

---

1   Die konzeptionelle (Vor-)Arbeit an diesem Beitrag erfolgte während der wissenschaftlichen Mitarbeit 2010/2011 im Excellenzcluster „Herstellung normativer Ordnungen" der Goethe-Universität Frankfurt am Main.

2   Es gibt allerdings doch einen hintergründigen Zusammenhang zwischen beiden Patientengruppen: Inzwischen wurde durch einige Studien beschrieben, dass ein Teil der ehemaligen Frühgeborenen im späteren Alter unter dem erhöhten Risiko steht, Adipositas zu entwickeln. Hiermit sind nutri(epi)genomische Forschungsfragen aufgeworfen, wie sich frühere Ereignisse langfristig auf physiologische Vorgänge auswirken.

3   Für Behinderte, Kinder und andere ehemalige Randgruppen wie Homosexuelle änderten sich im Laufe des 20. Jahrhunderts nach umfangreichen Diskriminierungspraxen oder nachrangiger Sozialpositionierung die rechtliche Gleichstellung und

Dabei stand die Aufmerksamkeit der Fachleute, die eine Behandlungsbedürftigkeit dieser Patientengruppen postulierten, zunächst im ersten Fall quer zu der lebensweltlichen Überzeugung, dass das Merkmal des Dickseins kein Symptom bzw. keine Krankheit sei.[4] Erst allmählich etablierte sich ein Elementardiskurs, der den medizinisch-gesundheitspolitischen Spezialdiskurs und die medialen Interdiskurse aufnahm und zu einer veränderten Phänomenwahrnehmung bei sinkender Toleranz beitrug. Dass heute jedes zehnte geborene Kind in Deutschland ein frühgeborenes Kind ist, von denen wiederum derzeit etwa ein Zehntel zu den extrem Frühgeborenen gehören, die von lebenslangen, erheblichen gesundheitlichen Folgen betroffen sind, ist ebenfalls noch nicht in der gesellschaftlichen Wahrnehmung verankert.

Der Beginn der Thematisierung der beiden Patientengruppen innerhalb der Pädiatrie erfolgte ungefähr um die gleiche Zeit: In den 1990er Jahren brachten anthropometrische Untersuchungsreihen die Erkenntnis hervor, dass die Kinder an Gewicht zunahmen.[5] Außerdem konnte in den 1990er Jahren die Überlebensrate der frühgeborenen Kinder sukzessive verbessert werden, was ebenfalls von intensiven Diskussionen innerhalb des Medizinsystems begleitet war. Betrachtet man die Thematisierungen genauer, so bemerkt man, dass diese beiden Patientengruppen von Anbeginn unterschiedlich wahrgenommen wurden: Nicht nur in der Einschätzung, wessen der Patient bedarf, also welche Unterstützung oder „Führung" von Seiten der Medizin vonnöten war, kam man zu verschiedenen Urteilen, sondern auch ihre Besonderheit – oder anders herum betrachtet: ihre neue (A-)Normalität – wurde diskursiv sehr unterschiedlich konstruiert. So war doch auffällig, dass die medizinische Deutung des Phänomens kindlicher Adipositas eher ‚sozial', bestenfalls sozial- oder umweltmedizinisch erfolgte, also individuelle und familiale Verhaltensweisen sowie veränderte Lebensweisen und Umweltbedingungen verantwortlich machte, während die Frühgeborenen anfangs noch ambivalent bewertet wurden, weil ihr Status als fraglich erschien. Ging es beim ersten Fall um soziale Kontextfaktoren, die von der Medizin zwar erkannt, aber nicht verändert werden können, so wurde im

---

normative Anerkennung, die auch u. a. durch UN-Konventionen, nationale Gesetzgebung und Rechtsprechung etabliert wurde.

4   In Peter 2006 war das eine der beiden erkenntnisleitenden Fragestellungen, mit welchen milieuspezifischen Wissensbeständen das Phänomen der juvenilen Dickleibigkeit durch das Milieu selbst, d. h. durch die Familie und Verwandtschaft der betroffenen Kinder, gedeutet wurde und welche Gründe letztendlich zu einer Inanspruchnahme ärztlicher Betreuung führten (Peter 2006, S. 25–29).

5   Dass sie auch in der Körpergröße seit vielen Jahrzehnten zunahmen, war dagegen schon länger bekannt, mit dem Begriff ‚Säkulare Akzeleration' versehen worden und wurde v. a. auf die seit Beginn des 20. Jahrhunderts verbesserten Ernährungsbedingungen während der Phase kindlichen Aufwachsens, aber auch auf andere veränderte (fördernde) Umweltbedingungen zurückgeführt.

zweiten Fall das den neonatologischen Interventionen zugrundeliegende Menschenbild selbst zunehmend thematisch, es gerieten etwa ethische Implikationen neonatologischen Handelns in den Blick und in die Diskussion. Beide Problematiken sind insofern auch beispielhaft für Entgrenzungsphänomene moderner medizinischer Probleme: Die Problemkreise sind nie nur auf biologisch-medizinische Faktoren beschränkt, sondern andere Dimensionen werden – sozialphänomenologisch betrachtet – mitthematisch. Einerseits entstand der Eindruck, dass die spätmodernen Lebensbedingungen ‚irgendwie' zur ‚Gefahr' werden, andererseits entsponnen sich mit dem Entstehen der Neonatologie als neuem pädiatrischen Handlungsfeld parallel medizinethische Diskussionen über Grenzen der Interventionsmöglichkeiten, über legitime Gründe für Therapiebegrenzungen und vieles mehr.

Im Ergebnis sind zwei unterschiedliche Normalisierungsstrategien im Umgang mit diesen beiden Gruppen kindlicher Patienten entstanden, die im einen Fall durch einen typisch protonormalistischen Umgang und im anderen Fall durch einen flexibel-normalistischen Umgang gekennzeichnet sind. Der folgende Beitrag kontrastiert diese beiden Umgangsweisen, in dem er die zugrundeliegenden statistik-, forschungs- und professionsbezogenen Prozesse aufzeigt, mit denen die beiden Patientengruppen jeweils flankiert werden. Anhand dieser exemplarischen Gegenüberstellung sollen die entscheidenden Bedingungen offen gelegt werden, die – obwohl im abstrakten Status des ‚kindlichen Patienten' gleich – zu höchst unterschiedlichen ‚Behandlungen' führen, die Auswirkungen auf das (Selbst-)Verständnis des Patienten, auf das Arzt-Patienten-Angehörigen-Verhältnis und auf das erfahrene Bild von der Medizin haben dürften.

Die ‚Epidemie' der Dicken – eine protonormalistische Normalisierungsstrategie

Mit „Task Force" gegen die ‚Epidemie'

Die internationale und anschließend deutschlandweite Ausrufung einer Epidemie ‚dicker Kinder' folgte der der ‚dicken Erwachsenen' auf dem Fuße: In den 1990er Jahren standen in den einzelnen Industriestaaten inzwischen so viele Zahlenkolonnen zur Verfügung, dass man mit Blick auf die Daten sicher festzustellen meinte, dass die Dicken immer mehr werden.[6] 1994

---

6 Bei den Erwachsenen geht diese Aussage auf zwei Studien zurück, einmal auf eine Studie zu US-Amerikanern aus dem Jahr 1994, die den Zeitraum von 1960 bis 1990 verglich, sowie auf eine Studie zu schwedischen Männern aus den Jahren 1993, 1980 bis 1990 vergleichend. Für die Kinder waren eine deutsche Studie von 1999, eine französische Studie von 1991 und vier US-amerikanische Studien von 1987, 1995, 1997 und 1999 entscheidend. Eine Methodenkritik zur Güte der Studien, die man alle bei Kromeyer-Hauschild (2001) zitiert findet, würde sich sicherlich lohnen.

gründete sich deshalb die International Obesity Task Force (IOTF) mit dem Ziel, als gesundheitspolitischer Akteur gegen diese ‚Epidemie' initiativ zu werden. Auf ihre Veröffentlichungen bezogen sich in der folgenden Zeit und beziehen sich bis heute die nationalen Initiativen der Bekämpfung der kindlichen und jugendlichen Adipositas: teils antizipatorisch, teils methodenkritisch – die International Obesity Task Force mit ihren jeweiligen Arbeitsgruppen ist eine der zentralen weltweiten gesundheitspolitischen Referenzquellen beim Thema Übergewicht und Adipositas. Sich als weltweit operierender policy-Akteur verstehend, offenbart die Selbstbezeichnung der IOTF ein ausgeprägtes aktionistisches Verständnis, das noch mehr auf Fremdführung als auf Selbstführung der in den Fokus geratenen Subjekte setzt.

Mit der im Juni 1997 durch die WHO organisierten Tagung „Obesity. Preventing and Managing the Global Epidemic" wurde die Alarmierung fortgesetzt und eine Deutung gleich mitgeliefert: Es geht um eine neue Epidemie, allerdings nicht im klassischen Sinne. Die sonst auch für die WHO geltende Kennzeichnung von Epidemien durch entsprechend medizinisch-epidemiologische Kriterien, wie Krankheitssymptome, Übertragungswege, Inkubationszeit und Ausbreitungszeit usw., wurde dabei recht frei gehandhabt. Hier fällt die Haltung, die einen unverzüglichen Handlungsbedarf zu rechtfertigen scheint, und die Wertung der verwendeten Metapher auf: Sie impliziert eine explosionsartige Dynamik, eine Gefahr in der Art, die Jürgen Link (2009, S. 53) bei protonormalistischen Diskursen als ein „Durchdrehen" oder „Kollaps" identifizierte. Die Metapher ist insofern tückisch, als dass sie einen Seuchencharakter suggeriert und die Dicken damit zur Gefahr für die (noch) Gesunden erklärt, was einer Stigmatisierung gleichkommt, also sozial normierend ist: Die Dicken werden zu Anormalen. Die Rezeption der These, die explosionsartige Zunahme ‚dicker Menschen', erfolgte nicht in Form eines wissenschaftlich kritischen Diskurses, der abwägend, methodenkritisch, werturteilsfrei und nahe an einem wissenschaftlichen Erkenntnisinteresse entlang geführt wird, sondern als öffentlichkeitswirksame wertende Auseinandersetzung. So gerieten die aus wissenschaftlicher Sicht interessierenden komplexen und bis heute zum Teil noch unbekannten Zusammenhänge zwischen environmentalen, (epi)genetischen, endokrinologischen, physiologischen Vorgängen bei der Adipositasgenese in der öffentlichen Diskussion aus dem Blick. Statt aufklärend-erörternd zu agieren, wurde eine suggestive Erklärung gefunden, die Forderungen nach disziplinierenden Maßnahmen plausibel machte.

Helmert et al. haben ihrerseits in jüngster Zeit eine Sichtung der Statistik der Schuleingangsuntersuchungen vorgenommen und kommen dagegen zu dem Ergebnis, dass nur an den Rändern eine Veränderung zu bemerken sei, d. h., die Extreme der Unter- und Übergewichtigen steigen, aber insgesamt habe es keine Veränderungen des Medians gegeben (Helmert et al. 2011, S. 49–70).

Sowohl die Arbeitsgemeinschaft Adipositas im Kindes- und Jugendalter (AGA), die sich 1998 gründete und für die ‚dicken Kinder' Deutschlands zuständig fühlt[7], als auch das Autorenteam um Kromeyer-Hauschild, das 2001 die Referenzwerte für Deutschland vorstellte, schließen sich an diese Diskursstrategie einer ‚Epidemie' vollständig und kritiklos an und trugen damit zu einer höchst einseitig geführten Debatte bei, die gleichzeitig ausblendete, dass noch wesentliche Wissenslücken zur Pathophysiologie der Adipositas existieren.[8]

Dicker, kränker, teurer?

Das Alarmschlagen gegen die zahlreicher werdenden Übergewichtigen durch jene gesundheitspolitischen Akteure verhallte nicht folgenlos. Es führte (zunächst) nicht dazu, die Studien zu überprüfen, sondern war so suggestiv, dass wiederum weitere Schlussfolgerungen plausibilisiert werden konnten: Wer dick ist, ist auch kränker (erhöhte Morbidität), stirbt schneller (erhöhte Mortalität) und verursacht größere Kosten im Gesundheitssystem. Wiederholt wurden einfache Kausalketten konstruiert, die so plausibel erschienen, dass sie nicht mehr bewiesen werden mussten: wurde schon das statistische Ergebnis, das die genannten Studien zutage förderten, sozialepidemiologisch betrachtet nicht differenziert genug ausgewertet und interpretiert und komplexe Zusammenhänge als einfache Kausalketten wiedergegeben, so wurde in der anschließenden „Folgenabschätzung" mit ebenso einfachen Modellüberlegungen argumentiert.[9] Wieder war ein moralisierender Tenor nicht zu überhören: die Dicken als Schmarotzer, quasi als Vielfraße an den finanziellen Mitteln solidarisch funktionierender Gesundheitssysteme.

Eine Dekonstruktion der Behauptungen durch mühsame Studienvergleiche ließ einige Zeit auf sich warten: Lenz/Richter/Mühlhauser (2009) haben 27 Meta- und 15 Kohortenanalysen sekundär ausgewertet und kamen zu dem Ergebnis, dass Übergewicht bei Erwachsenen keine erhöhte Morbidität und Mortalität zur Folge hat, wogegen bei Adipositas die Risiken erhöht

---

7 Vgl. http://www.aga.adipositas-gesellschaft.de/

8 Neben der Vermittlung sicheren Wissens, das durch Forschungsergebnisse geschaffen werden konnte, gehört auch die Kommunikation von offenen Fragen, widerlegten Annahmen und noch unbekannten Zusammenhängen – als wissenschaftliches Nichtwissen – zu einem reflektierten Umgang in Wissenschaft und Forschung dazu. Dass diese „ignorance claims" in Wissenschaft, Medien und Öffentlichkeit aber dennoch praktiziert werden und machtvoll wirken, hat Wehling (2006) herausgearbeitet.

9 Z. B. könnte man stattdessen auch behaupten, dass diejenigen, die eher sterben, insgesamt eventuell weniger Kosten für das Versorgungssystem produzieren, weil ihre Altenpflege und die Versorgung multimorbider Hochbetagter wegfällt. Ob aus wissenschaftsethischer Sicht derartige „Verrechnungen" überhaupt gemacht werden müssen, ist eine zweite Frage, die gerade bei den Diskussionen um die Kosten, die „die Dicken" (angeblich) verursachen, bisher aber kaum gestellt wurde.

sind. Auch hier deutet sich an, dass die behaupteten Zusammenhänge womöglich nicht so direkt und eindeutig sind, sondern um einiges komplexer sein könnten und die Diskussion differenzierter geführt werden müsste.

Vom Doppel-Sinn von Referenzwerten

Die Bestimmung von Referenzwerten für Kinder Deutschlands durch Kromeyer-Hauschild et al. 2001 war durch zwei Überlegungen begleitet. Einerseits war man mit den bisherigen Messmethoden und Berechnungsversuchen unzufrieden. Entweder waren die Methoden zu unsicher für den Einsatz in der klinischen Praxis, wie z.B. die Messung der Hautfaltendicke[10], oder sie waren für Kinder zu ungenau, wie der Broca-Index, der bis in die 1990er Jahre in Deutschland verwendet wurde, oder der Body-Mass-Index, den die WHO favorisierte, der aber nicht alters- und geschlechtskorreliert[11] war. Andererseits war es das erklärte Ziel der Wissenschaftler_innen, endlich Referenzwerte zu haben, um dann tatsächlich belastbare Aussagen über den deutschen und internationalen Trend machen zu können. Aus 17 regional durchgeführten deutschen Studien, die den Zeitraum von 1985 bis 1999 umfassten, wurden SDS-Werte[12] und Perzentilkurven (genauer s.u.) als deutsche Referenzwerte erstellt, um damit sowohl das einzelne Kind individuell bewerten, d.h. normieren[13] zu können, als auch bevölkerungsvergleichende Aussagen treffen zu können. Diese Referenzwerte wurden also von Anfang an nicht nur für den Einsatz in der klinischen Praxis, sondern letzt-

---

10 Dieser Parameter wurde beispielsweise 1976 in einer Untersuchung bei Kindern verwendet (Ernährungsbericht der DGE 1976). Der Untersuchung lag die Annahme zugrunde, dass zwischen Unterhautfett und Depotfett eine Korrelation besteht.

11 Da das Wachstum von Kindern nicht kontinuierlich, sondern schubweise erfolgt, ist der Fettanteil in den einzelnen Phasen kindlichen Aufwachsens jeweils unterschiedlich. Deshalb schlussfolgerten die Wissenschaftler_innen, dass jeweils alters- und geschlechtskorrelierte Normdaten erzeugt werden müssten. Kromeyer-Hauschild (2001) übernahm eine Methode des Briten Cole und bestimmte einen Korrekturfaktor, den SDS-Wert, mit dem der BMI des Kindes jeweils korrigiert werden müsste, um mit dem Altersdurchschnitt verglichen werden zu können.

12 Der SDS-Wert erfasst einen Trend zur Gewichtsabnahme oder -zunahme sensibler als der BMI-Wert. Außerdem kann die fragwürdige Einteilung in normal-, übergewichtig und adipös so vermieden werden. Kromeyer-Hauschild empfiehlt deshalb, ihn während der Therapie anorektischer oder adipöser Kinder anzuwenden. Allerdings ist in der Praxis dazu viel Rechenzeit nötig. Die Anwendung des SDS-Wertes ist deshalb möglicherweise für sie zu kompliziert.

13 Damit haben wir seit 2001 eine neue Entwicklungsnorm zur ‚normalen' kindlichen Gewichtsentwicklung, unter die jedes Kind subsumiert wird, ähnlich den Entwicklungsnormen, wie sie beispielsweise auch durch die Bayley-II- und Bayley-III-Tests, den Griffiths-Test (GES) und viele weitere Entwicklungstests für die kognitive, motorische und weitere ‚normale Entwicklung' geschaffen wurden. Inwieweit die Entwicklungsnormen aber tatsächlich von allen Pädiatern akzeptiert und angewendet werden, wäre genauere empirische Untersuchungen wert.

endlich auch für bevölkerungspolitische Ziele – die gesundheitspolitisch gewollte Kontrolle und Steuerung des Körpergewichts der Bevölkerung – entwickelt.[14] Bemerkenswert ist also das Schwanken der AGA zwischen den Zielen bzw. ihre Doppelrolle als medizinisch-wissenschaftlicher und gesundheitspolitischer Akteur.

Versteht sich – nach dem eigenen[15] wie dem soziologischen Professionsverständnis (Oevermann 1996) – ein praktizierender Mediziner immer einzelfallorientiert entscheidend, ohne Extrapolationen für alle Patienten vorzunehmen, so schreibt sich die AGA eine Zuständigkeit eher für die ganze Patientengruppe als für den einzelnen Patienten zu: Sie verlässt gewissermaßen den professionellen Rahmen therapeutischen Handelns und wird zum politischen Akteur, dem die Beeinflussung bestimmter Eigenschaften der Bevölkerung vorrangig zu sein scheint.

In der Geschichte der Pädiatrie ist der Deprofessionalisierungseffekt, den Einzelfallbezug ärztlichen Tuns aus dem Blick zu verlieren, und sich auf den (alleinigen) Dienst für Staat und Wissenschaft zu kaprizieren, nicht neu. Gerade die Pädiatrie des 20. Jahrhunderts war dadurch in ein Fahrwasser geraten, in dem ursprünglich sozialmedizinische Überlegungen pervertiert wurden und während des Nationalsozialismus zu einem ideellen und personellen Niedergang führten[16] (vgl. Peter 2013b). Aus ethischer Sicht mutet deshalb ein Wiederaufkommen von Statements, die bevölkerungspolitische Interessen vor die Interessen des einzelnen Patienten stellen, befremdlich an.

Wie man als übergewichtiges oder als adipöses Kind bestimmt wird: Zur Konstruktion einer ‚Definition'

Der zweite Sinn der Referenzwerte besteht darin, bestimmen zu können, ob das einzelne Kind ‚übergewichtig', ‚adipös' oder ‚normalgewichtig' ist. Mit den 15 zusammengelegten Studien und deren mit statistischen Künsten bearbeiteten Studiendaten wurden sogenannte Perzentilkurven geschaffen, die als P3, P10, P50, P90 und P97 aufgetragen sind. Die 90. und 97. Perzentile sollen entsprechend der Empfehlung der AGA als „cut-off-Punkte zur De-

---

14 Z.B. schreibt Kromeyer-Hauschild et al. (2001, S. 813), mit diesen Referenzwerten könne man dann endlich auch säkulare Trends einzelner Regionen Deutschlands erfassen.

15 In Interviews mit Pädiatern, die in verschiedenen Bereichen tätig waren, die die Autorin im Rahmen mehrerer Studien (vgl. Peter 2006, 2007, 2013a) durchführte, kommt diese Figur, immer am Einzelfall zu entscheiden, wiederholt vor.

16 1933 gab es 1 400 Kinderärzte, von denen 800 jüdischer Abstammung waren, die 1938 ihre Approbation verloren. Seidler (2008) weist zu Recht darauf hin, dass auch in der Bevölkerung der Ausfall fast der Hälfte der Kinderärzte wahrgenommen worden sein muss.

finition von Übergewicht bzw. Adipositas" verwendet werden (Kromeyer-Hauschild et al. 2001, S. 813): Die obersten 3% der schwersten Kinder werden danach als ‚adipös‘ definiert und diejenigen, die zwischen dem 90. und 97. Perzentil liegen, als ‚übergewichtig‘. Damit ist es theoretisch nur durch Bestimmung des Gewichtes möglich, jedes Kind, das oberhalb der P97 liegt, als krank zu erklären – denn Adipositas ist inzwischen als Krankheit in den ICD-10 aufgenommen –, ohne weitere pathologische physiologische Werte nachweisen zu müssen.[17] Zwar werden Einschränkungen in der Anwendbarkeit von Kromeyer-Hauschild et al. (2001) genannt, z.B. dass biologisches und kalendarisches Alter auseinander fallen können, dass bei chronischen Erkrankungen oder weiteren besonderen Bedingungen diese Definitionen nicht ausschließlich oder gar nicht verwendet werden sollen, aber sowohl die nicht vorhandene Differentialdiagnostik[18] beim Phänomen Adipositas fällt auf, als auch die Konstruktion als sich gegenseitig ausschließende „Blöcke", mit denen alle Individuen, die oberhalb der 90. und 97. Perzentile liegen, zu „Minusvarianten" erklärt werden (Link 2009, S. 57). Auf den exkludierenden Charakter der Einteilung in Gewichtsklassen weisen Schorb und Helmert hin: Je nachdem, wie weit oder eng die Grenzen gesetzt wurden – und sie wurden 1997 zunächst eng gesetzt – wurde Übergewicht und Adipositas von einem Tag auf den anderen zu einem Massenphänomen, erst 2005 wurden nach vielen Diskussionen und beharrlichem Hinterfragen der behaupteten Zusammenhänge die Grenzwerte in den USA wieder korrigiert, so dass statt 400 000 Todesfällen pro Jahr nur noch 26 000 den Folgen des Übergewichts bzw. der Adipositas zugerechnet wurden (Schorb/Helmert 2011, S. 33). Zahlen wirken und dienen als gesundheitspolitisch wirksame Symbole, die aufgrund der dargestellten statistikpolitischen Strategien als Referenz- oder Grenzwerte definiert werden, mit denen ‚dicke Kinder‘ dann in der pädiatrischen Praxis normiert werden können.[19]

---

17 Man vergleiche dazu die fachinterne Kommunikation über Frühgeborene – „es war eine 25. SSW" –, die ebenfalls über eine Zahl, über die Schwangerschaftswoche, erstklassifiziert werden, bei denen diese Zahlenangabe aber selbstverständlich nicht die genaue Angabe der Diagnosen ersetzt, sondern nur als eine Art Kennzahl fungiert.

18 Dass zum Beispiel bei genauerem Blick auf die individuelle Dynamik keine infantile oder juvenile Adipositasentwicklung der anderen gleicht und dadurch wertvolle anamnestische Informationen zu den ‚Ursachen‘ – hier verstanden als Sinnzusammenhänge – gewonnen werden können, hat die Autorin in einer Studie gezeigt (vgl. Peter 2006).

19 Ähnliche Effekte demonstrierten Weiten und Hesse anhand einer Berliner Studie zu Schulanfängern. Danach waren nach dem britischen Referenzsystem von Cole 4.0% der deutschen Schulanfänger adipös, nach Kromeyer-Hauschild 4.4% und nach den französischen Werten von Rolland-Cachera 11,3% (Weiten/Hesse 2005, S. 202). Auch Böhm (2002) gelangt in seiner Studie an Kindern und Jugendlichen in Brandenburg je nach verwendetem Referenzsystem zu ähnlichen Abweichungen.

Kausal-deterministisches Verständnis
statt Netzwerkaktivitäten-Verständnis

Ein weiterer Aspekt, der oben schon angedeutet wurde und in der Diskussion um Adipositas zu wenig beachtet wird, betrifft das Modellverständnis, welches der Adipositasgenese in diesem Epidemie-Diskurs zugrunde gelegt wird. Schaut man beispielsweise in eine Veröffentlichung von Wabitsch (2004)[20], dem langjährigen AGA-Sprecher, dann findet man dort ein „Netzwerk kausaler Faktoren" aufgezeigt, in dem die Faktoren als „Ursachen" der Adipositas verstanden werden. Bemerkenswert ist diese Darstellung darin, wie sie (i) von der Annahme von nur in eine Richtung wirkenden Kausalketten ohne Feedbackmechanismen[21] ausgeht, (ii) eher environmentale Faktoren als hauptursächliche Größen auflistet, (iii) sozialstrukturelle Zusammenhänge in einer Art thematisiert, die aus soziologischer wie sozialepidemiologischer Sicht unterkomplex ist und (iv) gerade die komplexen Wechselwirkungsmechanismen des Ernährungs- und insbesondere Fettstoffwechsels mit anderen Wechselwirkungen innerhalb des menschlichen Körpers, z. B. dem Hormonsystem, und mit kurz- und langfristigen Expositionen aus der Umwelt, einschließlich des Nahrungsmusters, nicht thematisiert. In dieser Übersicht erscheint der menschliche Körper stattdessen als Blackbox. Als Bilanzgrößen fungieren hier Energieverbrauch und Nahrungsaufnahme, was eine neutralere Formulierung der älteren Erklärungsmuster darstellt, ‚dass Adipositas durch *zu* viel Essen und *zu* wenig Bewegung entsteht'. Diese Erklärungsmuster waren neben ihrer Wertung auch deshalb unbefriedigend, weil sie weitere Fragen provozierten, auf die dann aber keine Antworten gegeben wurden: Warum bleibt Mensch X schlank, obwohl er so viel isst wie Mensch Y, der wiederum rundlich ist? Wie soll man bestimmen, wie viel Bewegung genug ist, also eine Norm für alle erstellen, wo doch Menschen höchst unterschiedlich in ihrer Belastbarkeit, in ihrer physiologischen Prägung, in ihrer Fähigkeit, Muskeln aufzubauen, sind?

Unzählige Studien aus den letzten Jahren – meist in anderen Bereichen zu anderen Fragestellungen durchgeführt – haben inzwischen aber neue Detailkenntnisse über Steuerungsmechanismen des menschlichen Körpers hervorgebracht, die auch für Fragen der Adipositasgenese interessant und rezeptionswürdig sind. V. a. die Erkenntnisse zu epigenetischen Modulationen, u. a. die fötale Programmierung, die Entdeckung der Allostase als Kopplungsmechanismus neben homöostatischen Steuerungen[22], aber auch um-

---

20 Vgl. Homepage der AGA, siehe im Register „Über Adipositas" das Unterregister „Ursachen" (http://www.aga.adipositas-gesellschaft.de/index.php?id=320).
21 Nicht zu verwechseln mit Kreisläufen!
22 Allostase wirkt wie ein „intelligenter Thermostat": Er reguliert die zu kontrollierende Variable nicht auf den tatsächlichen, sondern auf einen *antizipierten* Bedarf; das

weltmedizinische Erkenntnisse, wie die jahrelange systemische Exposition durch Chemikalien mit hormonähnlicher Wirkung, und der Einfluss der Darmflora (Mikrobiom) auf physiologische Vorgänge machen deutlich, dass zwar viele Puzzlesteine in der Erkenntnis, wie der menschliche Körper physiologisch funktioniert, dazu gekommen sind, aber ebenso viele neue Fragen damit aufgeworfen sind und zur Revidierung alter Vorstellungen zwingen.[23] Statt der Annahme kausal-deterministischer Abläufe werden die Vorgänge heute am ehesten als ein Netzwerk von abhängigen Größen gedacht, ebenso wie eine strikte Trennung und Gegenüberstellung von biologischen und sozialen Faktoren obsolet geworden ist.[24] Mit dem neuen Wissen ist auch das Nichtwissen gestiegen (vgl. Wehling 2006; Peter/Funcke 2013): All diese Erkenntnisse lassen die Diskussion um die Entstehung und Beeinflussbarkeit von Gesundheitsrisiken und Erkrankungen noch komplexer werden. Mit den heutigen datentechnischen Möglichkeiten, gewaltigste Datenmengen zu bearbeiten, werden auch epidemiologische Phantasien angeregt, alles Mögliche erheben und rechnerisch miteinander in Bezug setzen zu wollen, wodurch nicht nur neue Erkenntnisse, sondern auch neue Trugbilder produziert werden, die es dann wie die Spreu vom Weizen zu trennen gilt.

Vor dem Hintergrund dieser Entwicklungen scheinen die flotten Jahre der Adipositas-Akteure vorbei zu sein. Weder sind sie bisher als erfolgreiche Akteure in der Physiologie-Forschung oder in der Ernährungsepidemiologie hervorgetreten, noch überzeugt ihre neuere Hinwendung zu sozialmedizinischen Konzepten, wenn man sich an das oben aufgeführte Beispiel erinnert: ein „Netzwerk kausaler Faktoren" – das ist ein Oxymoron, das die Unentschiedenheit des Modells, wie sich die Forscher letztendlich aus Sicht der AGA die Vorgänge vorstellen sollen, verrät.

Es geht um die Frage, wie mit Nichtwissen in der Wissenschaft umgegangen wird, die hier auch für die klinische Praxis bzw. den Umgang mit

---

Modell kann so Einflüsse aus der Umwelt, auf die physiologisch reagiert wird, besser erklären: Auf diese Modellvorstellung kam man, nachdem Beobachtungen das Homöostase-Modell als zu einfach identifizierten. Fausto-Sterling (2009, S. 120) schreibt: „Allostase ist abhängig von der Kommunikation zwischen sogenannten niedrigschwelligen Feedbacksystemen, die für die lokale Steuerung physiologischer Reaktionen zuständig sind, und höheren Hirnfunktionen: das Gehirn lernt – oft mit Hilfe emotionaler Reaktionen wie Angst, Freude, Lust und Begehren –, zukünftige Ereignisse zu antizipieren und physiologische Reaktionen vor solchen Ereignissen nach oben oder unten zu regulieren".

23 Eine sehr lesenswerte Darstellung dieser neuen Forschungsbereiche, auch einer sich neu ausrichtenden Ernährungsepidemiologie, die Fragen der Nutrigenomik, Nutrigenetik und Nutriepigenetik nachgeht, ist das Interjekte-Heft 3/2012, von Lux und Richter herausgegeben.

24 Eine weitere Variante, die mit einem Netzwerk-Modell arbeitet, ist die Cross-Impact-Analyse von dem Physiker Wolfgang Weimer-Jehle, bei der ebenfalls soziale und enviromentale Faktoren als Einflussfaktoren auf die Adipositasgenese modelliert und getestet werden. Vgl. Weimer-Jehle/Deuschle/Rehaag (2012).

dem Patienten unmittelbar relevant ist. Wie dargestellt, existieren nicht unwesentliche Wissenslücken im Verständnis der Adipositasgenese, dennoch sind inzwischen schon umfangreiche Bewertungen und Normierungen, denen die Betroffenen ausgesetzt sind, etabliert. Wenn aber stigmatisierende Normierungen, fehlende Therapieerfolge (vgl. Müller et al. 1998; Müller/ Reinehr/Hebebrand 2006) in der Praxis sowie noch viele offene wissenschaftliche Fragen zusammenkommen, dann ist im Ergebnis eine für die Patienten ungünstige Melange – Diagnose ohne nachhaltige Therapie bzw. Prävention bei gleichzeitiger negativer Bewertung – gegeben, die ethisch bedenklich ist bzw. als protonormalistischer Umgang mit den Patienten angesehen werden kann. Die Adipositasforschung zeichnet sich bisher durch eine solche Melange aus, in der mit Nichtwissen nicht genügend reflexiv umgegangen wird. Wenn sie die Kommunikation zum vorhandenen Nichtwissen ändern würde, dann wäre ein Moment gegeben, wo der Diskurs um die Dicken von einem protonormalistischen zu einem flexibel-normalistischen umschlagen könnte, weil die Zuschreibungen von Schuld oder Verantwortlichkeit sowie das grundsätzliche Verständnis des Phänomens sich ändern würden. Des Weiteren könnten, wenn es denn gelänge, über viele Jahre zuverlässige Statistiken zu erzeugen, Fragen beantwortet werden, wie sich welche Untergruppen oder Populationen durch welche Einflussfaktoren und Merkmale in ihren Reaktionen, auch in ihren physiologischen ,Anfälligkeiten' für bestimmte systemische Risiken, unterscheiden. Das ist das Feld der sozialepidemiologischen gesundheitlichen Ungleichheits- bzw. Risikoforschung. Dass Übergewicht und Adipositas sozial ungleich verteilt ist, weiß man, wie es aber genau dort in diesen Milieus entsteht, weiß man noch nicht. Wenn man diese Statistiken nicht mehr dazu nutzt, Menschen zu klassifizieren, sondern damit Ungleichheitsforschung betreiben würde, dann wäre der zweite Moment eines Umschlagspunktes zu einer flexibel-normalistischen Strategie gegeben. Im KiGSS-Bericht von 2007, der für Deutschland aktuellsten Erhebung kindlicher Gewichtsdaten, werden aber derartige neue sozialepidemiologische Modelle sowie die neuen Erkenntnisse der Nutrigenomik und -(epi)genetik noch nicht rezipiert und in die Diskussion einbezogen.

Frühgeborene Kinder – eine flexibel-normalistische Normalisierungsstrategie

Im Folgenden wird als starker Kontrast der Umgang mit Frühgeborenen innerhalb der Neonatologie skizziert, der sich durch einen konsequenten Einzelfallbezug und damit durch ein variierendes professionelles Selbstverständnis der Neonatologen auszeichnet. Professionsverständnis und neu ausdifferenzierte Wissensbestände, die zu einer neuen Spezialdisziplin führten, stellen hier ein voneinander abhängiges Bedingungsgefüge dar. In der

Konsequenz stellt sich dadurch ein anderes Bild vom Patienten ein, das Flexibilität und weiche Grenzsetzungen betont und Festschreibungen vermeidet.

Die Etablierung der Kinderheilkunde

Die Einsicht, dass man für die Behandlung kranker Kinder spezialisiert sein muss und dass kranke Kinder sich von kranken Erwachsenen unterscheiden, setzte sich nach erbittertem Widerstand innerhalb der Medizin um die Jahrhundertwende zum 20. Jahrhundert durch.[25] In dieser Zeit stieg aufgrund der schlechten Lebensbedingungen durch die Industrialisierung v. a. in den städtischen proletarischen Milieus die Säuglings- und Kindersterblichkeit wieder[26] bedenklich an (Wauer/Schmalisch 2008), was die Pädiatrie professionspolitisch nutzte und damit erreichte, dass während des 1. Weltkriegs staatlicherseits Kinderkliniken (siehe Tabelle 1) – als zweite Welle nach den privaten Gründungen zu Ende des 19. Jahrhunderts – gegründet und Lehrstühle für Kinderheilkunde an fast allen Universitäten eingerichtet wurden. Die Pädiatrie wurde deshalb auch neidvoll von den anderen medizinischen Disziplinen als „Kriegsgewinnler" bezeichnet (Seidler 2008, S. 28).

Tabelle 1: Erste Gründungswelle von Kinderkliniken
im deutschsprachigen Raum

1787	1793	1802	1830	1837	1840	1841	1842	1843	1844	1852
Wien	Breslau	Paris	Berlin (Charité)	Breslau Wien	Dresden Würzburg	Ludwigs-burg	Stuttgart	Berlin	Berlin	Lübeck

So entsprechend ausgestattet, konnte im engen Zusammenhang mit den damaligen Erkenntnissen aus der sich neu konstituierenden Ernährungswissenschaft und aus der Infektionslehre die Pädiatrie im Folgenden eindrucks-

---

25 Die erste Gründungsszene der Kinderärzte vollzog sich in der „Gesellschaft Deutscher Naturforscher und Ärzte", in der sich 1868 eine eigene „Section für Pädiatrik" gründete. 1921 konstituiert sie sich auch als eigenständige Fachgesellschaft in Deutschland endgültig.

26 Die Säuglingssterblichkeit (SST) stieg im 19. Jahrhundert kontinuierlich und erreichte zwischen 1870 und 1880 ihr Plateau in den einzelnen Bundesländern des Deutschen Reichs (Durchschnittswert: 214‰) (für Berlin siehe Stöckel 1996, v. a. S. 7). Dann sank sie allmählich in der ersten Hälfte des 20. Jahrhundert (1901: 207‰ bis 2. WK: 63‰). Allerdings kam es zwischen 1910 und 1912 noch einmal zu einem kurzen Anstieg, der vor dem Hintergrund der ersten Impferfolge, der verbesserten Klinik-Hygiene und aktuellen Therapieerfolge der Ernährungserkrankungen den Trend unterbrach (Wauer/Schmalisch 2008, S. 134 f.).

volle Erfolge, u. a. eine rapide Senkung der Säuglings- und Kindersterblichkeit, vorweisen, da vormals die Haupttodesursachen der Säuglings- und Kindersterblichkeit in letal verlaufenden Kinderkrankheiten und anderen Infektionen sowie Ernährungsstörungen begründet lagen, für die durch das neu entstandene Wissen nun erfolgreiche Therapieansätze zur Verfügung standen. Die Kinderheilkunde wurde zu einem ordentlichen Fach, das sogar andere Fächer für sich in den Dienst nehmen konnte, z. B. die Anatomie; auch die Theoriebildung in der Physiologie beeinflusste sie in der Zeit stark (vgl. Peter 2013b).

Die Etablierung der Neonatologie

In dieser Epoche keimte wiederum die Einsicht, dass man Säuglinge und Kleinkinder von den größeren bzw. älteren Kindern unterscheiden muss: Innerhalb der Pädiatrie differenzierte sich die Säuglings- oder Neugeborenenmedizin aus. Mit der Erkenntnis, dass die kindliche Physiologie in den einzelnen Altersphasen zu unterscheiden ist, mit neuen medizintechnischen Entwicklungen wie dem Inkubator (vgl. Baker 1996; Marx 1968) und mit den Erfolgen bei der Infektionsbekämpfung und Mangelernährung setzte sich durch, dass man für die Diagnostik und Therapie von Säuglingen spezialisiert sein muss, um sie effektiv behandeln zu können. Die Neonatologie – als intensivmedizinische Spezialisierung für unreif und krank Geborene – etablierte sich dann wiederum rund 40 Jahre später seit den 1960er Jahren weltweit aufgrund medizintechnischer und -technologischer sowie pharmakologischer Entwicklungen. Mit der Etablierung der neuen Spezialgebiete waren außer der immer umfangreicher werdenden Weiterbildung auch Abgrenzungskämpfe und neue Aushandlungen von Zuständigkeiten verbunden.[27] Heutzutage setzt die Neonatologie in Deutschland obligatorisch sowohl eine Spezialausbildung in Form einer zweijährigen Schwerpunktausbildung nach der Facharztausbildung als auch bestimmte Strukturbedingungen[28] in den Kliniken voraus.

---

27 Dass der Pädiater bzw. der Neonatologe für das (zu frühe) Neugeborene zuständig ist und nicht der Geburtshelfer, ist im Abgrenzungs- und Zuständigkeitskampf mit der Gynäkologie eine weitere Facette der Professionsgeschichte der Medizin des 20. Jahrhunderts.
28 Nach Vereinbarung des Gemeinsamen Bundesausschusses wurden 2005, geändert 2008, die Perinatalzentren in drei Level eingeteilt, die jeweils ausschließlich bestimmte Frühgeborene versorgen dürfen und dafür bestimmte Voraussetzungen vorzuhalten haben. Damit soll gewährleistet sein, dass die am schwersten betroffenen Frühgeborenen nur durch entsprechend qualifizierte Neonatologen behandelt werden dürfen.

Tabelle 2

Jahr	1992	1993	1994	1995	1996	1997	1998	1999	2000-2	2003	2004	2005	2006	2007	2008
Schwangerschaftsalter (in Wochen und Tagen)															
32+0 - 37+0	7,2	6,9	7,2	7,0	7,7	7,9	8,2	7,9	*	7,58	7,93	7,65	7,61	7,6	7,6
28+0 - 32+0	1,1	1,1	1,2	1,1	1,2	1,2	1,3	1,2	*	0,88	0,94	0,90	0,90	0,9	0,9
unter 28+0										0,52	0,55	0,55	0,56	0,6	0,5
Geburtsgewicht															
500 - 750 g										0,24	0,26	0,27	0,28	0,3	0,3
unter 500 g										0,11	0,06	0,07	0,07	0,1	0,1

Tabelle 1: Anteil der Frühgeborenen mit entsprechendem Alter und Geburtsgewicht an allen Geburten in Deutschland in Prozent (Quellen: Statistisches Bundesamt (bis 1999), Bundesgeschäftsstelle für Qualitätssicherung, Leistungsbereich Geburtshilfe (seit 2000); eigene Darstellung

* Daten sind aufgrund der neu eingeführten Datenerhebungen an den Krankenhäusern durch die Bundesgeschäftsstelle für Qualitätssicherung nicht auswertbar

Frühgeborene Kinder – eine wachsende Patientengruppe

Als ‚Frühgeborene' werden heute diejenigen Kinder bezeichnet, die vor der 37. Schwangerschaftswoche zur Welt kommen und ein Geburtsgewicht unter 2 500 g aufweisen. Seit kurzem können Frühgeborene von ungefähr 22 bis 24 SSW und ab ca. 300 g überleben. Auch in Deutschland ist die Zahl der früh- und frühstgeborenen Kinder in den letzten Jahrzehnten gestiegen. Pro Jahr werden derzeit circa 10 000 Kinder vor Ende der 32. Schwangerschaftswoche geboren: 3 600 dieser Kinder sogar vor Beendigung der 28. Schwangerschaftswoche. Bei derzeit ca. 668 000 lebend geborenen Kindern pro Jahr werden ca. 570 Kinder mit einem Geburtsgewicht unter 500 g und ca. 1 700 Kinder mit einem Geburtsgewicht zwischen 500 und 750 g geboren (siehe Tabelle 2).

Das Dilemmatische des begrenzten Erfolgs derzeitiger neonatologischer Behandlungskunst

Das Eigentümliche, das durch die neonatologische Behandlung in Gang gesetzt wird, besteht darin, dass sich diese von Natur aus noch für das intrauterine Milieu vorgesehenen Lebensvorgänge der fötalen Entwicklung nun extrauterin im geborenen Lebewesen vollziehen müssen und diese Vorgänge sich insofern jeglicher Einflussnahme entziehen, indem in die Selbstläufigkeit dieser somatischen, anatomisch-morphologischen, physiologischen, neurologischen und weiteren Entwicklungsvorgänge nur sehr begrenzt eingegriffen werden kann. Erfolgsgrenzen werden durch die bisher mögliche neonatologische Behandlungskunst gesetzt, als auch durch das bisher bekannte Grundlagenwissen zu Lebensvorgängen in menschlichen fötalen Körpern in intra- und extrauteriner Umgebung überhaupt.[29]

Sowohl die intensivmedizinische Behandlung als iatrogene Folge als auch die extrauterinen Lebensbedingungen selbst können die unreifen Organsysteme wie Hirn, Lunge, Verdauungssystem und Augen schädigen. Priorität in der neonatologischen Behandlung hat das Überleben des Kindes unter diesen kritischen Bedingungen jenseits einer optimalen (zeitgerechten) Geburt, wobei eventuelle (bleibende) Schädigungen in Kauf genommen werden. Vor dem Hintergrund eines prinzipiellen Wandels im ethischen Umgang mit diesen Neugeborenen hat sich damit ein Bereich eines ehemals

---

29 Derzeit stellt die Gehirnentwicklung von Frühgeborenen das bevorzugte Forschungsfeld innerhalb der Neonatologie dar, während in den 1980er und 1990er Jahren die Forschung zu unreifen Lungen und zur Lungenentwicklung im Zentrum stand, die mit der Entwicklung der sogenannten Surfactanten einen entscheidenden Fortschritt in der Behandelbarkeit unreifer Lungen und damit extrem Frühgeborener erzielte.

unverfügbaren Geschehens in einen Bereich mit allerdings begrenzten Handlungsmöglichkeiten gewandelt.[30]

Wie reguliert man das Ungewisse? Versuche der Selbst- und Fremdverständigung der Neonatologie

Historisch sind die Zeiten, diese zu früh geborenen Menschen nicht behandeln zu können und deshalb sterben lassen zu müssen, vorbei. Allerdings sind die Erfolge, nimmt man die große Rate der Handicaps bei Frühgeborenen zur Kenntnis, ambivalent. Auch die gerade bei kaum oder nicht behandelbaren Erkrankungen oder Fehlbildungen entstehenden Entscheidungssituationen zum Therapieabbruch sind für die Beteiligten hoch dilemmatisch. Das neonatologische Handlungsfeld ist deshalb ein stark diskutierter Bereich zwischen Medizinern, Medizinethikern und Juristen. Zwei juristische Normen sind hier thematisch: die unbedingte Anerkennung des Rechts auf Leben[31] und damit auf Behandlung trotz möglicherweise drohender Behinderung.

Mit der generellen Annahme dieser ‚unreifen' Kinder – deren historischer Vorläufer die sogenannten unzeitigen Kindlein sind – haben diese Kinder erstmals historisch gesehen den unbedingten Status des Mensch-Seins zugesprochen bekommen: Heute werden Namensgebung, Taufe und Bestattungsmöglichkeiten, auch für die nichtlebensfähigen Neu-/Frühgeborenen, zwar nicht als rechtliche Pflichten, aber als Kann-Möglichkeiten, als Ansprüche geregelt.[32] Der Bereich der Neugeborenen ist durch diese Frühgeborenen erweitert worden (Flexibler Normalismus): Semantisch wird eine Diskussion um eine Grenze – die „Grenze an der Lebensfähigkeit" –, die nicht richtig bestimmbar erscheint und deshalb flexibel gehandhabt werden soll, so der derzeitige Konsens, geführt. Aber ebenso ist eine Verschiebung des Normalitätsempfindens zu beobachten, denn nicht nur von den normschaffenden Institutionen wie der Rechtsprechung, sondern auch im allgemeinen common sense werden diese Menschen heute als vollwertige Mitglieder der menschlichen Gemeinschaft anerkannt. In aller Regel machen

---

30 Die neuartigen Konstellationen und Situationen, die so bis vor kurzem noch nicht in den Bereich menschlicher Entscheidungs- und Gestaltungsmöglichkeiten gehörten, werden unter dem Aspekt des Umgangs mit Ungewissheit und Unsicherheit v. a. aus Sicht der Neonatologen und der Eltern in Peter (2013a) analysiert.

31 Dieses vorbehaltlose Lebensrecht der Früh-/Neugeborenen ergibt sich aus dem Fakt des Geborenseins: Entsprechend der heutigen juristischen Bestimmungen fungiert die Geburt (oder genauer: die Eröffnungswehen) als Zäsur und unterscheidet dadurch das Existenzrecht Noch-Nicht-Geborener und Geborener in deren Voraussetzungslosigkeit.

32 Wird das Personenstandsgesetz 2013 neu geregelt, dann bestehen zukünftig für alle geborenen Kinder – unabhängig von deren Lebensfähigkeit und Geburtsgewicht – darin rechtliche Pflichten (vgl. den Diskurs um die sogenannten Sternenkinder).

beispielsweise Eltern verstorbener Früh- oder Neugeborener, Totgeburten hier eingeschlossen, heute vom ihrem Recht Gebrauch, die Kinder zu bestatten und ihnen einen Namen zu geben (eigene Erhebung: in Peter 2013a). Aus heutiger Sicht muten die vergangenen Praktiken des weitgehenden Vergessens dieser Kinder befremdlich an, mit denen die Existenz der Kinder negiert wurde. Verbunden mit einem Mentalitätswandel werden bisher alle rituellen und sozialen Anerkennungspraktiken aber als Kann-Regeln reguliert, also mit „weichen Grenzen", die nach Link (2009) für den flexiblen Normalismus charakterisiert sind, die im Zweifelsfall am Einzelfall ausgehandelt werden. Auch die derzeitige offizielle Stellungnahme der deutschen Kinder- und Jugendmediziner gibt einen Standpunkt wieder, in dem die Wertschätzung dieser Patienten als Individuen betont wird, deren Leben nicht unter Kennzahlen subsumiert werden darf, der aber gleichzeitig mit flexiblen Entscheidungskorridoren verknüpft wird:

„Eine weitere Gefahr, die Würde des Patienten zu verletzen, entsteht bei jedem Versuch einer Kategorisierung: Gemeint ist hier damit die Einordnung eines Menschen in eine bestimmte Gruppe und ein hieraus folgendes schematisches Vorgehen ohne Berücksichtigung individueller Kriterien. Eine solche Art der Kategorisierung steht im Widerspruch zum Verbot jedweder Diskriminierung aufgrund bestimmter Eigenschaften, zu denen man z. B. in der Neonatologie Gestationsalter oder Geburtsgewicht zählen kann. [...] Gruppen lassen sich definieren durch Einordnen in Klassen, wie Gewichts-Klassen oder Gestationsalter-Klassen. Diese Klassen sind ein notwendiges Mittel zur statistischen Berechnung, z. B. der Prognose in Abhängigkeit vom Gestationsalter oder von einem bestimmten Krankheits-Typ. Aber die Grenzen solcher Klassen werden, und das ist methodisch völlig legitim, willkürlich gewählt, z. B. nach ganzen Wochen oder nach geradzahligen metrischen Gewichtsangaben. Diese mathematischen Klassengrenzen dürfen keineswegs mit biologischen Grenzen verwechselt werden, so es diese überhaupt gibt. Statistisch ermittelte Prognosen müssen im Einzelfall nicht zutreffen. Prognostische Daten gewähren lediglich gut begründete Generalisierungen. Entscheidungen können sich nicht über solche Daten hinwegsetzen, aber sie sind nicht durch generelle Daten bestimmt. Vielmehr müssen sich Entscheidungen immer auch orientieren an der aktuellen Situation, d. h. es bedarf der Entscheidungsfindung im Einzelfall." (DAKJ 2009, S. 5 f.)

Andererseits wird, seitdem die Grenzen der extrauterinen Überlebensfähigkeit aus medizinischer Sicht zunächst ausgereizt erscheinen, die Entwicklung insgesamt kritisch gesehen, weil sie zwar als Erfolg der Intensivmedizin angesehen werden kann, aber genaugenommen die sich daraus ergebenden Probleme noch nicht gelöst sind. Es sind nach meinem Eindruck v. a. die Neonatologen selbst, die das untereinander diskutieren und vorsichtig den Austausch suchen.[33] Vor einer zu starken oder alleinigen juristischen Regulierung wird gewarnt: So gibt es mehrere juristische Entwürfe für die Regulierung der sogenannten Früheuthanasie, die bisher aber nicht umgesetzt wurden.[34] Man könnte in der Diskussion um die sogenannte Früheuthanasie eine zweite flexible Strategie erkennen, die nicht gegen die eben genannte Statuszuschreibung spricht, die Frühgeborenen aber innerhalb der Gruppe der sterbenskranken Kinder wiederum als eigene Einheit, als eine Sondergruppe, konstruiert: Während bei älteren sterbenskranken Kindern die Optionen zum Behandlungsabbruch gerade verrechtlicht werden, bleiben die Optionen des Behandlungsabbruchs bei letalen Verläufen Frühgeborener bisher juristisch nicht reguliert und in der alleinigen Entscheidung zwischen Eltern und Neonatologen (in Deutschland). Das unbedingte Recht zur Behandlung und die flexiblen Bedingungen ihres Abbruchs sind dabei in den einzelnen europäischen Staaten (noch) recht unterschiedlich geregelt (vgl. Pignotti 2008; Pignotti/Donzelli 2008; Roll 2008). Diese europäische Situation und die Ausweitung der „Grauzone" – so die gegenwärtige Sprachregelung –, in der am Einzelfall über forcierte Behandlung oder deren Abbruch entschieden wird, zeugen vom verstärkt flexiblen Umgang. Dieser in mehrfacher Hinsicht flexible Umgang wird bisher nur verhalten von den Medien rezipiert und von der Politik nicht kommentiert.

Zusammenfassung

Der Kontrast im praktischen und diskursiven Umgang mit diesen beiden kindlichen Patientengruppen innerhalb des Medizinsystems ist erhellend, um mögliche alternative Umgangsweisen kindlicher Patienten innerhalb der Medizin aufzuzeigen. Während sich die Patientengruppe der Frühgeborenen bzw. schwer kranken Neugeborenen parallel zu einer neu entstandenen Fachexpertise etabliert hat, ist die Patientengruppe der adipösen Kinder nicht durch einen derartigen erfolgreichen Wissensbildungsprozess flankiert gewesen. Der Prozess der Herausbildung des peri- bzw. neonatologischen Fachwissens war dabei mit einer innerprofessionellen Arbeitsteilung gekoppelt: Sie führte zu einer Neuaushandlung der Zuständigkeiten zwischen Pädiatrie und Gynäkologie sowie innerhalb der Pädiatrie. Im Etablierungszeitraum seit den 1980er Jahren wurden außerdem an den Kinderkliniken für diese Patienten organisatorisch eigenständige Stationen, die sogenannten NICUs (Neonatal intensive care units), eingerichtet. Die qualifikatorischen Voraussetzungen der dort arbeitenden Gesundheitsprofessionellen wurden sukzessive strenger und umfangreicher. Nicht nur die Pädiater müs-

---

33 Die EURONIC-Studie und die MOCAIC-Studie untersuchen die Bedingungen des Therapieabbruchs und die Überlebensraten von Frühgeborenen ländervergleichend.
34 Juristische Entwürfe von Merkel 2001, Saati 2002, Nagel 2006, Glöckner 2007.

sen eine Weiterbildung vorweisen, auch die Pflegekräfte müssen eine intensivpflegerische Weiterbildung absolviert haben; inzwischen sind bauliche und weitere organisatorisch-strukturelle Voraussetzungen, wie z. B. eine Wand-an-Wand-Zusammenlegung des Kreissaals mit der NICU, hinzu gekommen. Auch im ambulanten Sektor hat sich ein umfangreicher interdisziplinärer Bereich der Nachsorge und speziellen Frühförderung für die ehemals frühgeborenen Kinder herausgebildet. Gegenwärtig werden für diese Patientengruppe eigene Entwicklungsnormen entwickelt, nach denen sie nicht mehr mit den allgemeinen Entwicklungsnormen, sondern zukünftig nur innerhalb ihrer Gruppe verglichen werden sollen.[35] Interessant ist gerade im Kontrast zum Umgang mit adipösen Kindern, dass Maßstab des ärztlichen Handelns der Neonatologen bei all diesen organisatorisch-strukturellen Prozessen immer der Einzelfallbezug blieb und man sich damit streng an das klassische Professionsverständnis des Arztes gebunden sah. Gerade die seit den 1980er Jahren beginnenden, sukzessive überarbeiteten Stellungnahmen zur „Grenze der Lebensfähigkeit" sind in der Suche nach den Begrifflichkeiten und den Argumenten ein Zeugnis davon. Auch wenn der Therapieabbruch bisher in einer juristischen Grauzone gehandhabt wird, also nicht juristisch normiert ist, so ist doch die generelle Verschiebung des Deutungsmusters zu erkennen: Aus den ehemals nur unter Vorbehalt anerkannten Neugeborenen sind bedingungslos anerkannte Menschen geworden. In diesem Anerkennungskampf war die Neonatologie führend, in einem wertebasierten Diskurs hat sie für die ersten Generationen von Frühgeborenen diese Anerkennung durchgesetzt.

Der Umgang der AGA mit ‚ihren' kindlichen Patienten, in der zu großen Teilen ärztliche und weitere therapeutische Berufsgruppen, die in der Pädiatrie arbeiten, organisiert sind, stellt sich dagegen deutlich anders dar: Die AGA agiert eher populationsbezogen und erscheint dadurch eher als gesundheitspolitischer denn als medizinischer Akteur, was m. E. aus professionstheoretischer Sicht mit Blick auf den Einzelfallbezug zu einer eigenartigen Kollision im Berufsverständnis führt und biopolitisch betrachtet an den älteren gruppenbezogenen Risikodiskurs erinnert, der wissensbasiert geführt wurde und von einer hierarchischen Schichtung von Experten- und Laienwissen ausging. Vergleicht man die Wissensfundamente der beiden ärztlich-therapeutischen Expertisen, so ist das medizinische Wissen zur Adipositasgenese und -therapie derzeit noch durch erhebliche Wissenslücken oder anders gesagt: durch Nichtwissen geprägt. Zum einen stellt sich dadurch die (wissenschafts-)ethische Frage nach dem angemessenen Umgang mit Nichtwissen, zum anderen die des Umgangs mit Patienten, für die derzeit noch keine erfolgversprechenden nachhaltigen Therapieansätze existieren.

---

35 Ähnliche Normen bzw. motorische Tests, z. B. der GMFS-Test (Gross Motor Function Scale), gibt es beispielsweise auch schon für Kinder mit Cerebralparese.

Korrespondieren also im Fall der Frühgeborenen individuelle Risiko-
bestimmung, ein professionalisierter Einzelfallbezug und ein wertebasierter
Diskurs mit einer exklusiv organisierten Zuständigkeit innerhalb des Medizinsystems miteinander, so bleibt die medizinische Expertise zu den adipösen Kinder letztlich diffus, der Diskurs wird populationsbezogen geführt
und die klinische Praxis sozialdisziplinierend organisiert. Was wäre, wenn
die Adipositasforscher diese Situation artikulieren würden, wenn Forschungs-
gelder anders investiert würden, wenn Laborforschung am Tiermodell zu-
gunsten sozial- und ernährungsepidemiologischer Risikoforschung zurück-
gefahren würde, wenn ‚dicke‘ Patienten als hypersensible Umwelt-Reaktoren
mit entgleisten Stoffwechseln betrachtet würden? Dann würde sich neben
einer erheblichen Ernüchterung eventuell ein ethisch akzeptabler Umgang
mit diesen Patienten einstellen und die Wissensbildung auf neue Hypothe-
sen, neue Modelle und neue Forschungsideen ausrichten können: Manchmal ist der zweite Anlauf der erfolgbringende und/oder der spannendere.

Literatur

Baker, J. P. (1996): The Machine in the Nursery. Incubator Technology and the Origins
    of Newborn Intensive Care, Baltimore/London: John Hopkins University Press.
Böhm, A./Friese, E./Greil, H./Lüdecke, K. (2002): Körperliche Entwicklung und Über-
    gewicht bei Kindern und Jugendlichen. In: Monatszeitschrift Kinderheilkunde 1,
    S. 48–57.
DAKJ (2009): Begrenzung lebenserhaltender Therapie im Kindes- und Jugendalter. Po-
    sitionspapier der Kommission für ethische Fragen der DAKJ, überarbeitete Fassung
    vom September 2009. www.dakj.de/pages/posts/begrenzung-lebenserhaltender-thera-
    pie-im-kindes--und-jugendalter-14.php (Abruf 31. 01. 2012).
Deutsche Gesellschaft für Ernährung (DGE) (Hrsg.) (1976): Ernährungsbericht 1976.
    Frankfurt am Main.
Fausto-Sterling, A. (2009): Die Neugestaltung von Race. DNA und die Politiken der Ge-
    sundheit. In: AG gegen Rassismus in den Lebenswissenschaften (Hrsg.) (2009): Ge-
    machte Differenz. Kontinuitäten biologischer „Rasse"-Konzepte. Münster: unrast-
    Verlag, S. 82–129.
Glöckner, M. (2007): Ärztliche Handlungen bei extrem unreifen Frühgeborenen. Recht-
    liche und ethische Aspekte. Berlin/Heidelberg/New York: Springer Verlag.
Helmert, U./Schorb, F./Fecht, C./Zwick, M. M. (2011): Epidemiologische Befunde zum
    Übergewicht und zur Adipositas bei Kindern, Jugendlichen und jungen Erwachsenen.
    In: Zwick, M. M./Deutschle, J./Renn, O. (Hrsg.) (2011): Übergewicht und Adipositas
    bei Kindern und Jugendlichen. Wiesbaden: VS, S. 49–70.
Kromeyer-Hauschild, K./Wabitsch, M./Kunze, D./Geller, F./Geiß, H. C./Hesse, V./von
    Hippel, A./Jaeger, U./Johnsen, D./Korte, W./Menner, K./Müller, G./Müller, J. M./Nie-
    mann-Pilatus, A./Remer, T./Schaefer, F./Wittchen, H.-U./Zabransky, S./Zellner, K./
    Ziegler, A./Hebebrand, J. (2001): Perzentile für den Body-Mass-Index für das Kin-
    des- und Jugendalter unter Heranziehung verschiedener deutscher Stichproben. In:
    Monatszeitschrift Kinderheilkunde 8, S. 807–818.

Lenz, M./Richter, T./Mühlhauser, I. (2009): Morbidität und Mortalität bei Übergewicht und Adipositas im Erwachsenenalter – eine systematische Übersichtsarbeit. In: Deutsches Ärzteblatt 106(40), S. 641–648.

Lenz, M./Richter, T./Mühlhauser, I. (2009): Adiposity and weight change in mid-life in relation to healthy survival after age 70 in women: prospective cohort study. In: BMJ 2009; 14 October 2009. BMJ 2009; 339: b3796.

Link, J. (2009): Versuch über den Normalismus. Wie Normalität produziert wird. Göttingen: Vandenhoeck & Ruprecht.

Lux, V./Richter, J. T. (2012): Kulturelle Faktoren der Vererbung, Interjekte 3/2012, hg. v. Zentrum für Literatur- und Kulturforschung Berlin. www.zfl-berlin.org/volltexte-aus-dem-zfl-detail/items/kulturelle-faktoren-der-vererbung.html (Abruf 1.9.2012)

Marx, F. F. (1968): Die Entwicklung der Säuglingsinkubatoren. Eine medizin-technische Chronik. Bonn: Verlag Siering KG.

Merkel, R. (2001): Früheuthanasie. Rechtsethische und strafrechtliche Grundlagen ärztlicher Entscheidungen über Leben und Tod in der Neonatalmedizin. Baden-Baden: Nomos.

Müller, M./Körtzinger, I./Mast, M./König, E. (1998): Prävention der Adipositas. In: Deutsches Ärzteblatt 95, S. 2027–2030.

Müller, M./Reinehr, J./Hebebrand, T. (2006): Prävention und Therapie von Übergewicht im Kindes- und Jugendalter. In: Deutsches Ärzteblatt 103, Ausgabe 6, S. A-334/B-292/C-277.

Nagel, M. B. (2006): Die ärztliche Behandlung Neugeborener – Früheuthanasie. Frankfurt am Main: Peter Lang.

Oevermann, U. (1996): Theoretische Skizze einer revidierten Theorie professionalisierten Handelns. In: Combe, A./Helsper, W. (Hrsg.) (1996): Pädagogische Professionalität. Untersuchungen zum Typus pädagogischen Handelns. Frankfurt am Main: Suhrkamp Verlag, S. 70–182.

Peter, C. (2006): Dicke Kinder. Fallrekonstruktionen zum sozialen Sinn der juvenilen Dickleibigkeit. Bern: Huber Verlag.

Peter, C. (2007): Anerkennung von sozialer Differenzierung und Vermeidung von sozialer Ungleichheit als Herausforderung für professionelle Akteure. Das Beispiel Neonatologie: Ärztliche Reaktionsweisen auf den unterschiedlichen elterlichen Umgang mit diagnostizierter Behinderung ihres frühgeborenen Kindes. In: Tiesmeyer, K./Brause M./Lierse, M./Lukas-Nülle, M./Hehlmann, T. (Hrsg.) (2007): Der blinde Fleck. Ungleichheiten in der Gesundheitsversorgung. Bern: Huber Verlag, S. 195–209.

Peter, C. (2013a): Ungewissheiten in der ‚Ankunft' eines frühgeborenen Kindes. Wahrnehmungen der Beteiligten. In: Peter, C./Funcke, D. (Hrsg.) (2013): Wissen an der Grenze. Zum Umgang mit Ungewissheit und Unsicherheit in der modernen Medizin. Frankfurt am Main: Campus Verlag, S. 453–500.

Peter, C. (2013b): Historische Erziehungskonzepte der Pädiatrie. Wie sich die Pädiatrie seit ihrem Entstehen Gedanken über Erziehung von Kindern macht. In: Flitner, E./Ostkämper, F./Scheid, C./Wertgen, A. (Hrsg.) (2013): Das chronisch kranke Kind in der Schule. Stuttgart: Kohlhammer.

Peter, C./Funcke, D. (2013): Wissen an der Grenze. Zum Umgang mit Ungewissheit und Unsicherheit in der modernen Medizin. Frankfurt am Main: Campus Verlag.

Pignotti, M. S. (2008): The extremely preterm births. Recommendations for treatment in European countries. In: Arch.Dis. Child.Fetal Neonatal Ed., published online 1 Aug 2008.

Pignotti, M. S./Donzelli, G. (2008): Perinatal Care at the Threshold of Viability: An International Comparison of Practical Guidelines for the Treatment of Extremely Preterm Births. In: Pediatrics 121, 193–198.

Roll, C. (2008): New version of recommendation no. 024-0192 premature birth at the boundary of infant viability. In: Zeitschrift für Geburtshilfe und Neonatologie 212(3), S. 114–115.

Saati, M. I. (2002): Früheuthanasie. Frankfurt am Main: Peter Lang.

Schorb, F./Helmert, U. (2011): Kritische Betrachtungen zur Verwendung des Body-Mass-Index und der Gewichtsklassifizierung bei Minderjährigen. In: Zwick, M. M./Deutschle, J./Renn, O. (Hrsg.) (2011): Übergewicht und Adipositas bei Kindern und Jugendlichen. Wiesbaden: VS, S. 31–47.

Seidler, E. (2008): „… die glückliche Spezialität der Kinderheilkunde" 125 Jahre Deutsche Gesellschaft für Kinder- und Jugendmedizin. In: 125 Jahre Deutsche Gesellschaft für Kinder- und Jugendmedizin e. V., hrsg. Von der Historischen Kommission der DGKJ. Berlin, S. 17–36.

Stöckel, S. (1996): Säuglingsfürsorge zwischen Sozialer Hygiene und Eugenik. Das Beispiel Berlins im Kaiserreich und in der Weimarer Republik. Berlin und New York: Walter de Gruyter.

Wauer, R./Schmalisch, G. (2008): Die Entwicklung der Kinder-, Säuglings- und Neugeborenensterblichkeit in Deutschland seit Gründung der deutschen Gesellschaft für Kinderheilkunde. In: 125 Jahre Deutsche Gesellschaft für Kinder- und Jugendmedizin e. V., hrsg. von der Historischen Kommission der DGKJ. Berlin: H. Heenemann Gmbh & Co, S. 133–143.

Wehling, P. (2006): Im Schatten des Wissens? Perspektiven der Soziologie des Nichtwissens. Konstanz: UVK.

Weimer-Jehle, W./Deuschle, J./Rehaag, R. (2012): Familial and societal causes of juvenile obesity – a qualitative model on obesity development and prevention in socially disadvantaged children and adolescents. In: J Public Health 20(2), S. 111–124.

Weiten, J./Hesse, V. (2005): Referenzsysteme und Normdaten im Vergleich. In: Pädiatrie hautnah 4, S. 200–204.

Von Kardorff, E./Ohlbrecht, H. (2007): Essstörungen im Jugendalter – eine Reaktionsform auf gesellschaftlichen Wandel. In: Diskurs Kindheits- und Jugendforschung, Heft 2, S. 155–168.

Solveig Chilla und Burkhard Fuhs

Kindheiten zwischen Inklusion, Normalisierung und Autonomie

Das Beispiel Hörbeeinträchtigungen

Einleitung

Normalisierung ist kein eindimensionaler Vorgang, sondern setzt sich, insbesondere auf dem Gebiet der Kindheit, aus einer Vielzahl unterschiedlicher, teilweise gegensätzlicher Prozesse zusammen. Betrachtet man Normalisierung etwa aus der Perspektive von Minderheiten, wird die Situation noch einmal deutlich komplexer und wünschenswerte Prozesse der Anerkennung von sozialen Gruppen, die von Ausgrenzung betroffen sind, überlagern sich mit einem Anpassungsdruck an die „Mehrheitsgesellschaft", der in der Regel auf Minderheitengruppen ruht. Auf dem Gebiet der Hörbeeinträchtigung lassen sich diese Verflechtungen unterschiedlicher Prozesse in der Normalisierung gut beobachten. Auf der einen Seite finden sich die Auswirkungen des Wandels der Kindheit, der alle Kinder betrifft. Auf der anderen Seite stehen Veränderungen in der Kultur der Hörenden und der Gehörlosen, die ebenfalls Einfluss auf die Kindheit haben. Zentrale Frage der folgenden Überlegungen soll die Verflechtung unterschiedlicher Normalisierungsprozesse am Beispiel von Kindern mit Hörbeeinträchtigungen sein.

Der Wandel der Kindheit hat so tiefgreifende Veränderungen für alle Kinder mit sich gebracht, dass Fragen nach Kindheiten unter besonderen „Modernisierungsbedingungen" zunächst eine untergeordnete Rolle zu spielen scheinen. Diskutiert wird vielmehr die Normalisierung der Kindheit der Mehrheitsgesellschaft. Es lassen sich Formen der Veralltäglichung neuer Kindheitsmuster und eine kontroverse öffentliche Diskussion um diesen Wandel feststellen: Im Vordergrund des Nachdenkens über den Wandel von Kindheit stehen Fragen der Mediatisierung der kindlichen Lebenswelt (mit den vermuteten Gefahren des Gewalt- und Pornografiekonsums durch Heranwachsende), Fragen der sozialen Ungleichheit durch Bildung, der Armut von Kindern und Fragen des Erwachsenen-Kind-Verhältnisses, das es immer wieder mit Diskussionen über das scheinbar nötige Grenzen-Setzen in die populäre Presse schafft.

An der Kindheit, so scheint es, werden grundlegende Fragen heutiger Kultur stellvertretend diskutiert. Ein Blick auf die Kinderkörper lässt zum Beispiel Übergewicht und Bewegungsarmut von Kindern angesichts des kulturellen Wandels von Kindheit bedeutsam werden. Dieser kritische Blick auf den Wandel von Kindheit grenzt unter der Hand und in der Öffentlichkeit weitgehend unbemerkt Kindheiten, die als „behindert" gekennzeichnet werden, aus und konstruiert eine spezifische neue Form „normaler" Kindheit in Zeiten der Mediatisierung und neuen Bildungsorientierung.

Die öffentlich verhandelten Probleme sind so emotional aufgeladen, dass nur wenig Spielraum besteht, andere Themen von Kindheit in den Blick zu nehmen (vgl. Fuhs 2003, 2010; Buchner-Fuhs/Fuhs 2009). Die Diskussionen über den Wandel von Kindheit, die in den letzten Jahrzehnten geführt wurden, sind Ausdruck nicht nur veränderter Lebenspraxen und Lebenswelten von Kindern, sie sind auch Ausdruck einer veränderten Bewertung von Kindheit und begleiten einen Prozess der Durchsetzung neuer Werte und Normen, die sich mit Bildungsorientierung in Schule und Freizeit sowie partnerschaftlichen Generationsbeziehungen umreißen lassen. Als Reaktion auf Ergebnisse von OECD-Studien verlagern Politik und Gesellschaft die Entscheidung über die Zukunft eines individuellen Kindes in immer frühere Lebensalter (vgl. z. B. das BMBF-Programm „Frühe Chancen – Sprachförderung für Kinder von 0–3 Jahren"), und Eltern/Erziehungsberechtigte stehen dadurch immer stärker unter Druck, möglichst frühzeitig Chancen zu erkennen und zu ergreifen, postulierte Defizite auszugleichen und mit ihren Handlungen und Entscheidungen den Bildungsweg ihres Kindes erfolgreich zu beeinflussen. Gleichzeitig erhalten veränderte Spielkulturen, Massenmedien und ein beständig wachsender Trend zur Individualisierung eine besondere Bedeutung. Dieses neue Bild von Kindheit, das sich in einem Prozess der Normalisierung allmählich veralltäglicht, konstruiert Normalität in sehr engen körperlichen, kognitiven und sozialen Grenzen.

Die neuen Standards im Elementarbereich, die darauf angelegt sind, Entwicklungsrückstände und besonderen Förderbedarf von Kindern frühzeitig zu erkennen, sind ein deutliches Indiz für diese neue Normierung von Kindheit. Dies steht im Kontrast zu gegenwärtigen Bemühungen, Kindheit eher als heterogen wahrzunehmen und stärker durch Inklusionsbedingungen zu rahmen. Eine integrative/inklusive Gesellschaft verlangt nach einer Konzeption des Zusammenspiels von Heterogenität und Individualität und der Klärung der Frage, was unter Normalisierung in einer solchen Gesellschaft zu verstehen ist.

Vor diesem Hintergrund können an Kindheiten mit eigener Wandlungslogik besonders gut scheinbare Normalitäten des Wandels von Kindheit in den Blick genommen werden. Die vergleichsweise kleine Gruppe von Kindern mit Hörbeeinträchtigungen (1–2 von 1 000 Kindern werden gehörlos geboren) kann als Mikrokosmos verstanden werden, anhand dessen diskutiert werden kann, wie eine sich verändernde Gesellschaft auf Normalisierungsprozesse von Kindheit einwirkt und wie eine sich im Gegenzug verändernde Kindheit auf die gesellschaftlichen Entwicklungsprozesse Einfluss nimmt.

In den folgenden Überlegungen werden die Hörkulturen von Kindern in den Mittelpunkt gestellt und gefragt, welche unterschiedlichen Formen von Hörkultur sich heute in der Kinderkultur und vice versa finden? Wie wirkt sich eine „Doppelte Modernisierung" (Wandel der Kindheit zugleich mit technisch-medizinischer „Fortschritt"-Moderne in der Hörenden- und Gehörlosenkultur) aus? Und was bedeutet dies im Hinblick auf Normalitätskonstruktion und Normalisierung im Kontext von Inklusion?

Die unterschiedlichen Hörkulturen werden zur Untersuchung von Kindheit auch deshalb gewählt, weil sie nicht allein als Dichotomie zwischen Vorteil und Nachteil etwa in dem Sinne einer „normalen" Hörkultur und einer „behinderten" Hörkultur entworfen werden können. Die folgenden Überlegungen sind als explorativer Entwurf gedacht, der als Vorarbeit für eine Studie zu kindlicher Entwicklung im Spannungsfeld von Gehörlosen- und Hörendenkultur gedacht ist und einen neuen Blick auf den Normalisierungsprozess von Kindheit eröffnen soll.

Hören als Normalität?

Fast unbemerkt hat der gesellschaftliche Wandel zu einer Veränderung der gesamten akustischen Ordnung geführt, die auch Kindheit in allen Lebensbereichen verändert hat. Dies hängt zum einen mit einer technisierten und urbanisierten Umwelt zusammen, in der Hören immer mehr als Problemfall in Erscheinung tritt, etwa beim Straßen- und Fluglärm oder bei der Diskussion um die Lautstärke von Kindergärten, die als Beeinträchtigung wahrgenommen wird. Auf der anderen Seite sind mit der Mediatisierung des Alltags vielfältige neue Hörkulissen entstanden. Als Beispiele können hier der Musikkonsum, der fast alle Formen der Mediennutzung emotional steuert und auch Konsumsituationen etwa in Geschäften, Malls oder in Restaurants bestimmt werden. Die heutige Freizeitgesellschaft ist ohne eine industrialisierte Hörkultur nicht denkbar und die private wie öffentliche Produktion von Erlebnissen und Emotionen sind in hohem Maße auf das Hören en passant abgestimmt. Die Auswirkungen der Veralltäglichung dieser neuen Hörkultur auf die akustische Kultur der Kindheit sind bisher nicht erforscht, aber es muss angenommen werden, dass schon in der Schwangerschaft akustische Belastungen und neue Formen der akustischen Gestaltung der Schwangerschaft – etwa über Musik – „normal" geworden sind.

Der mediale und technische Fortschritt ermöglicht es von jüngster Kindheit an, immer und überall von Geräuschen, Klängen und Musik umgeben zu sein. Bereits Schafer (1977, 1993) spricht von akustischer „Umweltverschmutzung", in dem er auf die Zunahme von akustischen Angeboten in allen Lebensbereichen verweist. In seinen Ausführungen wird die Entwicklung der „Klanglandschaften" von der naturgegebenen „Lautsphäre" zu dauerhaftem städtischen Lärm und manipulativer Musikbeschallung beschrieben, deren einziger Ausweg ein bewusstes, kritisches Hören und eine aktive Gestaltung der akustischen Umwelt ist. Der (post-)moderne Mensch wird gezwungen, sein Hörverhalten bewusst zu steuern, und wertvolles „Zu-Hören" (z. B. Konzert- und Theaterbesuche) von lästigem „Weg-Hören" (z. B. Verkehrs- und Maschinenlärm, Musik in Verkaufs- und Konsumsituationen) zu trennen. „Stille und Ruhe", ergo die Abwesenheit von Geräuschen und Klang, bekommen so eine positive Konnotation, während gleichzeitig die kulturelle Bedeutung von Musik betont wird. Trotz dieses Wandels der Hörkultur und den neuen Möglichkeiten, Gefahren und Grenzen der modernen Hörwelten, dient das Hören, immer noch in weiten Teilen dazu, körperliche, soziale und psychische Normalität zu konstruieren und vom normal Hörenden die Gruppe der Nicht-Hörenden abzugrenzen. Der Wandel von Kindheit hat zu einer Veralltäglichung einer neuen Hörkultur geführt, deren Risiken und Chancen (deren Zwänge, Erwartungen und Erfahrungen und neuen Medienpraxen der Kinder), zu neuen Normalitätsnormen geführt haben, die Kindheit als hörende Kindheit neu entwirft.

Diese Normalitätskonstruktion lässt sich um Umgang mit dem Nicht-Hören gut herausarbeiten. Gehörlose Erwachsene und gehörlose Kinder werden immer noch und immer wieder, sowie unter urbanen und mediatisierten Bedingungen in einer neuen Form, als die „Anderen", als „Fremde" definiert (vgl. Uhlig 2012) und ein eingeschränktes Hören wirkt als Stigma im Prozess einer ‚mitleidvollen' Ausgrenzung aus der mediatisierten Hörgemeinschaft der Mehrheitsgesellschaft. Dass diese Ausgrenzung zugleich eine Eingrenzung in eine eigene Gemeinschaft darstellt (ebd.), ist dabei eine der Grundbedingungen heterogener Gesellschaften, in denen Diversity im Rahmen der Zwänge und Möglichkeiten von den jeweiligen Akteuren in einem Feld aktiv gestaltet wird. In der Geschichte von Menschen mit Hörbeeinträchtigung ist eine eigene Kultur mit eigenen Kommunikationsformen, eigenen Formen der Vergemeinschaftung und eigener Sprache entstanden (vgl. Uhlig 2012), die zu einer Parallelmoderne und einer eigenen Form von veränderter Kindheit geführt hat. Nicht-zu-Hören ist in diesem Sinne genau so normal wie zu hören und Teil eines kulturellen Selbstbestimmungsrechtes, das einen eigenen Rahmen für Kindheit aufspannt, ohne dass dies bisher in den Blick genommen wurde. Dass Gehörlose eine eigene Kultur besitzen, die sich u. a. durch gemeinsame Erfahrungen, Weitergabe über Generationen hinweg, eine eigene Geschichte, Bräuche und Witze auszeichnet, ist belegt (vgl. u. a. Ladd 2003, 2008). Auch neue Formen der visuellen interaktiven Kommunikationsmedien wie sms, e-mail oder twitter tragen darüber hinaus dazu bei, dass die Gemeinschaft der Gehörlosen als eigenständige Gruppe empfunden wird, auch wenn in der unmittelbaren Umgebung keine Gehörlosen ansässig sind.

Da Hören als normative Normalkultur den Hörenden in der Regel nicht bewusst wird, können Hörende nur schwer nachvollziehen, wie sich das (Er-)Leben von Menschen mit Hörbeeinträchtigungen gestaltet. Versuche, sich dieser Erfahrungswelt anzunähern, nutzen das Konzept von Stille als Metapher für die Abwesenheit jeglicher Hörempfindung. Für Hörende ist es nicht möglich, die Erfahrungswelt und damit die Existenz von Gehörlosen zu erfassen, da sie in dem Erfahrungsraum Hörender nicht vollständig auftaucht (vgl. Lane 1995, 2005; Hilgers 1999 „Warum Gehörlose immer erschossen werden!"). Hörenden ist es nicht möglich, einen sinnlichen Zugang zur gesteigerten Form des Sehens, Fühlens und Gebärdens, die Gehörlose entwickeln, zu finden, oder, wie es Leist (2010, S. 9) formuliert: „Die Kulturendifferenz zwischen Hörenden und Gehörlosen beruht darauf, dass sie bestimmte starke Urteile nicht teilen können."

Das Hören wird von der hörenden Mehrheitsgesellschaft in seiner Bedeutung als grundlegende Kulturleistung verdichtet. Hören ist für die hörende Mehrheit Grundlage jedweder Kultur und gilt als Zugang zur Wissensgesellschaft. Dies ist dann nachvollziehbar, wenn, abgeleitet aus einem anderen Minderheiten-Mehrheiten-Kontext, Bezug genommen wird auf die Betonung sprachlicher Bildung als Grundvoraussetzung von Teilhabe an der Mehrheitsgesellschaft (vgl. Esser 2006).

Hörkultur und Gehörlosenkultur mit ihren Spezifika stehen miteinander in Konflikt, der für Gehörlose erheblich größere Einschränkungen mit sich bringt als für Hörende; ein Umstand, der wiederum zur Bewahrung kultureller Identität beiträgt. Obwohl beide Kulturen synchron in der sich wandelnden Gesellschaft verankert sind, sind sie jedoch nicht als „gleichwertig" zu betrachten (vgl. Leist 2010). Im Normalisierungsprozess von Kindheit wird Hören so zu einem Indikator für neue Formen der sozialen Ungleichheit von Geburt an. Menschen mit Hörbeeinträchtigungen sind weit davon entfernt, in der Mehrheitsgesellschaft gleiche Chancen zu erhalten wie Hörende. Es kann wiederum als Resultat der herausragenden Bedeutung lautsprachlicher Fähigkeiten gewertet werden, wenn Menschen mit Hörbeeinträchtigungen nur in Nischen der hörenden Gesellschaft beruflich tätig werden können und Lese- und lautsprachliche Sprechfähigkeit als Ausschlusskriterium beruflicher Leistungsfähigkeit gewertet werden, deren Fehlen wiederum zu sozialer Abhängigkeit und zu einem Leben auf vergleichsweise geringerem materiellen Niveau führen können (vgl. Balkany/Hodges/Goodmann 1996).

Wenn wie hier eine hörende Mehrheitsgesellschaft und eine hörbeeinträchtigte Minderheit kontrastiert werden, zeigt sich bei näherem Hinsehen, dass diese bipolare Gegenüberstellung sowie die scharfe Grenzziehung zwischen einer hörenden Hegemonialkultur und einer Gehörlosengemeinschaft kein vollständiges Bild ergibt. Vielmehr finden sich vielfältige Bezüge und Grenzüberschreitungen zwischen Hören, Nicht-Hören, Gebärden, Gestikulieren Sprechen, Schreiben und unterschiedlichen Formen der visuellen

Kommunikation. Während der Lebensvollzug in vielen Alltagsbereichen von Musik unterlegt ist, finden sich auf der visuellen Ebene im globalen Maßstab neue Formen der nicht akustischen Kommunikation etwa in der internationalen Reisekultur, in der sich die Reisenden auf den Bahn- und Flughäfen durch Piktogramme orientieren können. Zentrale globale Ereignisse, wie der 11. September oder Fukushima, werden nicht mehr in der Hauptsache verbal kommuniziert, sondern über Bilder. Hörende wie Nichthörende haben gemeinsam Anteil an der neuen Form der globalen visuellen Kultur. Kinder aus aller Welt, gleichgültig welcher Hörkultur sie angehören, teilen heute eine visuelle Kinderkultur, wie sie etwa vom Fernsehen, vom Internet oder vom Familienkino verbreitet wird.

Dieser visual turn in der Medienkultur, der sich im Internet und im Fernsehen deutlich widerspiegelt, hat die Hörkulturen und ihre Normalitäten tiefgreifend verändert. Während der emotionale Alltag vielfach durch unterschwelliges Hören bestimmt wird, ist eine Partizipation an der globalen Mediengesellschaft vor allem durch den visuellen Weg vermittelt. Folglich haben sich durch die Mediatisierung der Alltagskultur die Grenzen verschoben und die Gewichtung von Hören, Sehen, Schreiben und Sprechen verlagert, ohne dass dies in der Mehrheitskultur bewusst geworden wäre. Hören, Hören mit Hörgerät, Hören mit Implantat, Schwerhörigkeit und Gehörlosigkeit sind unterschiedliche Qualitäten in einer heterogenen Hörkultur, die durch Diversität und neue mediale Herausforderungen geprägt ist. Die subjektive Sicht der Betroffenen zeigt den sozialen, kulturellen und körperlichen Wandel, der durch die neue Hörmedizin in Gang gesetzt wurde. Wir haben es mit einer doppelten Mediatisierung der Kindheit als eine akustisch differenzierte Mediennutzung zu tun, die zu einer Polarisierung des Kinderalltags führt, obwohl die neuen Medien in vielfacher Hinsicht Überschreitungen traditioneller Hörgrenzen ermöglichen würden.

Technik und Medizin: Fortschritt zwischen Hoffnung und Enttäuschung

Nicht nur die Kindheit ist einem visuellen und akustischen Wandel unterworfen, auch das Hören selbst unterliegt einem Technisierungsprozess, der die Lebenswelt von Hörenden wie Hörbeeinträchtigten verändert hat. Das, was Nichthören oder Hören mit technischen Hilfsmitteln heute bedeutet, unterliegt einem Normalisierungsdruck, der von frühster Kindheit an wirksam wird. Die Technisierung und Mediatisierung des Umgangs mit Hörbeeinträchtigung und Gehörlosigkeit haben zu einem Wandel in der hörenden und Gehörlosenkultur geführt und neue Übergangsformen sowie eine neue Durchlässigkeit zwischen Hören und Nicht-Hören ermöglicht. Auf der einen Seite sind neue technische Hörhilfen entwickelt worden, die zum einen kleiner und leistungsstärker geworden sind und zum anderen kann leistungsstarke Computertechnik ihren Beitrag zur Verbesserung unterschiedlicher Hörsituationen, eine Erleichterung von Visualisierung und zur Nutzung alternativer Kommunikationswege zwischen Hörenden und Gehörlosen (sms, chat) leisten.

Eine tiefgreifende Veränderung im Bereich der Hörkulturen stellen Cochlea-Implantate dar, die als medizinische Eingriffe in den Körper und seine Hörvorgänge zu einem raschen, ambivalenten und emotional hoch belasteten Fortschrittsprozess geführt haben, der die bisherige Ordnung der Hörwelten in Frage stellt. Die Einordnung eines Kindes entweder in die hörende Mehrheitskultur oder in die gehörlose Minderheitskultur hat sich weitgehend aufgelöst. 80 % aller gehörlos geborenen Kinder bekommen in den Industriestaaten ein Cochlea-Implantat (CI) (vgl. Humphries et al. 2012). Ein CI besteht aus einer Elektrode, die in die Gehörschnecke eingeführt wird, und dem Sprachprozessor, welcher hinter dem Ohr getragen wird. Es handelt sich dabei um eine elektronische Hörprothese, die zum Ziel hat, die defekten Haarzellen im Innenohr mittels eines Elektrodenbündels zu ersetzen. Voraussetzung für die Implantation ist ein intakter Hörnerv, da die Elektroden den Hörnerv reizen, und somit „Hörreize" simulieren. Durch die mit der Implantation verbundenen physischen Veränderungen der auditiven Wahrnehmung und Stimulation wird es unmöglich, im späteren Lebensalter auf traditionelle, aber durch fortschreitende Entwicklung möglicherweise leistungsfähigere Hörgeräte zurück zu greifen. Während früher meist nur auf einer Schädelseite implantiert wurde, um eine der beiden Seiten für eine bessere CI-Entwicklung zu schonen, werden heute zunehmend beide Ohren gleichzeitig implantiert, in der Hoffnung, dass durch die binaurale Schallverarbeitung eine weitere Annäherung an das natürliche Hören erfolgt und sich bessere Erfolge in der Hör- und Sprachverarbeitung erreichen lassen. Allerdings ist zu berücksichtigen, dass die über das CI evozierten elektrischen Reize eine grundlegend andere Hörempfindung als die von Hörenden empfundene auslöst. Ein intensives und lang andauerndes Hörtraining soll gewährleisten, dass sich über die zentrale Verarbeitung eine Gewöhnung an den Höreindruck einstellt. Dabei ist es nicht nur interindividuell unterschiedlich, sondern auch wissenschaftlich stark umstritten, in welchem Umfang Geräuschzuordnungen und schließlich Lautsprache erlernt werden können.

Wie bei allen Fortschrittsprozessen gibt es Vor- und Nachteile der Implantation, der Einsatz ist nicht gefahrlos, muss im Lebenslauf wiederholt werden, und kann im Ergebnis nicht vollständig vorhergesagt werden. Hier gilt es aus medizinischer Sicht abzuwägen, ob eine technische Hörhilfe ausreicht oder implantiert werden soll, muss oder kann. Das Hören als Interpretation der Signale vom Ohr muss in einem langen Prozess erlernt werden. Einen herausragenden Stellenwert nimmt in diesem Entscheidungsprozess der zu erwartende Erwerb der deutschen Lautsprache ein. Obwohl die Erfolgsrate stark schwankt und bisher keine verlässlichen Indikatoren zur

Erfolgsvorhersage vorliegen (vgl. z.B. Szagun et al. 2006) werden Eltern durch die ideologisch geführte Diskussion möglicherweise den tatsächlichen entwicklungsbedingten Erwerbsbedürfnissen ihrer gehörlosen Kinder nicht gerecht. Ähnlich wie bei sukzessiv-bilingual aufwachsenden Kindern aus Familien mit Migrationsgeschichte erhält der Erwerb der Mehrheitssprache – hier: deutsche Lautsprache – einen herausragenden Stellenwert. Die Bedrohung der kindlichen Entwicklung durch „sprachliche Deprivation" (Humphries et al. 2012, S. 16), welche wiederum erhebliche Kosten für das Gesundheitssystem und die Gesellschaft hervorbringt (vgl. Cheng et al. 2000), wird zum über die Individualentwicklung gestellten Faktor, der kaum noch hinterfragt wird. Gehörlose und hörende Eltern sind vor jeweils andere Entscheidungsbedingungen gestellt: Während hörende Eltern ein starkes Interesse besitzen, ihre Kinder sich im Rahmen ihrer eigenen, von der Lautsprache geprägten Realität entwickeln zu sehen (vgl. Vogel 2010) und damit sozialisationsbedingt eine klare Präferenz für die Lautsprache aufweisen, stehen gehörlose Eltern vor der entgegengesetzten Situation. Beide Elterngruppen stehen vor der Herausforderung, das

> „Ungleichgewicht zwischen den Folgen der Entscheidung für die eigene Persönlichkeit und der kaum möglichen Vorwegnahme dieser Folgen zum Zeitpunkt der Entscheidung auszuhalten. Solche Entscheidungen umfassen auf undurchsichtige Weise eine Selbsttransformation, deren Ausmaß, weil sie sich langsam vollzieht, meist verborgen bleibt. Wie bei den gehörlosen bzw. den CI-Kindern passen sich Persönlichkeit und Fähigkeit (und soziale Umwelt) wechselseitig an, sie entwickeln sich gleichzeitig aufeinander zu." (Leist 2010, S. 18).

Vermehrt entscheiden sich gehörlose Eltern selbst für ein CI, um einen Einblick in den Erfahrungshorizont ihrer Kinder zu erhalten. Wie viele hörende Eltern im Gegenzug aktiv Einblick in Gehörlosenkultur und Gebärdensprache suchen, ist bisher nicht systematisch erforscht. Je älter der oder die Implantierte ist, desto schwerer fällt der Anpassungsprozess. Aus diesem Grund stehen Eltern von gehörlosen Kindern unter dem Druck, dass sie ihre Kinder möglichst früh implantieren sollten.

Menschen mit CI stehen nicht zwischen Hören und Nicht-Hören, sondern sind eine eigene Gruppe mit einer eigenen Hörkultur und eigenen biografischen, medizinischen und sozialen Herausforderungen. Häufig gelingt es hörenden und gehörlosen Eltern, das machen die Auseinandersetzungen um das Implantat deutlich, nicht, diesen dritten Weg zwischen den Kulturen als eigenständig wahrzunehmen. Ähnlich der Selbstberichte von Schwerhörigen oder hörenden Kindern gehörloser Eltern (Codas) sind Kinder, die früh mit einem Innenohrimplantat versorgt werden „Hybridwesen", die durch die neuen operativen und technischen Möglichkeiten entstanden sind. Ihre Erfahrungen mit dem Hören und Nichthören sind nicht nur anders als die bisherigen Erfahrungen der Hörkultur, sondern auch nicht direkt mit der Erfahrungswelt Schwerhöriger zu vergleichen. Neben der Kultur der Hörenden und der Gehörlosenkultur wächst eine Gruppe von Kindern auf, die geeignet ist, die kulturellen und sozialen Grenzen in Frage zu stellen. Sie fordert die Pädagogik im Kontext der UN-Behindertenrechtskonvention und einer inklusiven Gesellschaft zu einem neuen Diskussions- und Handlungsbedarf heraus.

Zur Ethik technisierter Hörkulturen – Pädagogisches Fragen

Wie diese neuen Formen der Hör- und Gehörlosenkultur erlebt, verstanden und bewertet werden können, ist ebenso offen wie die Frage, in welcher Weise die Pädagogik auf diese Veränderung der (individualisierten) Hörkulturen reagieren wird, reagieren kann und sollte. Die Pädagogik mit ihren etablierten Institutionen könnte aus Angst davor, eine Klientel zu verlieren, die Kinder mit Hörbeeinträchtigungen als Behinderte stigmatisieren und die neuen Möglichkeiten der Grenzverschiebungen zwischen den Kulturen nicht sehen.

Der Wandel und die Dominanz der Hörkultur, welche sich wie alle Fortschrittsprojekte als janusköpfiges Verheißungsprojekt präsentieren, die den Akteuren schwerwiegende Entscheidungen für das weitere Leben von Neugeborenen abverlangt, führen zu politischen und ethischen Herausforderungen. Die Möglichkeiten neuer Techniken fordern Entscheidungen stellvertretend von erwachsenen Experten und Erziehungsberechtigten über die Köpfe der unmündigen Kinder hinweg – und dies möglicherweise unter Vernachlässigung der Unversehrtheit und des Mitspracherechtes des Kindes (UN-Kinderrechtskonvention, z.B. Art. 6, 12, 30; Teuber o.J. vs. Kuhlmann 2004). Die Versorgung mit Cochlea-Implantat(en) ist ein operativer irreversibler Eingriff, der nicht durch das Kind selbst mit verantwortet werden kann. Die kulturelle Orientierung und Zugehörigkeit (d.h. die Entscheidung meist hörender Eltern für die Hörendenkultur bzw. die Mehrheitsgesellschaft) wird über die Normalitäts- und Machbarkeitsvorstellungen der Majorität vorherbestimmt. Pro- und contra-Argumente für die Implantation schwanken demnach zwischen CI als gewaltsamem Eingriff in den selbstbestimmten Prozess der Identitätsbildung, der der eigenen (subjektiven) Verortung/Konstruktion in/von Normalität entgegensteht, gar einem „Genozid" an der Gehörlosenkultur (vgl. Lane 1992) und einer „zwanghaften Solidarität" (vgl. Rötzer 2008) mit der „Notgemeinschaft" (Müller/Zaracko 2010, S. 247) und dem „Recht auf Cochlea-Implantat", so dass Eltern, die einer Implantation bewusst widersprechen, das Sorgerecht entzogen werden kann (ebd., S. 246).

Im Rahmen der Veränderungen von Kindheit stellen die neuen techni-schen, implantativen Hörformen eine eigene Form der Normalisierung dar. Möglicherweise stellt sich die Normalisierungsfrage für Kinder mit CI nicht in einem Entweder/Oder für die Gehörlosen contra der Hörkultur, sondern muss als eigenständige Normalisierung von Kindheit verstanden werden, wie sie auch in anderen Mehrheiten/-Minderheitenkontexten (Migration) zu beobachten ist. Zwischen Kindern und Jugendlichen, die bilingual-bikultu-rell im Kontext von Migration aufwachsen und Kindern mit Cochlea-Im-plantat können verschiedene sich überschneidende Bedingungen festgestellt werden. Insbesondere das Aufwachsen zwischen einer dominanten Mehr-heits- und einer Minderheitenkultur und den dazu gehörenden Mehrheits- und Minderheitensprachen sind sozialisierungsbedeutend. Allerdings zieht sich das kulturell-sprachliche Spannungsfeld durch die Familie selbst: 90 % aller ca. 1 800–2 400 jährlich in Deutschland geborenen Kinder mit einer gravierenden angeborenen oder im ersten Lebensjahr erworbenen Schwer-hörigkeit haben hörende Eltern (vgl. Dazert et al. 2006), welche bis zum Zeitpunkt der Feststellung der Hörbeeinträchtigung keinerlei Kontakt, Kenntnis oder Interesse mit Gehörlosenkultur und Gebärdensprache haben. Kinder, die zwischen den Kulturen aufwachsen, können als eine heterogene Gruppe verstanden werden, deren Gemeinsamkeit zunächst auf die Hör-beeinträchtigung gründet. Die Bandbreite des Grades von Hörbeeinträchti-gung reicht von Schwerhörigkeit zu Gehörlosigkeit, wobei die individuelle Sozialisation nicht auf den Grad der Hörbeeinträchtigung reduziert werden kann, sondern maßgeblich von der Ausgestaltung individueller Lebenswel-ten abhängig ist. Wird allein die Gruppe der gehörlos geborenen Kinder be-trachtet, unterscheiden sich die Lebenswelten gehörloser Kinder hörender Eltern stark von denen gehörloser Kinder aus Familien, in denen Eltern und/oder Geschwister ebenfalls gehörlos sind. Über die alleinige Definition „Gehörlosigkeit" wird jedoch nicht erfasst, wie viel und welchen Kontakt ein Kind zu einer oder zu beiden Kulturen und zu den beiden Sprachen Deutsche Gebärdensprache (DGS) und Deutsche Lautsprache (DLS) erhält. Gehörlosen- und Hörendenkultur können durch spezifische Parameter, wie z. B. emotionskulturelle Aspekte, Formen der Welterschließung, den An-schluss an die Minderheiten- und Mehrheitenkultur, schulische Kommuni-kationskultur oder Freundeskreise gefasst werden. Bei bilingual-bikulturell aufwachsenden Kindern (Kindern mit Migrationshintergrund) hat sich ge-zeigt, dass der sich gegenüber den Einwanderern der ersten Generation ver-änderte Status zu anderen und neuen Möglichkeiten führt, die sich nicht mehr aus den traditionellen Herkunftskulturen ableiten lassen. Sie sind auch keine einfach zu fassende Zwischenkultur – als interkulturelles Phänomen verstanden –, sondern können als offene neue Lebensformen angesehen werden, die aber dennoch durch die Logik von Exklusion und Inklusion, von arm und reich, von weiblich und männlich entfaltet werden müssen. Ebenso ist anzunehmen, dass die Veränderungen der Gehörlosen und der

Hörendenkultur neue Lebensweisen und Biografien hervorrufen wird. Diese Fragen können schwer gesellschaftlich bearbeitet werden, da die Erfahrungen nicht offen kommuniziert werden und zum Teil tabuisiert sind. Es fehlen Erfahrungs- und Lernräume, die die Kinder und Eltern gestalten können und in denen Kontakt und Dialog möglich wird. Offen bleibt mit Hans Jonas (1979), welche Art von Verantwortung die pädagogischen Professionen eingehen, wenn sie den aktuellen technischen Fortschritt nutzen, wenn der (medizinische) Fortschritt bestimmt, was „normale Mittel" sind, so dass sich der gesellschaftliche Normalisierungsprozess wie bei Menschen mit CI in die Körper und in die Sachkultur einschreibt und wie dieser in Anerkennung der eigenen Normalitätsvorstellungen von Kindern und Jugendlichen mit CI pädagogisch gewertet, begleitet, bewältigt und gestaltet werden sollte?

Konstruktion von Normalität im Kontext von Inklusion

Eine „normale" Kindheit wird heute immer noch als „hörende" Kindheit definiert wird, obwohl sich die Hörkultur in den letzten Jahrzehnten in tiefgreifender Weise verändert hat. Normalität in diesem Sinne umfasst funktionale und ästhetische Normen, während Behinderung als Dissonanz zwischen der Gestaltung der Lebenswelt und den individuellen Möglichkeiten und Kompetenzen gefasst werden kann. Körperliche Normalität ist dabei nur im Kontext des technisch-medizinischen Fortschritts und der jeweils historischen Körpernormen (um eine sozialstatistisch definierte Mitte, eine zulässige Abweichung, Idealform für den Körper und Formen des Abweichenden/Auszugrenzenden) zu verstehen, wobei die Naturwissenschaften (Medizin, Biologie, Hirnforschung, Genforschung, Psychologie) dabei als rationale Wertegeber dienen. Das Normale beschreibt Handlungen, Regeln und Prozesse, die soziale Strukturen und individuelles Handeln reibungslos verzahnen, während sich das Nicht-Normale nicht oder nur unter speziellen Anstrengungen in reguläre Alltagsabläufe einer Mehrheit einordnen lässt. Normalisierung als gesellschaftlicher Prozess der zunehmenden Bewertung und Verwertung und der zunehmenden Gestaltung und Verwaltung aller Lebensbereiche nach einheitlichen Werten und Normen widerspricht jedoch dem gesellschaftlichen Anspruch von Inklusion.

Die UN-Konvention über die Rechte von Menschen mit Behinderungen (UN-BRK) wurde von Deutschland im März 2009 ratifiziert. In Artikel 2 (Anerkennung der Gebärdensprache), Artikel 24 (Schulbindung, Erlernen der DGS) und Artikel 30 wird explizit auf die Gehörlosengemeinschaft Bezug genommen. Die Präambel zur BRK erkennt an, „dass das Verständnis von Behinderung sich ständig weiterentwickelt", hebt aber auch hervor, „dass Behinderung aus der Wechselwirkung zwischen Menschen mit Beeinträchtigungen und einstellungs- und umweltbedingten Barrieren entsteht, die sie an der vollen, wirksamen und gleichberechtigten Teilhabe an der Gesellschaft hindern". Behinderung als Interaktion zu definieren bedeutet, dass „Behinderung" kein Attribut einer Person ist. Die Verbesserung der sozialen Teilhabe kann dadurch erreicht werden, dass die Barrieren abgebaut werden, die Personen mit Behinderungen in ihrem täglichen Leben einschränken (vgl. Weltbericht Behinderung 2011).

Die ICF-CY (vgl. DIMDI 2005), die „International Classification of Functioning, Disability and Health-Child and Youth" ist eine von der Weltgesundheitsorganisation initiierte und herausgegebene Klassifikation zur Beschreibung der funktionalen Gesundheit, der Behinderung, der sozialen Beeinträchtigung sowie der relevanten Umweltfaktoren von Menschen. Behinderungen sind Schwierigkeiten, die in einem oder mehreren dieser drei Bereiche von Funktionsfähigkeit auftreten. Die ICF kann auch als Grundlage dienen, die positiven Aspekte der Funktionsfähigkeit (z.B. Körperfunktionen, Aktivitäten, Teilhabe und Umwelterleichterungen) zu verstehen und zu messen. Die ICF verwendet eine neutrale Sprache und unterscheidet nicht zwischen Art und Ursache von Behinderung – z.B. zwischen „physischer" und „mentaler" Gesundheit. „Gesundheitsprobleme" sind Krankheiten, Gesundheitsstörungen und Verletzungen, während „Schädigungen" spezifische Beeinträchtigungen von Körperfunktionen und -strukturen darstellen, die häufig als Symptome oder Zeichen von Gesundheitsproblemen betrachtet werden. Behinderung entsteht folglich aus der Interaktion von Gesundheitsproblemen mit Kontextfaktoren (Umweltfaktoren und personenbezogene Faktoren) (Weltbericht Behinderung 2011: 21). Mit der ICF-CY wird ein grundlegend veränderter Blick auf Störungen und Behinderungen formuliert. Das bio-psycho-soziale Behinderungsmodell der ICF hingegen orientiert sich

„weg von einer nur diagnose- und defizit-orientierten Sichtweise hin zu einer Betrachtung des kranken Menschen in seinen biografischen und sozialen Bezügen [...]. Die Aspekte der individuellen Kompensationsfähigkeit, persönlicher Einstellungen und Ressourcen müssen ebenso betrachtet werden wie Barrieren oder hemmende Einstellungen." (BAR 2008, S. 45)

„Ziel der Inklusion ist es, das gemeinsame Leben und Lernen von Menschen mit und ohne Behinderungen als gesellschaftliche Normalform zu etablieren." (Löhrmann 2011, S. 102) Hier stellt sich die Frage, wie sich Inklusion als Normalität bzw. der Inklusions-Normalisierungsprozess in einer „desintegrierten Gesellschaft" (vgl. Benkmann 2012) für Kinder mit CI darstellt. Bedeutend für den Normalisierungsprozess ist jedoch die Verknüpfung der Zuweisung von sonderpädagogischem Förderbedarf und Anspruch auf pädagogische Fachkompetenz (Sonderpädagoginnen) bzw. materielle Hilfen zur Umsetzung eines inklusiven Bildungsanspruches („Ressourcen-Etikettierungs-Dilemma", vgl. Füssel/Kretschmann 1993; Powell 2004).

Während die Mehrheitsgesellschaft für diese Problematik eine gesellschaftliche Antwort bisher schuldig geblieben ist und die Integration in die hörende Mehrheit propagiert, stellt die Gehörlosengemeinschaft die grundsätzliche Frage nach dem Behinderungs- bzw. dem Normalitätsbegriff unter Anerkennung von Gehörlosen als Menschen einer eigenständigen Kultur denn als Behinderte (vgl. Lane/Grodin 1997). Die Diskussion inner- und außerhalb der Gehörlosengemeinschaft kreist um das eigene Selbstverständnis, die den Behinderungsbegriff für Gehörlose in Frage stellt (vgl. Lane 2002). Swiller (2011) erkennt in dem kulturellen Wandel, der massiv durch den medizinisch-technischen Fortschritt und den damit verbundenen Veränderungen von Normalität katalysiert wird, ein „New Deaf Community Paradigm" und spricht sich dafür aus, den Wandel anzunehmen. Der technische, medizinische, soziale, ökonomische und mediale Wandel hat zu neuen Formen der Kultur von Hörenden und Gehörlosen geführt, deren Integration in eine der beiden Gruppen nicht ohne weiteres (selbst-)verständlich ist. Swiller (2011) betont, dass die Reaktionen der Gehörlosengemeinschaft auf die demografischen und technologischen Veränderungen maßgeblich dazu beitragen werden, wie die Gehörlosengemeinschaft weiter bestehen wird. Sein Vorschlag: „Embracing Change" (ebd., S. 259) in Konzentration auf die (wirtschaftliche) Entwicklung der modernen Gesellschaft, und nicht nur auf die Stärken Gehörloser.

Mediatisierte Kinderkultur jenseits akustischer Normalität

Die veränderte Kindheit von hörenden und hörbeeinträchtigten Kindern bietet heute eine Vielzahl von Kommunikationsmöglichkeiten über die kulturellen Grenzen hinweg, so dass das von außen betrachtete problematische Aufwachsen in zwei Kulturen und Sprachgemeinschaften (Hörende – Gehörlose) gegenüber den früheren Stigmatisierungen von Gehörlosen für die Heranwachsenden scheinbar an Bedeutung verliert. Klar ist, dass eine einfache Definition von Kindern als Teil der sozialen Gruppe der Hörbeeinträchtigten immer weniger greift und wir es mit einer Vielzahl von Lebensformen zwischen Hören und Nichthören zu tun haben, die nicht nur durch das Hören, sondern ebenso durch andere Formen des sozialen Wandels (neue Kinderkultur, neue Generationsbeziehungen, neue Lernformen) zu bestimmen sind.

Vor diesem Hintergrund zeigt sich für die Pädagogik die neue Form von Kindheit (in der Gehörlosen- und Hörendenkultur) in der Anerkennung von Heterogenität. Viele Formen von Kindheiten stehen nebeneinander (und sitzen in den Schulklassen und Kindergärten nebeneinander), Kindheiten, die die Kinder selbst herstellen, die sich aber nicht zwingend und in erster Linie als Kindheit „zwischen den Kulturen" von hörend und gehörlos definieren muss. Die Frage nach den für die Erwachsenen so bedeutsamen Kontrasten zwischen den Kulturen unterschiedlicher Normalität, die es allerdings noch näher zu bestimmen gilt, stellt sich für die Kinder möglicherweise nicht mehr. Trotzdem dürfen die besonderen Anforderungen und besonderen Auswirkungen der neuen operativen Hörtechnik für die Kindheit nicht aus dem Auge verloren werden.

So richtet sich die frühzeitige Implantation mit ihren Konsequenzen gegen den soziologisch definierten Trend von Kindheit. Kinder, deren Eltern sich stellvertretend für oder gegen die Hörprothese und somit meist für oder gegen eine der beiden Kulturen entscheiden (müssen), berauben Kinder in diesem Sinne der eigenaktiven Gestaltung ihrer Entwicklung in diesem Bereich. Sprache und Kultur Gehörloser hängen jedoch eng zusammen, und viele von Geburt an Gehörlose erkennen die DGS als gleichwertiges Substitut zur Lautsprache, das analoger Träger ihrer kognitiven und emotionalen Entwicklung ist. Die gemeinsame Sprache ist dabei neben der eigenen Kultur identitätsbildend.

Ausblick

Es ist vorstellbar, dass die veränderte und die sich verändernde Kindheit, die neuen Hörkulturen, die Mediatisierungs- und Modernisierungsprozesse und die Bestrebungen hin zu einer integrativen/inklusiven Gesellschaft so auf die Entwicklung und Sozialisation von Kindern mit Hörbeeinträchtigungen einwirken, dass die Hörbeeinträchtigung selbst an Bedeutung verliert. Die Gesellschaft könnte prospektiv andere Normen und Handlungsmöglichkeiten offerieren, als es die beiden synchronen Kulturen, als es die Entscheidungsnotwendigkeit pro oder contra Gehörlosen- bzw. Hörendenkultur derzeit suggerieren. Die sich verändernde Kindheit kann wiederum auf das Normalitätsverständnis in beiden Welten zurückwirken und unter Berücksichtigung von Individualisierungs- und Identitätsbildungsprozessen zu einer Stärkung der Minderheitskultur führen. Die Frage nach einer „erfüllten Kindheit" bzw. einem „erfüllten Leben" stellt sich möglicherweise nicht mehr an der Grenze hörend/gehörlos, sondern hält Entwicklungsmöglichkeiten jenseits dieser Linien bereit. Kinder mit Cochlea Implantat können diesen Wandel aktiv mitgestalten, wenn ihnen ermöglicht wird, ihre eigene Normalität aus dem hier beschriebenen bilingual-bikulturellen Spannungsfeld heraus zu bilden. Die Anerkennung von mit CI versorgten Kindern als Akteure ihrer eigenen Entwicklung, deren eigene (Er-)Lebenswelten nicht nur zweidimensional zu fassen sind, wäre hier ein möglicher Ansatzpunkt.

Literatur

Balkany, T./Hodges A. V./Goodman, K. W. (1996): Ethics of Cochlear Implantation. In: Young Children. Otolanyngology – Head and Neck Surgery 114 (6), S. 748–755.

BAR (2008): ICF-Praxisleitfaden 2. Frankfurt: Bundesarbeitsgemeinschaft für Rehabilitation.

Benkmann, R. (2012): Inklusive Schule in einer desintegrierten Gesellschaft? In: Benkmann, R./Chilla, S./Stapf, E. (Hrsg.) (2012): Inklusive Schule – Einblicke und Ausblicke. Immenhausen: Prolog-Verlag, S. 52–68.

Buchner-Fuhs, J./Fuhs, B. (2009): Der Moses-Effekt: Digitale Welten und generationale Erfahrungen. In: Lehner, F. (Hrsg.) (2009): Cyberspace in Schule und Kinderzimmer. Dokumentation des 3. Symposiums vom 31. Oktober 2008. Institut für Digitale und Soziale Kompetenz (DISK) www.verein-disk.net. Passau. http://forschung.wi.uni-passau.de/disk/sites/default/files/pdf/Dokumentation3.pdf (Abruf 3. 8. 12).

Cheng, A. K./Rubin, H. R./Powe, N. R./Mellon, N. K./Francis, H. W./Niparko, J. K. (2000): Cost-utility analysis of the cochlear implant in children. In: JAMA. 284 (7), S. 850–856.

Dazert S./Gronemeyer, J./Sudhoff, H./Stark, Th./Brors, D. (2006): Cochlea-Implantat: Hören, obwohl das Ohr nicht funktioniert. Journal Med, 10. 02. 2006. www.journal-med.de/newsview.php?id=11414 (Abruf 3. 8. 12).

DIMDI (2005): ICF. Internationale Klassifikation der Funktionsfähigkeit, Behinderung und Gesundheit. www.dimdi.de/dynamic/de/klassi/downloadcenter/icf/endfassung (Abruf 3. 8. 12).

Esser, H. (2006): Migration, Sprache und Integration. AKI Forschungsbilanz 4. Arbeitsstelle Interkulturelle Konflikte und gesellschaftliche Integration (AKI) Wissenschaftszentrum Berlin für Sozialforschung (WZB). www2000.wzb.eu/alt/aki/files/aki_forschungsbilanz_4.pdf (Abruf 3. 8. 12).

Fuhs, B. (2003): Der Körper als Grenze zwischen den Generationen. In: Hengst, H./Kelle, H. (Hrsg.) (2003): Kinder, Körper, Identitäten. Theoretische und empirische Annäherungen an kulturelle Praxis und sozialen Wandel. Weinheim/München: Juventa, S. 51–72.

Fuhs, B. (2010): Kindheit und mediatisierte Freizeitkultur. In: Krüger, H. H./Grunert, C. (Hrsg.) (2010): Handbuch Kindheits- und Jugendforschung. 2., akt. u. erw. Auflage. Wiesbaden: VS, S. 711–726.

Füssel, H.-P./Kretschmann, R. (1993): Gemeinsamer Unterricht für behinderte und nichtbehinderte Kinder. Pädagogische und juristische Voraussetzungen. Witterschlick, Bonn: Verlag Werle.

Hilgers, F. P. (1999): Warum Gehörlose immer erschossen werden! In: Warzecha, B. (Hrsg.) (1999): Medien und gesellschaftliche Stigmatisierungsprozesse. Hamburg: LIT Verlag, S. 89–111.

Humphries, T./Kushalnagar, P./Mathur, G./Napoli, D. J./Padden, C./Rathmann, Ch./Smith, S. R. (2012): Language acquisition for deaf children: Reducing the harms of zero tolerance to the use of alternative approaches. In: Harm Reduct Journal 9 (1), S. 16.

Jonas, H. (1979): Das Prinzip Verantwortung: Versuch einer Ethik für die technologische Zivilisation. Frankfurt am Main: Suhrkamp.

Kuhlmann, A. (2004): Akzeptanz ist zu wenig: Behinderte zwischen Angleichung und Abweichung. In: Graumann, S./Grüber, K./Nicklas-Faust, J./Schmidt, S./Wagner-Kern, M. (Hrsg.) (2004): Ethik und Behinderung. Frankfurt am Main: Campus, S. 52–57.

Ladd, P. (2003): Understanding Deaf Culture. In Search of Deafhood, Toronto: Multilingual Matters.

Ladd, P. (2008): Was ist Deafhood?: Gehörlosenkultur im Aufbruch. Hamburg: Signum Verlag.

Lane, H. (1992): The mask of benevolence. New York: Knopf.

Lane, H. (1995): Constructions of Deafness. Disability & Society 10 (2), S. 171–189.

Lane, H. (2002): Do Deaf People have a Disability? In: Sign Language Studies 2 (4), S. 356–379.

Lane, H. (2005): Ethnicity, Ethics and the Deaf-World. In: Journal of Deaf Studies and Deaf Education 10 (3), S. 291–310.

Lane, H./Grodin, M. (1997): Ethical Issues in Cochlear Implant Surgery. An Exploration into Disease, Disability, and the Best Interests of the Child. In: Kennedy Institute of Ethics Journal 7 (3), S. 231–251.

Leist, A. (2010): Autonom gehörlos sein. In: Leonhardt, A./Vogel, A. (Hrsg.) (2010): Gehörlose Eltern und CI Kinder – Management und Support. Heidelberg: Median-Verlag, S. 78–98.

Löhrmann, S. (2011): Auf dem Weg zur Inklusion – eine „Kultur des Behaltens". www.schulministerium.nrw.de/BP/Eltern/_Rubriken/Menschen/Inklusion_Teil1_Aktion_Mensch/Inklusion_Teil3_Ministerin/ (Abruf 3.8.12).

Müller, S./Zaracko, A. (2010): Haben gehörlose Kleinkinder ein Recht auf ein Cochleaimplantat? In: Nervenheilkunde (29) 2010, S. 244–248.

Powell, J.W. (2004): Das wachsende Risiko, als „sonderpädagogisch förderbedürftig" klassifiziert zu werden, in der deutschen und amerikanischen Bildungsgesellschaft. Selbstständige Nachwuchsgruppe, Working Paper 2/2004. Berlin.

Rötzer, F. (2008): Taubes Designerbaby gewünscht. In: Telepolis 16.04.2008. www.heise.de/tp/r4/artikel/27/27720/1.html (Abruf 3.8.12).

Schafer, R.M. (1977): The Tuning of the World. New York: Knopf. Reissued as The Soundscape. Our Sonic Environment and The Tuning of the World. Edition unlisted. Rochester, Vermont: Destiny Books.

Schafer, R.M. (1993): Voices of Tyranny: Temples of Silence: Studies and Reflections on the Contemporary Soundscape Edition unlisted. Toronto, Ontario: Arcana Editions.

Swiller, J. (2011): Embracing Change: Cochlear Implants and the New Deaf Community Paradigm. In: Paludneviviene, R./Leigh, I.W. (eds.) (2011): Cochelar Implants – Evolving Perspectives. Washington, DC: Gallaudet University Press, S. 259–272.

Szagun, G./Sondag, N./Stumper, B./Franik, M. (2006): Sprachentwicklung bei Kindern mit Cochlea-Implantat. Institut für Psychologie, Universität Oldenburg.

Teuber, H. (o.J.): Die Ethik der Cochlear Implantation bei Kleinkindern – Was wir dazu sagen. www.taubenschlag.de/html/kommunikation/ci/dieethik.htm (Abruf 3.8.12).

Uhlig, A.C. (2012): Ethnographie der Gehörlosen. Kultur – Kommunikation – Gemeinschaft. Bielefeld: Transcript.

WHO (2011): Weltbericht Behinderung. www.iljaseifert.de/wp-content/uploads/weltbericht-behinderung-2011.pdf (Abruf 3.8.12).

Vogel, A. (2010): Autonom gehörlos sein. In: Leonhardt, A./Vogel, A. (Hrsg.) (2010): Gehörlose Eltern und CI Kinder – Management und Support. Heidelberg: Median-Verlag, S. 78–98.

Katharina Liebsch, Rolf Haubl, Josephin Brade
und Sebastian Jentsch

Normalität und Normalisierung von AD(H)S

Prozesse und Mechanismen der Entgrenzung von Erziehung und Medizin

Wenn Eltern wahrnehmen oder von anderen mitgeteilt bekommen, dass die Verhaltensweisen ihrer Kinder den sozialen Erwartungen und schulischen Anforderungen nicht oder nur wenig entsprechen, sind sie beunruhigt und fühlen sich aufgefordert, etwas dagegen zu unternehmen. Sie sprechen mit Lehrkräften, mit anderen Eltern, mit ihren Kindern und versuchen, deren Aktivitäten und Verhalten zu verstehen, zu erklären und zu regulieren.

> „Ich bin ja da über die Familienberatung gegangen, weil der Mike so Probleme in der Schule hatte. Also das war, sozialmäßig war es am Anfang ganz schlimm. Jetzt sind es mehr die Konzentrationsstörungen. Aber ich hatte halt Stress. Jedes Mal am Elternsprechtag waren bestimmt schon sechs Eltern vor mir, haben sich alle beschwert, weil jeden Tag mit ihm was anderes war. Das war schon heftig. Das war halt die Sorge, als es auf einmal hieß, ‚Der ist für uns nicht tragbar‘. Und da habe ich gesagt, ‚So, jetzt muss was passieren. Die sagen alle nicht Definitives, jetzt machst du selber was‘.‘‘

So beschreibt die 41-jährige Frau Braun im ersten Interview mit uns im Winter 2011 den Beginn ihrer Beschäftigung mit der Frage, ob sie medizinischen Rat für den Umgang mit ihrem 12-jährigen Sohn Mike einholen soll. Sie war schon seit längerem von dem unsteten, streitlustigen und sprunghaften Verhalten ihres Sohnes beunruhigt, hatte wiederholt mit ihrem Mann darüber gesprochen, der die Einschätzung von der Problemhaftigkeit des Verhaltens des Sohnes nicht teilte, und traf dann auf einen Arzt, der auf die Testung verhaltensauffälliger Kinder spezialisiert ist. Die Sorge um die schulische Zukunft ihres Kindes und dessen soziale Integration veranlassten Frau Braun schließlich, sich zusammen mit Mike auf ein medizinisches Behandlungsregime einzulassen, in dem die Verhaltensauffälligkeiten des Kindes mit Hilfe medizinischer und psychologischer Kategorien beschreibbar und rational bearbeitbar werden, aber nicht in allen Fällen auch medizinisch behoben werden können.

Der Sohn nahm an Tests teil, in denen seine Intelligenz, seine Konzentrationsfähigkeit und Impulsivität gemessen wurde, es folgte ein Aufklärungsgespräch mit der Diagnostizierung einer „ADHS mit oppositionell aggressivem Verhalten", die Empfehlung zur Medikamentierung, dann regelmäßige Arztbesuche zur Überprüfung der Medikation, die später durch telefonische Beratungen mit dem Arzt ersetzt wurden. Heute nimmt Mike eine Tagesdosis von 74 mg Methylphenidat und die Mutter setzt sich mit der Frage auseinander, ob er diese Dosis auch weiterhin einnehmen soll.

Ähnlich verlief der Weg in das pädiatrische Behandlungsregime von Verhaltensauffälligkeiten auch für die 9-jährige Christina, die nach der Trennung ihrer Eltern vor sechs Jahren bei ihrer 32-jährigen Mutter Elke Schmidt und deren neuem Partner lebt und jedes zweite Wochenende in der neuen Familie ihres Vaters verbringt. Im Januar 2011 beschloss Frau Schmidt, einen Kinderarzt aufzusuchen, da sie den alltäglichen Umgang mit Christina zunehmend als schwierig erlebte, insbesondere beim Erledigen der Hausaufgaben gab es immer wieder Streit. Der Arzt führte eine umfassende körperliche Untersuchung bei Christina durch, testete deren Schilddrüse, Herz und Blut und empfahl Mutter und Tochter schlussendlich, die psychologische Testung in Anspruch zu nehmen, die in seiner Praxis durch seine Ehefrau angeboten wird. Dort wurde mit Christina ein Intelligenztest und ein Aufmerksamkeits- und Konzentrationstest durchgeführt und der Arzt diagnostizierte eine „leichte ADS". In nachfolgenden Beratungsgesprächen gab er Verhaltensempfehlungen für konfliktreiche Alltagssituationen und legte den Eltern die Lektüre des Buchs „Lernen mit ADS Kindern" (vgl. Born/Oehler 2009) nahe. Mutter und Stiefvater folgten diesen Ratschlägen und würden, für den Fall, dass sie den Umgang mit Christina erneut als schwierig und belastend erleben, den Arzt jederzeit wieder zu Rate ziehen. Sie informierten die Lehrkräfte in der Schule über das Ergebnis der ärztlichen Konsultationen und Frau Schmidt erzählte:

„Aber es war halt einfach wichtig, dass die Lehrer das einfach auch wissen, und vielleicht auch manche Dinge, die jetzt so da sind, einfach ein bisschen anders beurteilen können. Wenn Christina halt wieder mal ein bisschen tagträumt oder so, dass sie ihr nicht deswegen, sage ich mal, eine Note schlechter geben oder so. Sondern dass sie halt wirklich wissen, ‚Okay, das ist deswegen' und ‚Ja, da wird mit gearbeitet'. Und gut."

Diese Schilderungen und Erfahrungen sind keinesfalls ungewöhnlich. Man schätzt, dass in Deutschland 600 000 Kinder AD(H)S diagnostiziert bekommen und dass 250 000 Kinder Methylphenidathaltige Medikamente dagegen einnehmen (vgl. Kunst 2012). In der ADHS-Problematik bündeln sich die kindlichen Risiken, einen nicht-normalen Verlauf ihrer Entwicklung bescheinigt zu bekommen, auf vielfältige und gleichermaßen diffuse Art und Weise: Konzentrationsschwierigkeiten, motorische Unruhe, Nervosität wie auch deren Gegenteil – das Vor-Sich-Hin-Träumen, Langsamkeit und unfokussierte Aufmerksamkeit – bilden das Spektrum der Aufmerksamkeitsdefizit(Hyperaktivitäts)Störung (AD(H)S), die samt ihrer ko-morbiden Varianten seit Jahren als die epidemiologisch größte psychosoziale Belastung von Kindern und Jugendlichen gilt (vgl. z.B. Hüther 2011; Schlack et al. 2007; Biederman 2005).

Zur Diagnostizierung dieser Störung haben Konsensuskonferenzen empfohlen, einen aufwändigen Diagnoseprozess zu betreiben, der die gesamte Lebenswelt der Betroffenen in die Beobachtung einbezieht und Vorsicht walten lässt, um Unaufmerksamkeit, Impulsivität und Hyperaktivität nicht vorschnell zu pathologisieren. Was die Therapie der AD(H)S betrifft, so gilt es inzwischen als Behandlungsstandard, sie nicht auf die Einnahme von Medikamenten zu beschränken, weil eine solche Beschränkung die unterschiedlichen Ätiologien der Kernsymptome ignoriert. Eine psychopharmakologische Behandlung, so die Empfehlung der Konsensuskonferenzen, sollte deshalb je nach Bedarf durch psychotherapeutische, ergotherapeutische, logopädische, pädagogische oder andere nicht-medikamentöse Unterstützungen flankiert werden (vgl. Haubl 2010; von Lüpke 2008).

Eine weitere normative Anforderung an die Behandlung verhaltensauffälliger Kinder liegt in dem gewandelten Verständnis von Kindheit begründet, das Kindern heute in vielen Bereichen der Gesellschaft mehr Selbstständigkeit und Entscheidungsfreiheit zubilligt als früher. Infolgedessen gilt im Grundsatz das in der Erwachsenenmedizin etablierte Prinzip des „Informed Consent" (Weltärztebund 2008, S. 4), nach dem jede ärztliche diagnostische und therapeutische Maßnahme der Zustimmung des einwilligungsfähigen, zuvor umfassend und allgemeinverständlich informierten Patienten bedarf, auch innerhalb der Kinderheilkunde und Jugendmedizin. Daraus resultierende Konflikte zwischen zugebilligter Einwilligungsfähigkeit der Minderjährigen und dem Sorgerecht der Eltern erfordern einen situativ angemessenen Umgang.

Die Verbreitung und Zunahme der Diagnostizierung von AD(H)S im Schnittpunkt von Risiko-Deklaration, Einwilligungsnorm und Sorgfaltspflicht verweist auf eine Verschiebung des Verständnisses von Kindheit, die mittels psychologischen, medizinischen und pädagogischen Testverfahren normalistisch kalkuliert wird. Verbunden damit sind auch neue soziale Erwartungen, die den Umgang mit Kindern und Kindheit im Allgemeinen regulieren. Das zahlenmäßige Anwachsen der Gruppe von Abweichenden zum einen und die gestiegene gesellschaftliche Aufmerksamkeit für Verhaltensauffälligkeiten wie auch die Vervielfältigung der Interventionsbemühungen zum anderen bringen neue Formen der Unterscheidung von ‚normaler' und ‚nicht-normaler' Entwicklung hervor, die als „ADHS", „ADS" samt einer großen Bandbreite von Komorbitäten und ergänzenden Teil-Diagnosen zum Ausdruck kommen.

Methodische Zugänge und empirische Grundlagen

Uns interessiert, wie das neue „Entwicklungsrisiko" ADHS in der erzieherischen und medizinischen Beobachtung und Praxis diskursiv hergestellt, alltäglich verstetigt und normalisiert wird. Aus einer wissenssoziologisch und praxeologisch orientierten Perspektive untersuchen wir, wie sich das Verschwimmen der Unterscheidung von Erziehung einerseits und Medizin andererseits als zunehmend selbstverständlich und als ‚normal' etabliert, und in welchen Phasen und Mechanismen sich dieser Prozess der Normalisierung beschreiben lässt. Uns geht es darum zu rekonstruieren, was das symptomatische Verhalten für die Beteiligten bedeutet, welche Veränderungen von moralischen Überzeugungen, Handlungsmustern und Selbstbildern mit der Diagnose AD(H)S verbunden sind und wie genau die Einstellungen und Ansichten in Prozessen der Veralltäglichung realisiert werden. Dazu untersuchen wir, welche kulturelle und intersubjektive Arbeit Betroffene im Zuge der Diagnostizierung von AD(H)S leisten, um die symbolische Form ‚Normalität' wieder zu stabilisieren. Gegenstand unserer Analyse sind Erklärungen und Praktiken, die Erwachsene – Ärzte, Eltern, Lehrer/innen und andere signifikante Bezugspersonen – den auffällig gewordenen Kindern zu ihrem als problematisch deklarierten Entwicklungsstand anbieten und wie die betroffenen Kinder damit umgehen.

Das empirische Material haben wir im Rahmen eines vom Hessischen Wissenschaftsministerium und der Software-Stiftung finanzierten Projekts von November 2010 bis November 2011 erhoben.[1] Im Rahmen erweiterter Fallstudien wurden jeweils zu drei ausgewählten Zeitpunkten innerhalb eines Jahres Interviews mit dem behandelnden Arzt/Psychologen, den Eltern, dem betroffenen Kind und mit einer von dem Kind benannten weiteren Bezugsperson geführt sowie Beobachtungen ärztlicher Aufklärungsgespräche durchgeführt. In Variation der aus der britischen Sozialanthropologie stammenden Methode der „Extended Case Studies" (vgl. Burawoy 1998) sind wir den Praktiken und der Kommunikation der beteiligten Akteure in Zeit und sozialem Raum gefolgt.

---

1 Dabei sind vier Fallstudien entstanden, deren diverse Interviews und Beobachtungen von einer Auswertungsgruppe diskutiert und interpretiert wurden, an der neben den Autor_innen auch Julia Becher, Marizela Brkic, Simon Dechert, Manfred Gerspach, Marie-Sophie Löhlein, Theresa Schiffl und Elke Salmen teilgenommen haben. Wir danken allen Beteiligten für die gemeinsame produktive Arbeit. Dem Projekt vorangegangen ist die Studie „Mit Ritalin leben", in der erstmalig medikamentierte Kinder über ihre Sicht auf ADHS sprechen (vgl. Haubl/Liebsch 2010).

Unsere Erhebung nahm ihren Ausgangspunkt in der sozialen Situation der ärztlichen Aufklärung eines ADHS-Kindes und seiner Eltern über die diagnostizierte ‚Krankheit‘ und die daraus folgende psychopharmakologische ‚Therapieindikation‘. Im Rahmen von Interviews wurde dann erhoben, was die Eltern oder das Kind selbst anderen signifikanten Personen, zum Beispiel weiteren Verwandten, Lehrer/innen, Peers oder Geschwistern über die Diagnose und Therapieindikation berichtet haben. Diese Informationen wurden nachfolgend in Interviews mit einer ausgewählten Bezugsperson abgeglichen.

Wir haben für diese Vorgehensweise den Arbeitsbegriff der *zirkulierenden Befragung* gewählt, um deutlich zu machen, dass die erhobenen Aussagen und Erklärungen im Zirkel der Beteiligten kursieren, im Zuge dessen zirkuläre Wirkungen entfalten und bei der Etablierung neuer Sichtweisen und Deutungsmuster eine stabilisierende und normalisierende Funktion übernehmen. In der Zirkulation von Aussagen in der sozialen Matrix eines ADHS-Kindes, in den Interaktionen aller Beteiligten miteinander, entsteht eine gemeinsame Wirklichkeit, welche das Kind und seine Entwicklung neu klassifiziert und prognostiziert. Diese Prozesse der sukzessiven Veralltäglichung und Routinisierung im Umgang mit der diagnostischen Klassifikation verstehen wir als „Normalisierung" (vgl. May/Finch 2009), deren Phasen und Mechanismen dieser Beitrag zu beschreiben sucht. Dabei handelt es sich um eine erste Auswertung von Teilen des erhobenen Materials mit vor allem explorierendem Charakter.

Die Normalität der medizinischen Behandlung familiärer, pädagogischer und schulischer Probleme

Für unsere Gesprächspartnerinnen und -partner stellt die Diagnose AD(H)S ein etabliertes Deutungsmuster mit institutionalisierten Handlungsmöglichkeiten im medizinischen Bereich dar. Das Verhalten ihrer Kinder, die sich mit den schulischen Anforderungen schwerer tun als andere, verstehen sie nicht als kindgemäße Flegelei, Vorwitz, Aufmüpfigkeit oder Verträumtheit, sondern werten sie als Anlass für den Verdacht auf eine „Störung" der Aufmerksamkeit oder auf „krankhafte" Hyperaktivität. Sie sind im Kontakt mit pädagogischem Personal und Ärzten bereits mit einer Begrifflichkeit pädagogischer Normalitätskontrolle konfrontiert worden, die von der „Verhalten*sstörung*" bis hin zur „Schul*phobie*" reicht, und kennen die institutionalisierten und organisierten Formen medizinisch-psychologischer Untersuchungen dieses Verhaltens. Sie haben in Erfahrung gebracht, zu welchem Arzt sie gehen müssen, um heraus zu finden, ob ihr Kind „normal" oder „gefährdet" ist, und verstehen es als hilfreich, das kindliche Verhalten einer umfänglichen Testprozedur zu unterziehen, die mögliche „Gefährdungen" auf der Basis von Normen und Durchschnittswerten statistisch lokalisierbar macht. Die Eltern artikulieren, dass sie „Hilfe brauchen" und wenden sich dazu an die medizinischen Experten.

So hatte Frau Braun beobachtet, dass ihr Sohn Mike die Verhaltensregeln des Miteinanders in der Schule nicht einhält. Auch seine schulischen Leistungen entsprachen nicht ihren Erwartungen:

> „Ja, bei den Noten wird es jetzt auch eng langsam. In Mathe, gut, da hat er eine Drei, das ist ja noch okay, aber Englisch und Deutsch ist schon ziemlich weit unten. Ich meine, mehr darf auch nicht."

Zudem entstanden auch in der Familie durch Mikes Verhalten Konflikte und die Mutter formuliert, dass sie mit dem familiären Klima nicht zufrieden ist: „Es ist nur Rabatz hier". Dies stellte für Frau Braun den Anlass dar, einen Experten aufzusuchen, der ihr etwas „Definitives" sagt. Ihre Erwartungen an das Arztgespräch formuliert sie wie folgt:

> „Dass der Arzt mir Vorschläge macht, was ich tun kann. Und dass er mir eben auch aufzeigt, was man machen kann und dass mir dabei dann auch geholfen wird. Und Mike auch vor allen Dingen geholfen wird. […] Und es soll für ihn leichter sein und für uns, für alle, dass wir halt ein anderes Verhältnis wieder haben auch."

Auch Frau Schmidt wünschte sich Hilfe bei der Bewältigung des als quälend erlebten schulischen Alltags ihrer Tochter Christina. Da ihre eigene Schulzeit für sie mit großen Anstrengungen verbunden war, möchte sie ihrer Tochter Ähnliches ersparen. Sie erzählte:

> „Ich selbst hatte auch eine ganz schreckliche Schulzeit. Wichtig war mir, dass sie sich vielleicht dadurch, dass ich dann weiß, was los ist, vielleicht nur halb so viel quälen muss durch die Schulzeit wie ich."

Frau Schmidt wusste nicht, wie sie die Schwierigkeiten ihres Kindes benennen und wie sie ihnen begegnen sollte. Sie ging zu einem Kinderarzt, um

> „einfach zu wissen, ob das jetzt ADS oder was anderes ist. Wichtig war mir nur, dass ich ihr helfen kann irgendwie, dass wir wissen, wie. Und da braucht man, denke ich, einfach professionelle Hilfe. Weil, ich meine, woher soll ich wissen, wie ich das machen soll, wenn es dafür, sage ich, nicht mal einen Namen gibt oder so. Deswegen, klar, muss es irgendeinen Namen haben, in dem Fall ist es halt eben ADS."

Um handeln zu können, müssen die Schwierigkeiten „einen Namen" haben. Es sei nötig, so formuliert es Herr Braun, der Vater von Mike, „zu wissen, was Sache ist", und deshalb eignen sich die Beteiligten dieses „Wissen" in einem Akt der kognitiven Partizipation an.

Normalisierung I: Kognitive Partizipation am Experten-Wissen als Orientierung und emotionale Entlastung

Diagnose-Stellung und Behandlungsverläufe sind eingebettet in Aushandlungsprozesse zwischen Medizinern und Betroffenen, in denen medizinisches Erfahrungswissen, psychologische Testergebnisse und familiäre Beratungsangebote kommuniziert werden. Bei erfolgreichem Verlauf werden hier die als verunsichernd empfundenen Erfahrungen der Betroffenen so definiert und modelliert, dass sie zu Entscheidungsentlastungen in den später folgenden Behandlungsschritten führen. Die beiden Fallvignetten veranschaulichen je einen Typus des medikamentierenden und des kommunikativen Behandlungsverlaufs, die obwohl in Modus und Ergebnis verschieden, gleichermaßen dem in diesem Band thematisierten Prinzip der Verquickung von normalistischen und normativen Normen über die familiären Adaptionsprozesse hinweg folgen. In beiden Fällen nimmt der diagnostische Prozess seinen Anfang mit dem normativen Impuls der Eltern, dass mit dem Kind etwas „nicht richtig" sei und dass etwas korrigiert werden sollte, der dann normalistisch bestätigt bzw. zurück gewiesen wird.

Im Fall von Mike Braun kam die Mutter gemeinsam mit dem Arzt überein, dass bei Mike zwei Tests durchgeführt werden sollten: ein sog. Qb-Test zur Messung seiner Aufmerksamkeit und Konzentrationsfähigkeit am PC[2] und einen nonverbalen CFT-Grundintelligenztest[3]. Nachfolgend wurden die Ergebnisse in einem Auswertungsgespräch besprochen, bei dem Mike nicht anwesend war. Wie bereits erwähnt, erhielt Mike die Diagnose „ADHS mit oppositionell-aggressivem Verhalten" und Frau Braun bilanzierte im Anschluss an das Gespräch mit dem Arzt:

> „Ja, eigentlich wollte ich bestätigt haben, was ich eigentlich die ganze Zeit, wir wussten es ja eigentlich schon mehr oder weniger, aber eben nicht mit richtiger Diagnosestellung. Ich wusste es ja eigentlich auch, im tiefsten Inneren wusste ich ja eigentlich auch schon, dass er das hat."

---

2   Der Qb-Test ist laut Anbieter ein computergestütztes Verfahren zur objektiven Messung von Hyperaktivität, Aufmerksamkeit und Impulsivität (Quelle: http://www.qbtech.se/qbtest/about-the-test/).

3   Der CFT-20 dient als Standardverfahren zur Messung der allgemeinen Intelligenz und wird zur Vorhersage von Schulleistungen verwendet (http://career-test.de/einstellungstest/CFT20.html).

Die Tests und die darauf folgende Diagnose bringen Gewissheit und helfen dabei, diffuse Ahnungen zu bestätigen und sie bilden einen neuen gemeinsamen Handlungsrahmen. Indem sowohl die Mutter als auch der Arzt und später auch Mike auf die soziale Situation der Testungen als gemeinsamen Deutungsrahmen Bezug nehmen, wird die Deutung ADHS kohärent; sie ist jetzt nicht länger extern definiert, sondern wirklich, insofern sie in einem Bezugspunkt gemeinsamer Erfahrung gründet. Im Prozess dieser Kohärenzkonstruktion nimmt der Arzt die Rolle des Deuters und Interpreten der gemeinsamen Situation ein. Dabei bringt er die mütterliche Sorge und die psychologisch-medizinische Expertise zur Deckung:

„So. Sie brauchen jetzt nicht aufgeregt zu sein. Jetzt kommt nicht irgendwas Überraschendes raus. Es kommt im Grunde das raus, was Sie schon wissen. Nur ich drücke es mit meiner Sprache aus. So mit Zahlen und so. Ich muss das mal ganz schnell durchgehen" (blättert in den Papieren).

Er zeigt Frau Braun einige Diagramme und erläutert:

„So, und da haben Sie es im Bild. Und Sie sehen jetzt auch, wie wichtig solche Messungen auch sind. Dass man wirklich visuell auch sieht, was mit dem Burschen los ist. Jetzt gibt es hier noch eine ganze Reihe Messdaten. Das ist aber was für den Spezialisten oder wenn man es wissenschaftlich auswerten will. Punkt, das war es. Mehr habe ich nicht."

Die Herstellung von Kohärenz erfolgt medizinisch-objektivierend und kommunikativ-beratend. Der Arzt unterstützt die mütterliche Wahrnehmung; er weiß schon bevor er sich die Unterlagen angesehen hat, dass „nicht irgendwas Überraschendes" sichtbar geworden sei. Mit dieser Vorwegnahme des Test-Ergebnisses vergewissert er sich der normativen Angemessenheit des gemeinsamen Vorgehens, das dann im Nachhinein durch die im Testverfahren gemessenen Abweichungen von Durchschnittswerten bestätigt wird.

Mike, der Arztbesuche und Testverfahren eher distanziert und pflichtschuldig absolviert hatte, war bei diesem Aufklärungsgespräch nicht anwesend. Er wurde erst später von der Mutter in Kenntnis gesetzt. Im Gespräch mit ihrem Sohn verwendete Frau Braun zum ersten Mal die neue medizinische Sprechweise zur Erklärung des kindlichen Verhaltens und stellt dabei die entlastende Funktion der Diagnose heraus:

„Ja und dann hab ich ihm halt erklärt, dass es halt dieses fehlende, also durch dieses fehlende Hormon bedingt ist. Dass man die Reize nicht so verarbeiten kann, dass es das halt bedeutet. Und dass man halt auch dadurch dieses Hippelige hat, dass man sich auch immer bewegen muss. Damit er noch mal weiß, dass er nicht für alles was kann. Manchmal fühlt er sich dann sofort angegriffen. Aber er kann gar nichts dafür eigentlich."

Im Fall von Christina Schmidt gelangte der Arzt nach gründlicher körperlicher Untersuchung des Kindes, der Durchführung eines Aufmerksamkeitstests und eines Intelligenztests zu der Auffassung, dass kein besorgniserregender Befund vorliegt. In dem den Untersuchungen folgenden Aufklärungsgespräch mit der Mutter, an dem das Kind nicht teilnahm, erläuterte er seine Einschätzung:

> „Also ich habe mir das so als für mich leichtes ADS, Grenzbereich notiert. Das ist sicherlich eine Form von Unaufmerksamkeit, Konzentrationsschwäche, die jetzt nicht sofort unbedingt mit Medikamenten behandelt werden muss, sondern wo es darum geht eigentlich, um Informationen zu geben. Äh, ich finde, dieses Buch ‚Lernen mit ADS-Kindern' ist ein ganz hervorragendes Buch, das ist von zwei Würzburger Psychologen, die auch so ein Elterntraining entwickelt haben, was mit Eltern von ADS-Kindern durchgeführt wird. [...] Und es macht den Kindern also oft sehr, sehr viel Spaß. Da sind also viele solche ganz wertvollen Anregungen drin. Das dient einfach, dass die Eltern sich informieren, dass sie damit, äh, ja, einfach besser informiert sind."

Mutter und Stiefvater kauften das Buch und kamen nach der Lektüre überein, Christina zukünftig stärker durch gutes Zureden und Ermutigungen im Alltag zu unterstützen. Sie strebten nun eine bewusste Gestaltung ihrer Alltagskommunikation mit Christina an. Der Stiefvater sagte:

> „Tja, wir werden jetzt erst mal beobachten, ob sie sich da irgendwie verändert oder so was. Und dann äh, intensiver reden, nicht so nebenbei, sondern so, dass sie einen anguckt und das auch versteht."

Zudem spielte auch bei Familie Schmidt die Auseinandersetzung mit den Ergebnissen der psychologischen Testung von Christina eine wichtige Rolle bei der Veränderung des familiären Umgangs miteinander. Die Familie kommunizierte die Test-Ergebnisse als objektive Belege der Lage und nahm sie in ihre Wahrnehmung der familiären Situation und des töchterlichen Verhaltens auf. Herr und Frau Schmidt verstanden es als „erleichternd" und als „Gewinn", dass die Sorgen um ihr Kind und ihre Gefühle von Hilflosigkeit nun bezeichnet und verortet waren. Frau Schmidt erzählte:

> „Da hat der Arzt gesagt, also der IQ liegt leicht überm Durchschnitt. Das hab ich ihr dann natürlich auch gesagt. Da war sie furchtbar stolz drauf (lacht), dass sie halt, ähm, ja nicht dumm ist. Also ich weiß nicht, vielleicht war das auch so ein bisschen ihre Angst, ich-, also sie hat das so

166

nicht ausgesprochen, aber vielleicht hatte sie davor ein bisschen Angst. Sondern dass sie halt wirklich ein kluges Kind ist. Nur halt einfach die Konzentration nicht so richten kann, wie halt andere das können [...]. Ich glaube, das ist auch für sie jetzt eine Erleichterung, weil sie eben jetzt weiß, sie muss deswegen nicht irgendwie auf eine andere Schule oder weiß ich was. Sie weiß jetzt ‚Ich kann das halt nicht so gut, aber meine Eltern wissen das jetzt auch, und jetzt-, und die können mir halt dann da helfen, die Lehrer wissen es'. Also ich denke mal, das ist auch für sie alles nur ein Gewinn."

Die Familie organisiert, durch die Bezugnahme auf das ärztliche Expertenwissen, ihre Wahrnehmung des familiären Alltags wie auch ihre pädagogischen Interventionen um. Strukturell schafft der Einbezug von Arzt, Diagnose und Testergebnissen in die Kommunikation zwischen Eltern, Kind und Schule eine Erweiterung des Interaktionsgefüges und ermöglicht es, neue und andere Kommunikationswege zu beschreiten. Inhaltlich werden durch die Bezugnahme auf das medizinisch-psychologische Wissen die elterlichen Einschätzungen und Wahrnehmungen validiert. Es ist nun sichergestellt, dass das Kind „wirklich ein kluges Kind ist" und dass Zweifel daran unbegründet ist. Darüber hinaus werden die elterlichen Sorgen, Unsicherheiten und Befürchtungen fokussiert und damit als Handlungs- und Aktionsfeld definiert: Das Kind „*hat* eine leichte ADS" und mit dieser Bezeichnung sind Handlungsoptionen verbunden sowie die beruhigende Aussicht auf Hilfe bzw. darauf, selbst „helfen zu können". Ausgestattet mit diesem – normalistisch begründeten – Wissen sehen sich die Eltern jetzt auch in die Lage versetzt, sich gegen – normative – schulische Einschätzungen und drohende schulische Selektionsmechanismen zur Wehr zu setzen.

Normalisierung II: Gemeinsame Arbeit als soziale Integration – „Packen wir es an"

Die soziale Einbettung des neuen Deutungsmusters AD(H)S und des medizinisch-psychologischen Wissens vollzieht sich über eine gemeinsame Arbeit am Problem, im Zuge derer familiale Praktiken re-definiert und neu operationalisiert werden. Die Beteiligten sind aufgefordert, eine Haltung gegenüber den Ambivalenzen einzunehmen, welche durch die pädiatrischen Konsultationen hervorgerufen werden. Einerseits gibt es einen intensiven elterlichen Aktivismus und große Hoffnungen die Bandbreite an etablierten Testverfahren und medizinischer Expertise betreffend. Auch die gesellschaftliche Etablierung des Prozesses, in dessen Verlauf ein Kind und seine Verhaltensweisen als abweichend, „gestört" und „krank" eingeschätzt werden, stabilisiert die elterliche Entscheidung, mit dem Kind zum Arzt zu gehen. Andererseits gibt es auf Seiten der Kinder Ängste und Abwehr dem

Arztbesuch wie auch dem Diagnoseprozess gegenüber, welche die Eltern verunsichern. Und auch im Verlauf der Untersuchungen und Beratungen gibt es bei den Eltern immer wieder Phasen von Ohnmacht und Handlungsunfähigkeit im Umgang mit ihren Kindern, die sie daran zweifeln lassen, ob der eingeschlagene Weg der richtige ist. Zwischen diesen Polen müssen die Beteiligten lebbare, pragmatische und für sich und andere verantwortbare Umgangsformen mit diesen Spannungen entwickeln. Das aktive Anwenden des neuen Deutungsmusters „AD(H)S" als ein zweiter Mechanismus von Normalisierung soll im Folgenden veranschaulicht werden.

Bei Mike Braun riet der Arzt im Auswertungsgespräch mit der Mutter zur Verschreibung eines Medikaments. Dieses Handlungserfordernis begründete der Mediziner biomedizinisch-psychiatrisch und erklärte:

„Man geht von einer angeborenen Störung heute aus, eine angeborene Stoffwechselstörung. Ganz einfach ausgedrückt ist es ein Mangel eines, dieses Dopamins, dieses Botenstoffes im Gehirn. So, und wenn das stimmt, dann ist die erste logische Maßnahme, man muss diesen Mangel ausgleichen. Und dazu gibt es dieses Methylphenidat. Das ist genauso wie beim Diabetiker, dem fehlt das Insulin, da ist es Unsinn, irgendwelche Therapien mit ihm zu machen, weil er verhaltensauffällig ist, ohne dass das Insulin gespritzt wird, und da wird es ganz deutlich. Kann man nicht ganz vergleichen, ein Diabetiker, der auf Dauer sein Insulin nicht bekommt, das ist auf Dauer mit dem Leben nicht vereinbar."

In dieser ätiologischen Erklärung verbindet der Arzt die statistische Norm mit einer funktionalen Norm, um seine Handlungsempfehlung zur Medikation zu begründen. Indem er herausstellt, dass der Sollwert des Botenstoffs Dopamin mangelhaft sei und ausgeglichen werden müsse, folgt er einer Logik, in deren Zentrum statistisch bestimmte Durchschnittswerte und daraus abgeleitete untere Schwellennormen stehen. Die Geltung dieser Logik veranschaulicht er durch die Bezugnahme auf Diabetes, bei der es durch die ausgleichende Vergabe von Insulin gelingt, den Blutzuckerspiegel auf den Sollwert hin zu regulieren. Die deskriptiv-statistische Norm begründet hier einen Erwartungswert, der durch die Orientierung an der funktionalen Norm eines normativ bestimmten Soll-Werts zusätzlich stabilisiert wird. Die funktionale Norm, die der Arzt anführt, besteht in dem Postulat, dass es – ungeachtet der Unterschiede zwischen Insulin- und Dopamin-Mangel die Lebensbedrohlichkeit betreffend – moralisch geboten sei, dem Betroffenen Hilfe dabei zukommen zu lassen, seine Umwelt- und Entwicklungsbedingungen so zu gestalten, dass Störungen und Konflikte minimiert werden. Den Mangel durch die Vergabe eines Substituts auszugleichen, erscheint nun zweifach legitimiert und Arzt und Mutter bilden zur Realisierung des konstatierten Handlungserfordernisses eine strategische Allianz:

Arzt: „Packen wir es an oder wollen Sie es noch mal zu Hause besprechen?"

Frau Braun: „Nee, ich möchte das jetzt. Weil das zweite Halbjahr fängt jetzt an in der Schule".

Arzt: (unterbricht) „Es wird Zeit".

Frau Braun: „Eben. Dann hat er die Erprobungsphase. Und wenn da jetzt nichts passiert, dann schafft er das nicht, denke ich mal."

Indem die Beteiligten das Erfordernis zu handeln als zeitlich geboten deklarieren, verbinden sie die molekularbiologische Begründung des Arztes mit der auf die Regulation von schulischen Anforderungen zielenden Absicht der Mutter. Die Formulierung „Es wird Zeit" transportiert eine quasi naturhafte, dem Zyklus des Lebens und seiner sozialen Organisation in z. B. Schulklassen und Entwicklungsstandards innewohnende Notwendigkeit, mit der Frau Braun und der Kinderarzt ihre gemeinsame Aktion legitimieren und in die gleichsam alle weiteren Personen, also auch Mike, eingeschlossen werden. Frau Braun sagte:

„Ich denke mal, er weiß, er muss es nehmen. Und er wird auch wissen dann, er kommt sowieso nicht drum rum, weil es ist vereinbart, dass er es nehmen muss. Ja, ich denke mal, dass er sich dran gewöhnen wird und dass es dann hinterher auch gut ist."

Die zwischen Arzt und Mutter getroffene „Vereinbarung" wird zur Pflicht und zum Zwang für das Kind, das nun „nicht drum rum kommt", ein Medikament einzunehmen. Die nicht erfolgte Beteiligung des Kindes an dieser „Vereinbarung" wird ersetzt durch die mütterliche Hoffnung, dass auch das Kind sich zukünftig von der Sinnhaftigkeit der Maßnahme wird überzeugen lassen; der Patient Mike war beim Aufklärungsgespräch mit dem Arzt nicht anwesend, seine Mutter lehnte es ab, die Entscheidung zur Medikamentierung noch einmal zu Hause mit ihm zu besprechen und hoffte vielmehr darauf, seine Zustimmung durch „Gewöhnung" zu erreichen. Die folgende Passage aus dem gemeinsamen Interview mit Mutter und Sohn zeigt, dass in der Familie an der Herstellung dieses Konsenses weiter gearbeitet wurde:

Frau Braun: „Weißt du was, Mike, (…). Es geht hier um dich. Du musst die Tabletten dann nehmen, damit es dir besser geht. Aber du musst auch ein bisschen mitmachen".

Mike: „Ja, für dich ist das besser. Für mich nicht."

Mike verweigerte sein Einverständnis zur Einnahme der Tabletten und da im weiteren Verlauf des Gesprächs weder der von Mike artikulierte Vorwurf aufgenommen und besprochen noch nach seinen Vorschlägen zur Veränderung seiner Situation gefragt wurde, blieb die Vergabe bzw. Einnahme von

Tabletten in der Familie eine irritierende und anstrengende Aktivität, deren Normalisierung sich nicht reibungslos vollzog. Vielmehr brauchte es anhaltende Begründungen und Rechtfertigungen, die bei den Brauns vor allem in der Form von Nützlichkeitsdeklarationen kommuniziert wurden. Frau Braun erzählte:

> „Und das habe ich ihm dann auch so erklärt, dass er manchmal gar nichts dafür kann. Und dass er es damit halt besser steuern kann. Und dass es damit einfacher wird auch im Alltag für uns alle. Wir alle wollen natürlich auch was tun da dran. Aber ihm helfen halt diese Tabletten, sich besser zu kontrollieren. So habe ich es ihm halt erklärt."

Auch bei Familie Schmidt bestand die Notwendigkeit, der Tochter den Handlungsdruck der Eltern verständlich und nachvollziehbar zu machen. Christina hatte im Prozess der Diagnosestellung immer wieder Ängste die Untersuchungsergebnisse betreffend artikuliert. Zur Beruhigung der töchterlichen Befürchtungen entwickelten die Eltern ein Narrativ, welches die eingeleiteten Aktivitäten als Vorbereitungen eines erfolgreichen Umgangs mit der Situation und als Handlungsfähigkeit legitimiert. Mit der Formulierung „Wissen, wie man helfen kann" vergewissern sich Mutter und Stiefvater der eigenen Einschätzungen und Handlungen. Frau Schmidt berichtete:

> „Sie hat Angst gehabt, dass das irgendeine schlimme Krankheit ist oder so. Und dann habe ich gesagt, ‚Hör zu! Wir haben das alles jetzt gemacht, damit wir wissen, wie wir dir helfen können. Und da, wo du halt eben selber weißt, dass das du Schwächen hast, wie zum Beispiel Mathe'. Ich meine, das ist ein offenes Geheimnis, das weiß sie auch selber. Ähm, ah ja. Dass wir ihr da halt helfen können jetzt besser. Oder das zumindest versuchen können, jetzt ihr besser zu helfen."

Aufgrund der Diagnose „Konzentrationsschwäche" sahen sich Herr und Frau Schmidt in die Lage versetzt, die Tochter genauer zu beobachten, gezielter zu unterstützen und häufiger anzusprechen, eben: „Hilfe geben" zu können. Der Stiefvater erzählte:

> „Ja, weil wir es halt mehr beobachtet haben. Gezielt. Ja und da fällt das halt dann auf, wie sie sich konzentriert, wann sie sich konzentriert, wobei. Das haben wir ganz genau beobachtet. Und wenn man sagt halt, ‚Du hast heute nichts vor, sondern du machst das jetzt', dann, ja, geht es besser. [...] Und das Wort Krankheit haben wir dann aber auch ganz schnell gelöscht."

In beiden Fallgeschichten der Familien Braun und Schmidt wird deutlich, dass die pädiatrischen Angebote nicht nur auf den kindlichen Körper zielen, sondern dass medizinisches und psychologisches Wissen auch soziale Beziehungsdynamiken neu ordnet, eine Umwandlung von Rollenbildern und Selbstverständnissen nahelegt und Deutungen verändert wie auch bestätigt. Die standardisierten, normalistisch begründeten Behandlungsangebote erzeugen eine Dynamik, im Zuge derer neue Routinen und Muster von Reaktion und Verhalten etabliert werden, die auf Wiederholung, Intensivierung oder auch Veränderung von Denkweisen, Normen und Verhaltenspraxen aller Beteiligten drängen. Die Fallbeispiele zeigen, dass diese Modifikationen und Transformationen sich sowohl auf soziale als auch auf narrativ-diskursiv-normative als auch materiell-körperliche Bereiche beziehen und sich in unterschiedlichen Lebensbereichen (Familie, Schule, Freundschaft, Experten-Laien-Settings) entfalten. Sie sind keinesfalls linear, eindeutig und direktiv, sondern unabgeschlossen und bedürfen der kontinuierlichen Be- bzw. Überarbeitung – ein dritter Mechanismus des Normalisierungsprozesses.

Normalisierung III: Reflexive Um- und Neudeutungen und kontinuierliche Nachbearbeitung

In den Wissenspraktiken der Beteiligten wie auch in Ritualen und Performanzen ihrer Selbstrepräsentation zeigt sich, dass die Arbeit an der Einbettung und Veralltäglichung der medizinischen Expertise im pädagogischen Feld nie fertig oder abgeschlossen ist und bestenfalls in einigen Interaktionskontexten an ein vorläufiges Ende gebracht wird.

Familie Schmidt praktizierte knapp fünf Monate nach der Diagnostizierung der Tochter neue Erklärungen und Verhaltensweisen im Umgang mit Christina und suchte während dieser Zeit den anfänglich konsultierten Arzt nicht noch einmal auf. Die elterliche Aufmerksamkeit und Bemühungen richteten sich nicht länger auf eine übergreifende „Konzentrationsschwäche" der Tochter, vielmehr lokalisierte Frau Schmidt das Problem nun vor allem im Zusammenhang mit schulischen Anforderungen und vermutete „Prüfungsangst" und „mangelndes Selbstvertrauen" als Grund für Christinas Konzentrationsschwierigkeiten. Den familiären Umgang mit dem Unterrichtsfach Mathematik beschrieb die Mutter wie folgt:

> „Christina kann das ja alles wunderbar lösen, und wenn nicht, dann fragt sie. Und dann gucken wir, und dann, ähm, helfen wir ihr. Aber in den Arbeiten, da hat sie halt, da würd ich sagen, da hat sie einfach so 'n bisschen, ja, Prüfungsangst."

Zur Unterstützung ihrer Tochter ergriff Frau Schmidt eine Interventionsstrategie, deren Erfolg sie begeistert schilderte:

„Bei der letzten Arbeit hab' ich sie reingelegt. Ähm, da hab' ich ihr so Pfefferminzbonbons mitgegeben und hab' gesagt, ‚Christina, das sind so kleine, äh, Pillen. Wenn du die nimmst, die schmecken ganz lecker nach Pfefferminz'. Sag ich, ‚Das ist nichts Schlimmes, das ist einfach nur ein bisschen Traubenzucker noch mit drin und dies und jenes, damit du das weißt, das ist für die Konzentration, Dextro-Energen oder so was'. Da hat sie immer schon mal was bekommen. Sag ich, ‚Aber die sind ganz speziell, damit du dich richtig gut konzentrieren kannst'. […] Und: Zack, bumm war's 'ne Zwei geworden. Also davor die zwei Arbeiten waren 'ne Vier. Also das ist wirklich 'ne reine Kopfsache, das Ganze. Und, ähm, sie muss einfach so 'n bisschen mehr Selbstvertrauen kriegen.“

Die elterlichen Umdeutungen und Verschiebungen im Umgang mit Christinas Diagnose oszillierten zwischen pädagogischen und medizinischem Vokabular und Strategien. Einerseits war es Herrn und Frau Schmidt wichtig, den Krankheitsbegriff im Umgang mit ihrer Tochter zu vermeiden, um deren Ängste vor Erkrankung und Stigmatisierung nicht zu schüren. Dementsprechend sprachen sie nicht von „ADS“, sondern wünschten sich pädagogische Hilfestellungen, um ihre Handlungsstrategien im Umgang mit der Tochter zu erweitern. Dies bewirkte, dass sie das Kind mehr beobachteten, wahrnahmen und neue, psychologische Erklärungen ihres Verhaltens entwickelten. Andererseits hatten die Eltern eine große Bereitschaft, dem Expertenurteil, beispielsweise die Intelligenz der Tochter betreffend, unhinterfragt zu folgen und simulierten eine medizinische Interventionsform (Pfefferminz-Placebo), um ihr pädagogisches Ziel des gesteigerten töchterlichen Selbstbewusstseins zu erreichen.

Das Schwanken zwischen Pädagogik und Medizin erlebten Mutter und Stiefvater als Vergrößerung ihrer Handlungsoptionen und als Stabilisierung ihres Verhaltens. Für die Tochter hingegen war damit Marginalität verbunden; sie war im Prozess der ärztlichen Diagnose-Stellung lediglich als Untersuchungsobjekt beteiligt, erhielt als betroffenes Subjekt keinen Raum zur Artikulation und wurde stattdessen mit einer elterlichen Verhaltensstrategie konfrontiert, die auf Suggestion und Täuschung gründete. Für die Realisierung einer Erwartungsnorm hatte Frau Schmidt ihre Tochter „reingelegt“ und auf diese Weise einen dem familiären Problem zugrunde liegenden Normenkonflikt fortgesetzt. Die Mutter bilanzierte:

„Man will natürlich immer nur's Beste für sein Kind, und wenn's gewisse Dinge vielleicht nicht so gut kann oder nur bedingt kann oder so, dann will man aber wissen, wo man's dann doch fördern kann und all diese Dinge.“

Es ist zu vermuten, dass der konflikthafte Umgang mit der Besten-Norm in der Familie Schmidt erst dann beruhigt werden kann, wenn Christina in die familiäre Konsensfindung im Sinne eines „Informed Consent" einbezogen wird; oder anders formuliert: wenn „das Beste" nicht länger normalistisch begründet wird, sondern intersubjektiv erarbeitet würde, was „das Beste" für das Kind ist.

Familie Braun hingegen entschied sich dafür, ein Medikament als Regulierungsinstrument einzusetzen. Die Indikation der Medikation von Mike verlief in Etappen und erstreckte sich über den Zeitraum von sechs Monaten. So verschrieb der Arzt als erste Indikation eine Tagesdosis von 10 mg, nach einem Telefonat mit der Mutter 20 mg, dann einem weiteren Telefonat folgend 40 mg, dann nach einem weiteren Arztbesuch 54 mg, dann nach einem weiteren Arztbesuch 72 mg. Als Nachweis der Normalisierung wurden Mikes Leistungen und sein Sozialverhalten in der Schule herangezogen. In der Schule soll sich die normative Angemessenheit der medizinischen Maßnahme durch den Vergleich mit anderen Schülerinnen und Schülern quasi ‚beweisen'. Die Mutter erzählte:

„Dass er da hin musste, ja, das wusste die Schule, weil ich musste ihn ja entschuldigen, das war ja morgens. Aber ich habe da jetzt, wie gesagt, noch nicht drüber gesprochen, was bei rausgekommen ist, weil ich einfach gerne, ich hätte gerne die Erfahrung, ob die wirklich sagen, ‚Oh, es hat sich gebessert'. Wenn die wissen von den Tabletten, dann ist diese Beurteilung schon wieder anders."

Die Fallgeschichte der Familie Braun zeigt, wie die medizinischen Testverfahren einen normalistisch definierten Krankheitswert und damit eine Behandlungsbedürftigkeit produzieren, ohne dass die Schule als die Einrichtung, die den Anstoß und Anlass für den Abgleich von Norm und Abweichung des kindlichen Verhaltens gab, in diesen Prozess einbezogen ist. Die ärztliche Autorität wird als eine zweite Normen und Maßstäbe setzende Kapazität zu etablieren versucht. Dass dies im Fall von Mike Braun nur ansatzweise gelingt, steht auch im Zusammenhang damit, dass die Entscheidung zur Medikamentierung ohne das Einverständnis des Kindes getroffen wurde, und dass der betroffene Junge die Medikation nicht als Unterstützung seines Wohlergehens erlebte. Damit basierte das gemeinsame Handeln von Mutter und Arzt auf einer Konsensfiktion, die eine weitere Normalisierungsarbeit erforderlich machte. Die vom Arzt und von Frau Braun initiierte Bezugnahme auf das Kindeswohl braucht, um zukünftig Wirksamkeit zu entfalten, Formen des Wissensmanagements, die sowohl das Kind selbst als auch weitere Erziehungspersonen, wie z. B. Lehrkräfte, an diesem Prozess beteiligen.

Reflexive Neuordnung von kindlichen Verhaltensnormen durch familiäre und gesellschaftliche Wissenspolitiken

Das in diesem Beitrag ausschnitthaft vorgestellte empirische Material erlaubt erste Einblicke in die Prozesse von Normalisierung eines medizinischen Blicks auf Kinder. Dabei werden, so wollten wir zeigen, familiäre Wissensnarrative und Wissenspolitiken sowie Repräsentationen von Elternschaft und Kind-Sein aktiviert, umgearbeitet und neu bewertet. Dabei ist von Bedeutung, wie die pädiatrische Intervention im sozialen Kontext des Kindes thematisiert oder de-thematisiert wird, wie Transparenz darüber hergestellt oder ob Diskretion oder Verleugnung gewählt werden – gegenüber dem Kind, gegenüber der Schule und in unterschiedlichen Öffentlichkeiten. Wenn Eltern, Ärzte und Kinder interaktiv Praktiken entwickeln, in denen sie ihr Verständnis des eigenen Selbst und des eigenen Tuns neu ausrichten und miteinander abgleichen, tun sie dies in sozialen Kontexten, die vielfach strukturiert und beeinflusst sind, z.B. durch eine umfangreiche Beratungsliteratur zum Thema AD(H)S, in der Betroffene, Experten und Pharmaindustrie um die Deutung des Phänomens streiten. Und sie treffen dabei auf vormals oder aktuell Betroffene, die sie mit Orientierungswissen versorgen. Damit tragen sie auf einer individuellen und gesellschaftlichen Ebene dazu bei, dass sich die medizinische und kulturelle Praxis der Diagnostizierung von Entwicklungsstörungen, ihre Bedeutung, Anwendung und Nutzung als legitim durchsetzt und in den Alltag integriert werden kann. Diese Form der Normalisierung geht über die unmittelbare kinderärztliche Behandlung weit hinaus; die Eltern bangen um die Zukunft ihrer Kinder, die sich den Bedingungen schulischen Lernens nicht anpassen und dadurch riskieren, selektiert zu werden. Eltern führen hier einen Kampf um sozialen Auf- bzw. Abstieg für ihre Kinder, die ihrerseits, da sie als „unmündig" gelten, nicht gefragt werden.

So transportiert sich in der Normalität und Normalisierung von AD(H)S eine „technokratische Administration von Differenz" (Castel 1982, S. 12); „technokratisch", da die Annahme, dass sich problematische Verhaltensweisen im Prozess des Groß-Werdens ‚auswachsen', durch die Aufforderung zur Intervention – direktes Eingreifen und Regulieren – ersetzt wird; „administrativ", da neue soziale Unterscheidungen produziert werden, die in Form einer normalistisch erzeugten und begründeten „Diagnose" nun in die Verwaltungsabläufe von Bürokratien eingehen, z.B. in die Abrechnungen von Krankenkassen, in Schulzeugnisse oder Berichte der Jugendhilfe. Damit erhält medizinische Expertise wachsenden Einfluss auf Fragen von kindlicher Entwicklung und Erziehung. Die neue Normalität dieser Entgrenzung von Erziehung und Medizin zeigt sich nicht zuletzt auch darin, dass die medizinische Autorität nicht per Anordnung und Zwang wirksam ist, sondern, wie unser Material zeigt, von pädagogisch verunsicherten Eltern strategisch gesucht und verwendet wird, um ihren Kindern beim schulischen Kampf um Anerkennung und Zukunftschancen Vorteile zu verschaffen.

Literatur

Biederman, J. (2005): Attention-Deficit/Hyperactivity Disorder. A selective overview. In: Biological Psychiatry 57, S. 1215–1220.

Born, A./Oehler, C. (2009): Lernen mit ADS-Kindern. Ein Praxishandbuch für Eltern, Lehrer und Therapeuten. Stuttgart: Kohlhammer.

Burawoy, M. (1998): The Extended Case Method. In: Sociological Theory 16, S. 4–33.

Castel, R. (1982): Psychiatrisierung des Alltags. Produktion und Vermarktung der Psychowaren in den USA. Frankfurt am Main: Suhrkamp.

Grundintelligenztest CFT 20. http://career-test.de/einstellungstest/CFT20.html (Abruf 23. 10. 2012).

Haubl, R./Liebsch, K. (Hrsg.) (2010): Mit Ritalin leben. ADHS-Kindern eine Stimme geben. Göttingen: Vandenhoeck & Ruprecht.

Haubl, R. (2010): Psychodynamik medikalisierter Beziehungen. In: Haubl, R./Liebsch, K. (Hrsg.) (2010): Mit Ritalin leben. ADHS-Kindern eine Stimme geben. Göttingen: Vandenhoeck & Ruprecht, S. 16–35.

Hüther, G. (2011): Generation Ritalin. In: Praxis Schule 4, S. 4–8.

Kunst, C. (2012): Immer mehr ADHS-Kinder nehmen Pillen. In: Mainzer Rhein-Zeitung Nr. 46 vom 23. 2. 2012, S. 17.

von Lüpke, H. (2008): Die ADHS-Problematik hat eine lange Geschichte. In: Journal of Prenatal and Perinatal Psychology and Medicine 20/1 u. 2, S. 102–112.

May, C./Finch, T. (2009): Implementing, Embedding, and Integrating Practices. An Outline of Normalization Process Theory. In: Sociology 43/3, S. 535–554.

Qb-Test. www.qbtech.se/qbtest/about-the-test/ (Abruf 23. 10. 2012).

Schlack, R./Hölling, H./Kurth, B. M./Huss, M. (2007): Die Prävalenz der Aufmerksamkeitsdefizit-/Hyperaktivitätsstörung (ADHS) bei Kindern und Jugendlichen in Deutschland. Erste Ergebnisse aus dem Kinder- und Jugendgesundheitssurvey (KiGGS). In: Bundesgesundheitsblatt – Gesundheitsforschung – Gesundheitsschutz. Heidelberg: Springer, S. 827–835.

Weltärztekammer (2008): Deklaration von Helsinki. Ethische Grundsätze für die medizinische Forschung am Menschen. www.bundesaerztekammer.de/downloads/deklhelsinki2008.pdf (Abruf 05. 10. 2012).

Teil III
Optimierung von Kindheit

Ondrej Kaščák und Branislav Pupala

Auf dem Wege zum „normalen" Superkind[1]

Die Beschreibung von Merkmalen, die heutzutage für das fachlich und politisch fundierte Konstrukt des Kindergartenkindes kennzeichnend sind, ist ziemlich komplex. Es überschneiden sich hier private Alltagsdiskurse mit öffentlichen und wissenschaftlichen Diskursen, die sich selbst noch im Wandel befinden (vgl. Kränzl-Nagl/Mierendorff 2007). Seitens schulpolitischer Diskurse – in den EU- und OECD-Diskursen vertreten und mit ausgewählten wissenschaftlich-theoretischen Abhandlungen konvergierend – taucht ein „new speak" über frühe Kindheit und das Kindsein auf. Dieses „new speak" beginnt verschiedene nationale Kindheiten zu beeinflussen und wird zum festen Bestandteil von frühkindlichen Bildungspolitiken in der zivilisierten Welt. In diesem Zusammenhang entsteht ein neuer globaler normativer Kindheitsdiskurs, dessen verschiedene Facetten zu analysieren sind. Als analytisches Instrumentarium wird von uns Foucaults Konzept der Normierung verwendet. Anschließend wird das für den heutigen Kindergarten spezifische „Wissen-Macht Bündel" am Beispiel aktueller Formen der Reglementierung der Vorschulkindheit in der Slowakei exemplifiziert (v.a. auf der Ebene des Staatsbildungsprogramms und der Lehrerstandards). Die zentrale These des vorliegenden Beitrags ist, dass das heutzutage vorherrschende Konstrukt des Vorschulkindes, das z.B. durch Kinderneuropsychologie, humanistische Psychologie aber auch durch spezifische ökonomisch-politische Theorien (v.a. Neoliberalismus) geformt wird, neue Vorstellungen von Normalität hervorbringt, worauf spezifische Reglementierungsdokumente (Staatsbildungsprogramme, Lehrerstandards) reagieren und diese Vorstellungen perpetuieren.

Methodisch wird mit Hilfe einer diskursiven Rekonstruktion vorgegangen, wobei die diskursive Praxis über die frühe Kindheit einerseits anhand der heutzutage vorherrschenden theoretischen Quellen und der einflussreichsten Entwicklungstheorien rekonstruiert wird, andererseits werden relevante schulpolitische Texte mit internationaler und nationaler Tragweite einbezogen. Die transnationale Ebene repräsentiert die 25-jährige Entwick-

---

1 Die Studie wird vom Projekt VEGA 1/0224/11 und VEGA 1/0172/09 unterstützt.

178

lung und damit inbegriffene Transformationen des Dokuments *Developmentally Appropriate Practice* (DAP) sowie einige strategische schulpolitische Dokumente der Europäischen Union. Die nationale Ebene wird durch Schulreformdokumente nach 2008 in der Slowakei dargestellt, welche auf globale Veränderungen im Gebiet der frühkindlichen Betreuung, Bildung und Erziehung reagieren. Die slowakische Schulreform wird für die Analyse als Illustration einer nationalen Entwicklung herangezogen, hat also den Charakter eines Supplements. Die Analyse beinhaltet auch gewisse programmatische Initiativen des nicht-staatlichen Sektors (häufig durch den Staat akzeptiert bzw. empfohlen), die vor allem ökonomische Interessen in der frühkindlichen Bildung vertreten und diese in der Bildungsreform durchsetzen wollen. Die Analyse zeigt, dass all die akademischen, programmatischen und schulpolitischen Akzente, die in einer diskursiven Formation des „Superkindes" kulminieren, durch die vorherrschende neoliberale Rationalität der westlichen Kultur erschaffen werden.

1. Soziale Regulation und Normalität

Die Auffassung der Normalität ist auch in Beziehung zur Untersuchung der Kinder und Kindheit historisch variabel und soziopolitisch bedingt. Pacini-Ketchabaw (2006a; 2006b) beschreibt z. B. die Abhängigkeit des Normalitätskonzepts von den zeitgemäßen Trends der Sorge um die Kinder im Vorschulalter und von den damit zusammenhängenden Sozialkampagnen. Im 20. Jahrhundert ist in diesem Zusammenhang die Bewegung der universalisierten Normen zu den individualisierten Normen evident. Diese Bewegung beschrieb M. Foucault (1976, S. 245) schon in den 1970er Jahren am Beispiel der Regierung der Bevölkerung:

„einerseits konstituiert sich das Individuum als beschreibbarer und analysierbarer Gegenstand, der aber nicht wie das Lebewesen der Naturforscher in ‚spezifische Eigenschaften' zerlegt wird, sondern unter dem Blick eines beständigen Wissens in seinen besonderen Zügen, in seiner eigentümlichen Entwicklung, in seinen eigenen Fähigkeiten und Fertigkeiten festgehalten wird; anderseits baut sich ein Vergleichssystem auf, das die Messung globaler Phänomene, die Beschreibung von Gruppen, die Charakterisierung kollektiver Tatbestände, die Einschätzung der Abstände zwischen den Individuen und ihre Verteilung in einer ‚Bevölkerung' erlaubt".

Foucaults These wurde von Hultqvist (1998) in Beziehung zur schwedischen Vorschulkindheit thematisiert, wo diese Bewegung in den 1970er Jahren anfing und mit dem weitreichenden gesellschaftlichen Dezentralisierungsprozess zusammenhing. Sozialliberale Reformen brachten ein neues individualistisches Vokabular der persönlichen Verantwortung für eigenes Wohl mit sich, das mit dem Nachkriegsvokabular der zentralisierten Staatsfürsorge für das individuelle Wohl scharf kontrastierte. Optimale Ontogenese verlaufe nicht unter dem Paternalismus des Staates, sondern (sie solle) selbstregulierend und autonom (sein). Diese Wende unterstützte nach Hultqvist auch die Wende bei den Trends der sozialwissenschaftlichen Forschung, die sich an Differenzen, Variabilität und Instabilität zu orientieren begannen. „This change is part of a new power/knowledge agenda that I will call decentrism" (Hultqvist 1998, S. 106).

1.1 Variabilität und Normalität: „better baby contests"

Die Dezentrismuslogik beeinflusste fortan auch die Vorschulbildung intensiv und damit verbunden auch ein dominantes Entwicklungskonzept. Bisher herrschten im Vorschulsektor vor allem zwei Konzepte vor: das traditionelle Fröbelsche Konzept und das entwicklungspsychologische Reifungskonzept. Beide Konzepte arbeiteten mit einem geschlossenen Entwicklungsplan. In Fröbels Vorstellung war es die Gottesabsicht im Rahmen der göttlichen Ordnung, in dem entwicklungspsychologischen Diskurs stand das naturgemäße biologische Programm im Zentrum, welches phasenförmig erfolgt. Im Rahmen solcher zentralen Entwicklungspläne konnte die Entwicklung durch „spezifische Eigenschaften" (Foucault 1976, siehe oben) für jedes Entwicklungsstadium beschrieben werden. Diese Eigenschaften werden dann zur Entwicklungsnorm. In der Pädagogik und Kinderpsychologie wurde z.B. die Entwicklungstheorie von J. Piaget zum Kanon. Hultqvist (1998, S. 107) behauptet, dass

„until the 1970s all children were universal children. The Fröbel child was a universal child as was Piaget's [...] During the latter 1970s, this changed! Perhaps the most important sign here is the critique of the stage model in Piaget's theory, a model that assumed that development is universal".

Neue Konzepte weisen auf Variabilität und Unvorhersehbarkeit der Entwicklung hin und die Idee des Dezentrismus besetzt in der Folge sowohl Human- als auch Sozialwissenschaften.

Die bis dahin gültigen normativen und normalisierenden Theorien der kindlichen Entwicklung weisen gewisse Differenzen auf. Der Zugang zum Kind ist anders, wenn seine Entwicklung zyklisch verstanden wird (wie bei Rousseau und Fröbel). Dann ist die Aufgabe des Erziehers das permanente Zurückkehren zur Natur des Kindes, zum Ursprünglichen und Unveränderbaren. Baker (1998, S. 158) bezeichnet das als „romantische Orientierung auf das Kind". Das entwicklungspsychologische Konzept ist dagegen prospektiv, es fasst die Entwicklung aufsteigend und linear auf. Grundlegend ist dabei der Übergang von einem früheren Entwicklungsstadium in ein folgendes.

Dieses Konzept konstituierte sich im Rahmen des „child-study movement" Ende des 19. und Anfang des 20. Jahrhunderts. „Es geht um die Schlüsselpunkte im Verstehen dessen, wie die Kindheit sowohl zerteilt als auch normalisiert wurde, vor allem durch neue Erkenntnisbereiche in der Psychologie..." (Baker 1998, S. 163, Übersetzung hier und im Folgenden: O.K.). Psychologisches Wissen entwickelt sich entlang der Vorstellung einer differenzierten Stadialität, die einen normativen und normalisierenden Charakter annahm. Davon gingen die ersten Handbücher für Erzieher und Lehrer Ende des 19. Jahrhunderts aus, die Registrierungsblätter für die Entwicklung der Kinder beinhalteten.[2] „Orientierung auf das Kind bedeutete hier das Monitoring partieller Merkmale der Kinder – körperlicher, mentaler, verbaler..." (Baker 1998, S. 168). In den 20er Jahren des 20. Jahrhunderts kann man dann von der „Konstituierung der Kindheit durch die Norm" sprechen (Holmer Nadesan 2002, S. 409), es werden nämlich die Listen der entwicklungsangemessenen psychischen Merkmale von den ersten „Entwicklungsexperten"[3] präzisiert und allgemein anerkannt. Somit entstehen die ersten Entwicklungsskalen und es erscheinen pädagogische Handbücher, häufig mit dem Titel „The Normal Child" (Pacini-Ketchabaw 2006b, S. 172). In der ersten Hälfte des 20. Jahrhunderts wurden diese Skalen zum Bestandteil verschiedener Sozialkampagnen. In den USA z.B. verwendete man sie im Rahmen der sogenannten „better baby contests" oder „pretty baby contests" (vgl. Dorey 1999), also in den „Wettbewerbsausstellungen" von Kindern, die anhand von Entwicklungstabellen bewertet wurden. Die Sieger sollten als Beispiele der optimalen und musterhaften Entwicklung und Fürsorge dienen.

1.2 Spiel im Dienste der Normalität

Piagets Konzept wurde zu einem weiteren normativen Konzept, das eine neue empirische Basis für die „universalisierte" und „normale" Vorstellung des Kindes zur Verfügung stellte. Diese Basis führte dazu, dass „eine Menge von Mechanismen für die Verwaltung von Kleinkindern und ihren Familien entstanden ist. Diese reichen von Wertungsprozeduren und Entwicklungstabellen bis zu Techniken der Sozialarbeit und der Standardisierung von Lehrerbildungsprogrammen" (Pacini-Ketchabaw 2006b, S. 163, Übersetzung: O.K.). Das am häufigsten thematisierte Konzept der sogenannten

---

2 Z.B. *Handbook of the Wisconsin Child-Study Society* aus dem Jahre 1898 (Baker 1998, S. 167).
3 Zu den einflussreichsten gehörte in dieser Zeit A. Gesell.

„entwicklungsgemäßen Praxis" (*Developmentally Appropriate Practice* – DAP), das in den 80er Jahren des 20. Jahrhunderts entstanden ist (Bredekamp 1987)[4], beinhaltet all diese Aspekte. Dieses Konzept ist ursprünglich in Piagets Theorie fundiert, deren Einfluss z.B. im Kapitel über das Kinderspiel in diesem Dokument besonders nachweisbar ist.

Die Konzeptualisierung des Kinderspiels verbindet sich mit dem Normalitätskonzept in der ersten Hälfte des 20. Jahrhunderts, wenn die „romantisch-nostalgischen Spieldiskurse", die von dem Autotelismus des Spiels ausgingen, stufenweise durch „Entwicklungsspieldiskurse" ersetzt wurden (vgl. Ailwood 2003). Diese Diskurse sprechen über die Funktionalität des Spiels für die Kindentwicklung und führen für das gegebene Entwicklungsstadium ein angemessenes Spielrepertoire an. Das Spiel wird als Tätigkeit begriffen, die man bewerten und zugleich zweckbedingt beeinflussen kann. Nach Ailwood (2003, S. 294) etablieren sich zwei Arten des Herantretens an das Spiel – „Rationalisierung des Spiels und Beobachtung des Spiels".

„Im Rahmen der frühkindlichen Bildung werden die Erwachsenen darin geübt, das Spiel der kleinen Kinder zu beobachten [...] Diese Einübung unterstützt man durch ein Übermaß an Requisiten wie Entwicklungskontrolltabellen und entwicklungsgemäße Spielzeuge und Ausstattungen." (Ailwood 2003, S. 296, Übersetzung: O.K.)

Die ursprüngliche DAP fasst das Spiel als den Schlüsselindikator der mentalen Entwicklung des Kindes auf. Deshalb bildet das Spiel die Grundbasis des entwicklungsgemäßen Ansatzes und soll initiiert, geführt und unterstützt werden. Erzieher und Lehrer haben dabei die Aufgabe sich durch die Beobachtung spielender Kinder deren Entwicklungsstand zu erschließen. Das Spiel wird sogar als Grundfaktor des von Piaget beschriebenen Entwicklungsfortschritts begriffen – von sensomotorischer Intelligenz, über präoperationale Intelligenz bis zu konkret-operationaler Intelligenz (Brede-

---

4 DAP, ursprünglich ein autoritatives nationales Reformdokument in den USA, gilt heutzutage als Musterbeispiel der Reformbemühungen im Gebiet der frühkindlichen Betreuung, Bildung und Erziehung. Obwohl durch die angloamerikanische Tradition des ökonomischen Individualismus kulturell geprägt (vgl. Penn 1999), hat die DAP heutzutage einen großen globalen Einfluss. Sie wird durch transnationale Organisationen propagiert, exemplarisch durch die Weltbank (vgl. Penn 2002) und in zahlreichen Ländern produktiv diskutiert (für India siehe Hegde/Cassidy 2009; für Griechenland Doliopoulou 1996; für Korea Kim/Kim/Maslak 2005 usw.). Die Europäische Union hatte in den 1990er Jahren eine eigene, andere Strategie der frühkindlichen Betreuung, Bildung und Erziehung, die im Rahmen von Childcare Network unter der Leitung von Peter Moss entwickelt wurde und sich nach skandinavischen Bildungsmodellen richtete. Das neue Millennium brachte dann eine Wende in der EU-Politik mit dem Ziel, die ökonomische Leistung der Bildungssphäre zu stärken, und wandte sich den durch die Weltbank und die OECD empfohlenen Modellen zu (vgl. Mahon 2009). DAP gewann dadurch globalen Einfluss.

kamp, 1987, S. 3). Piagets Normalitätskonzept bildet die Grundlage des gesamten DAP-Dokuments (vgl. Jipson 1991).

2. Über das „autonome Kind" zum „Superkind"

Im Zuge der Erosion des universalen Entwicklungskonzepts, beginnend in den 70er Jahren, wie Hultqvist am Beispiel der Kritik an Piaget anführt, wurden stufenweise auch spätere Normalkonzepte wie die DAP problematisiert. Die Idee einer diversifizierten Entwicklung führt im Jahre 1997 zur grundsätzlichen Revision des DAP-Konzepts (vgl. Bredekamp & Copple 1997). Auf den ersten Blick war diese Revision Konsequenz zahlreicher akademischer Stimmen, die die Normativität des Dokumentes kritisierten, seine Insensibilität für individuelle Abweichungen und Diversitäten der soziokulturellen Hintergründe der Kinder (vgl. Jipson 1991). Ein Nährboden für solche Kritik war auch der verbreitete gesellschaftliche Individualismus und der populäre liberale Autonomiegedanke[5], die den Paternalismus des normgebenden Staates und die Idee der Kollektivität ablehnten. Die DAP-Kritik hat somit einen soziopolitischen Hintergrund, wie es auch Hultqvist am Beispiel der breiten sozialen Liberalisierung in Schweden zeigt.[6]

Kinderfürsorge und -erziehung sollen sich von nun an nicht an externen Normen orientieren, sondern an individuellen Merkmalen und Potentialen des Subjekts. Man solle sich nicht an der Erlangung der universellen Norm orientieren, sondern am Potenzieren der individuellen Leistung. Hultqvist (1998) bezeichnet das als Übergang vom Konzept des „Universalkindes" (universal child) zum Konzept des individualisierten „autonomen Kindes" (autonomous child). Diese Wende kann man mit auf frühere Epochen bezogene Gedanken Foucaults in Beziehung setzen. Die Beobachtung dient nun der „Fixierung der individuellen Unterschiede" und der „Festnagelung eines jeden auf seine eigene Einzelheit" (Foucault 1976, S. 247). Nach Foucault (ebd., S. 246) bringt die neue Rationalität auch neuartige „Dokumentationstechniken" mit sich, die „aus jedem Individuum einen ‚Fall'" machen.

Das normierende und standardisierende „Expertenwissen" um Kinderentwicklung transformiert sich nun in einen neuen Normalisierungsdiskurs, in dem die Kraft der Normen durch die Kraft der Einzigartigkeit abgelöst wird und das Potenzial zur Normenüberschreitung akzentuiert wird. Diese diskursive Formation kulminiert am Ende des 20. Jahrhunderts im Konzept

---

5 Der politisch-liberale Autonomiegedanke ist hier nicht mit dem klassischen idealistischen Bildungsbegriff zu verwechseln.

6 Die Verbindung der revidierten DAP-Ideologie und der politischen Ideologie des (Neo)Liberalismus zeigt Penn (2002) in ihrer Analyse der globalen Empfehlungen der Weltbank für das Organisieren der frühkindlichen Bildung in den einzelnen Nationalstaaten.

des „Superkindes" (superchild, vgl. Holmer Nadesan 2002), in dem die Beurteilung des Kindes auf einer Vorstellung von Normalität beruht, die mit dem intensiven Willen der Eltern zusammenhängt, dass ihr Kind sich „ein bisschen schneller und besser als andere Kinder entwickeln sollte – bessere Leistungen erbringend, als man in seinem Alter erwartete" (Eisenberg/Murkoff/Hathaway 1996, S. 454). Zur Orientierungsgröße wird also nicht mehr die (Entwicklungs-)Norm als solche, sondern die Fähigkeit zur Überschreitung dieser Norm (vgl. Holmer Nadesan 2002).

Die Transformation vom „Universalkind" über das „autonome Kind" bis hin zum „Superkind" kann als eine diskursive Transformation verstanden werden, wobei mehrere wissenschaftliche Konzepte innerhalb dieses Wandlungsprozesses wichtige Rollen spielten. Holmer Nadesan (2002) zeigt, dass die neue Normalität der Normüberschreitung ihren Anfang als Diskursregime in der Bewegung der humanistischen Psychologie fand und sich später mit dem *Human potential movement* verknüpfte. Die ideologisch-gesellschaftliche Grundlage bildeten dabei der Kalte Krieg und die ökonomische Rationalität der Informationsrevolution. Das Konzept des „autonomen Kindes", das im Hilfemodus *(helping mode)* der Kinderfürsorge existierte, um individuelles Entwicklungspotenzial zu ermöglichen, modifizierte sich in der zweiten Hälfte des 20. Jahrhunderts. Das Streben nach Entwicklungsindividualität begann mit der Idee des individuellen intellektuellen Wettbewerbs zu korrelieren. Diese Idee hing mit dem Konzept der kompetitiven Wissensökonomie zusammen, welche die Hirnforschung in der frühen Kindheit und die Debatte um frühe kognitive Interventionen perpetuierte.

Die aktuelle Vorstellung des „Superkindes" beruht nach Holmer Nadesan auf der Rationalität der unternehmerischen Kultur und trägt zur Produktion des unternehmerischen Subjekts bei, das durch den sogenannten *Gold-Collar*-Arbeiter repräsentiert wird.[7] Das Konzept des „super-unternehmerischen Kindes" (super ‚entrepreneurial' infant) fasst Holmer Nadesan (2002, S. 412) wie folgt:

> „the cultural production of individuals who self-actualize through work and who possess just the right mix of technical/intellectual and social skills seems a formidable project, a project that could not be realized successfully unless the gold-collar entrepreneurial subject was cultivated from his or her earliest moments".

---

7 Mit der Wortprägung *Gold Collar Worker (GCW)* bezeichnet man eine neue Schicht von (jungen) Arbeitern in hohen Arbeitspositionen im Rahmen der Sparten von Wissensökonomie und -gesellschaft. Arbeitsprofil der *GCWs* kennzeichnen Tätigkeiten mit hohem Grad an Flexibilität und Arbeitsautonomie und mit niedrigem Anteil an Repetition. Die Transformation der Arbeitsstruktur und -weise im Rahmen der Wissensökonomie unterscheidet die GCWs von den traditionellen *White Collar Workers.*

Es kommt heutzutage zu einer diskursiven Konvergenz zwischen den Erwartungen von Eltern, Konzeptualisierungen der Kinderentwicklung und auch der Entwicklung der Spielzeugindustrie, die zum Nährboden des Superkind-Konzepts wird und sich mit der konkurrenz- und innovationsorientierten Logik des Unternehmertums verbindet. Diese Vorstellung wird von zahlreichen strategischen Dokumenten aufgenommen, die sich mit dem internationalen Wettbewerb in der gegenwärtigen Wissensökonomie und der damit zusammenhängenden Rolle der Bildung befassen. So hält die Idee des super-unternehmerischen Kindes auch in den Kindergarten Einzug.

Dieser veränderte Blickwinkel auf frühe Kindheit wird auch in der Stellungnahme des Europäischen Wirtschafts- und Sozialausschusses offensichtlich (Förderung des Unternehmergeistes im Unterricht und in der Bildung 2006, S. 3). Hier wird betont, dass „eine stärkere unternehmerische Tätigkeit nur erreicht werden kann, wenn ein Wandel der Denkweise und Einstellung herbeigeführt wird, der schon in einem sehr frühen Alter einsetzen sollte". Bemerkenswert ist, dass das Unternehmertum durch das humanistische Vokabular voll von Autonomie und Einzigartigkeit definiert wird, als „besondere unternehmerische Fertigkeiten […], die die im Rahmen der formalen Ausbildung erworbene Allgemeinbildung und Kultur ergänzen, z.B. Kreativität, den Wunsch, sich um neue Erkenntnisse zu bemühen und sich weiterzubilden usw." (ebd.).

Es werden dabei Modelle der frühen unternehmerischen Bildung gesucht: „Es muss überprüft werden, ob Bildungsexperimenten dieser Art, wie z.B. dem Stufenmodell für Unternehmergeist (dieses wurde vom schwedischen Unternehmerverband eingeführt) breitere Geltung und eine höhere Wirksamkeit verliehen werden kann". Es wird darauf hingewiesen, dass in diesem Modell „die Erziehung von Menschen zur unternehmerischen Initiative frühzeitig beginnt" und siebenjährige Kinder zu „einfachen und praktischen Neuerungen" geführt werden, die man als „Geniestreiche" bezeichnet (ebd., S. 6). Die Kinder werden hier durch ein Super-Vokabular als „Genies" thematisiert. Dieses Programm wurde durch Anders Rosén im Jahre 1993 gegründet. Seine erste Etappe orientierte sich an Kindern ab dem Alter von sechs Jahren unter dem Titel „Small Genius" (vgl. Creating Opportunities for Young Entrepreneurship 2005).

In einigen europäischen Ländern geht man noch weiter und sucht Inspirationen für die Bildung des super-unternehmerischen Kindes im Vorschulalter. Im Arbeitsmaterial des Slowakischen Auslandsministeriums mit dem Titel „Bildungsprogramme zur Unterstützung der Wissensökonomie, Kreativität und des Unternehmergeistes in ausgewählten Ländern" (Výukové programy na podporu vedomostnej ekonomiky 2011) berichtet man vom österreichischen Programm namens „Minopolis – Die Stadt der Kinder", das auf Kinder ab dem 4. Lebensjahr zielt. Der Zweck ist das Vertraut-Machen mit Unternehmertum, Konsum und Finanzsektor (eigene Währung – die sogenannte Eurolino, Finanzoperationen in der Bank) in Form von Er-

lebnislernen: „Der erste Weg führt entweder in die Bank zur Kontoeröff-
nung oder gleich zur Jobsuche in das AMS" (Minopolis – Die Stadt der
Kinder, o. S.). Kinder konzipiert man als kleine Genies, kompetente Unter-
nehmer, die ihre aktuelle Entwicklung überschreiten. Man versteht das
„child as capable; another version of the autonomous child. [...] Capacity
enables the child to respond flexibly to the demands of a changing external
world (i. e., economics or the market)" (Hultqvist 1998, S. 108).

2.1 Das unternehmerische Superkind
im theoretischen Diskurs

Das „Superkind", das zuerst durch den politischen Wettbewerb des Kalten
Krieges und später durch die internationale Wirtschaftskonkurrenz und die
generalisierte Unternehmerkultur konstituiert wird, d. h. das zur Normenüberschreitung fähige Kind, ist vor allem ein Wesen, das an den Grenzen
seiner eigenen Möglichkeiten/Potenziale operiert. Dazu braucht man aber
gewisse Entwicklungs-, Diagnostik- und Interventionskonzepte, die mit solchen Potenzialitäten rechnen und die neue „Normalität" in Erwägung ziehen. Auch in diesem Licht kann man die neue Belebung von Wygotskis
psychologischer Theorie und ihre bedeutsame Stellung im heutigen pädagogischen Diskurs wahrnehmen.[8] Wygotskis Schule, die mit der sogenannten dynamischen Diagnostik und mit den Interventionen in der „Zone der
nächsten Entwicklung" ihre praktische Bedeutung bekommt, bildet den
theoretischen Rahmen für die Formierung solch eines Kindes, das seine aktuellen Möglichkeiten überschreitet. Der Neubelebung der Wygotski Schule
in Westeuropa und in den USA in den 1980er Jahren gingen also passende
ökonomische und politische Voraussetzungen voraus, und diese unterstütz-
ten dann neoliberale Individualisierungspraktiken (zu politisch differenzierten Interpretationen von Wygotski in der Pädagogik vgl. Petrová 2008).
    Der das „Superkind" konstituierende Diskurs wird durch solche theore-
tischen Instrumente geformt, die die Individualität des Kindes mit spezifischen, die Überschreitung von existierenden individuellen Entwicklungsmöglichkeiten ermöglichenden Bedingungen verbinden. Der Entwicklungs-
diskurs funktioniert im Regime der Entwicklungspotenzialitäten, die man
mit Hilfe einer angebrachten Diagnostik und angemessener Intervention

---

8   Es scheint, als existierte eine gewisse soziopolitische und akademische Konvergenz
     zwischen dem Boom von Wygotskis Schule in den 80er Jahren des 20. Jahrhunderts
     in den USA und dem neuen Typus von ökonomischer Rationalität und deren neuer
     Ontologie, welche sich in dieser Periode durch neoliberale ökonomische Reformen
     von R. Reagan durchsetzten. Wygotskis Popularität verstärkte auch der derzeitige
     kritische Bildungsbericht *A Nation at Risk: Imperatives for Educational Reform,* der
     neue Ansprüche, Dynamisierung und den stärkeren Akademismus der Bildung for-
     derte.

(z. B. durch das sogenannte mediierte Lernen/Lernen durch Mediatoren, durch die Orientierung der Intervention auf die sogenannten Präkonzepte der Kinder usw.) regulieren kann.[9] Obwohl beide, Piaget und Wygotski zum Universalkanon der Entwicklungspsychologie in Lehrerbildungskursen geworden sind (vgl. Hoffman/Zhao 2008), verweist Piaget mit seiner endogenen Reifungsvorstellung auf das Konzept des „Universalkindes" und Wygotski mit der Möglichkeit der externen Entwicklungsbeschleunigung auf das Konzept des „Superkindes".

Das Konzept des „super-unternehmerischen Kindes" konvergiert in den letzten zwei Jahrzehnten auch mit anderen wissenschaftlichen Diskursen, vor allem mit der Strömung der sogenannten Gehirnforschung *(brain science)*. Die Popularisierung der Gehirnforschung geht Hand in Hand mit der Popularisierung des neuen neoliberalen „Wissensarbeiters" *(knowledge worker)*. Man geht davon aus, dass jedes Kind ein Superkind und erfolgreich sein kann, wenn es im passenden Entwicklungsmoment – in der sogenannten kritischen Entwicklungsperiode – einer angemessenen Stimulation ausgesetzt wird. Kinderfürsorge transformiert man in die Konditionierung des Kindererfolges: „Kindererfolg bedeutet die Fähigkeit des Kindes normative Erwartungen zu überschreiten..." (Holmer Nadesan 2002, S. 413). Obwohl die Gehirnforschung keine praktischen Instrumente zur Konditionierung des „Superkindes" zur Verfügung stellt, findet man diese in dem neuen Industriezweig der die Entwicklung potenzierenden Spielzeuge. Holmer Nadesan (2002) zeigt, wie die Produzenten solcher Spielzeuge mit Ergebnissen der Gehirnforschung und Rhetorik des „Superkindes" arbeiten. Die Benutzung dieser Spielzeuge soll den Gedanken des unternehmerischen Kindes in dem Sinne bekräftigen, dass sie zum Erwerb des spezifischen kulturellen Kapitals führen, das wiederum für das erfolgreiche Leben im ökonomisch produktiven Erwachsenenalter benötigt wird. So kann der Gedanke des Superkindes auch durch die Elternerwartungen perpetuiert werden.

---

9 Das Konzept des mediierten Lernens geht von der Zone der nächsten Entwicklung aus, wobei die Methoden der Beschleunigung der kognitiven Entwicklung schon für die Vorschulbildung konzipiert werden (vgl. Petrová 2009a). Typisch ist Wygotskis Ansatz bei Beschleunigung der Lese- und Schreibfähigkeit der Kinder im Vorschulalter (vgl. Petrová 2009b). Es ist interessant zu sehen, wie sich diese Bemühungen programmatisch verbinden z. B. im Rahmen der gemeinsamen Stellungnahme von International Reading Association und National Association for the Education of Young Children (der Verfasser der DAP) unter dem Titel „Learning to Read and Write: Developmentally Appropriate Practices for Young Children". Diese gemeinsamen Strategien werden dann in den Einzelstaaten propagiert und musterhaft appliziert (z. B. für Ungarn siehe Szinger 2009).

2.2 Spiegelung der neuen „Normalität" in Programmen der „entwicklungsgemäßen Praxis" (DAP)

In Projekten der pädagogischen Kinderbetreuung im Vorschulalter ist die Transformation der Kindheitsideologie im Rahmen des autoritativen Modells der Vorschulbildung – der DAP *(Developmetally Appropriate Practice)* – sehr gut bemerkbar. Dieses pädagogische Modell wird in den meisten westlichen Ländern akzeptiert. Wie oben erwähnt, gehört die ursprüngliche Version des Programms (vgl. Bredekamp 1987) in ihrer normativen Orientierung dem Konzept des „Universalkindes" an. Die revidierte Version (vgl. Bredekamp/Copple 1997) adaptiert das gemixte Vokabular des Konzepts des „autonomen Kindes" und des „Superkindes". Diese Revision akzentuiert die Sensibilität für die Entwicklungsvariabilität der Kinder und das individualisierte Lernen. Auffallend ist die Verwandtschaft mit Wygotskis Thesen und die Hervorhebung von kontextuellen Voraussetzungen des Curriculums. Jene Version postuliert Normen der typischen und musterhaften DAP und zugleich formuliert sie die nicht angemessene Praxis – DIP *(Developmentally Inappropriate Practice)*. Diese revidierten Normen sind durch Offenheit, Flexibilisierung und markante Individualisierung gekennzeichnet. Alles, was im Rahmen der Kinderbetreuung einen festen und universell(en) methodischen, räumlichen und zeitlichen Plan hat, wird als nicht angemessen behandelt. Man hebt die „Arbeit an Grenzen der Entwicklungsmöglichkeiten" jeden Kindes hervor, das „Wissen über differenzierte Fähigkeiten einzelner Kinder und ihrer Entwicklungsniveaus", was zur Akzentuierung der diagnostischen Meisterschaft der Lehrer führt, die man heutzutage schon auf der Ebene der Lehrerstandards festlegt. Man lehnt nicht entwicklungsgemäße Praxen ab, die die universale Entwicklung aller Kinder in gleicher Zeit annehmen und die weit unter oder weit über die Grenzen der Leistungsfähigkeit der Kinder gehen.

Trotz einiger Warnungen (vgl. Lubeck 1998), dass die neue Version der DAP neue Ideen in die alte Agenda inkorporiert, ist zumindest auf der diskursiven Ebene dieser Schub zur modifizierten Kindheitsideologie zweifellos präsent. DAP, die von Vorschulpädagogen heutzutage fast dogmatisch akzeptiert wird (vgl. Cohen 2008), wird zugleich durch ihre Unterscheidung von angemessenen und nicht angemessenen Praktiken (DAP versus DIP) zum normativen Instrument der Exklusion. Gegen die Offenheit, Einzigartigkeit und Autonomie der Entwicklung steht das Modell des „Universalkindes". Deshalb wird diese Version der DAP von uns in Anschluss an Foucault als das neue normative Instrument der sanften Disziplinarmacht analysiert (vgl. Cohen 2008), das sich der Methoden der wissenschaftlichen Klassifizierung bedient.

Im Jahre 2009 wurde schon die dritte, überarbeitete Ausgabe von DAP veröffentlicht (vgl. Copple/Bredecamp 2009). Die Ambivalenz der vorangehenden Version wird in dem Sinne verlassen, dass sich die neue Ausgabe völlig dem Konzept des Lernens in der Zone der nächsten Entwicklung zu-ordnet. Es wird zugleich auf die frühe und rechtzeitige Stimulation der Hirnentwicklung und der neuronalen Verknüpfungen hingewiesen und bei jeder Gelegenheit wird „active scaffolding" akzentuiert. Dies betrifft sogar das Kinderspiel, dessen Konzeptualisierung alle Spuren von Piaget aus der ersten Ausgabe der DAP verliert. Dem autonomen „Superkind" ist der gan-ze konzeptuelle Rahmen untergeordnet.

A position statement of the National Association for the Education of Young Children drückt diese Wende klar aus. Wygotski und seine pädagogi-schen Apologeten werden hier explizit mit dem Ziel der Dynamisierung der kindlichen Entwicklung zitiert:

> „In a task just beyond a child's independent reach, adults and more-competent peers contribute significantly to the child's development by providing the support or assistance that allows the child to succeed at that task. Once children make this stretch to a new level in a supportive context, they can go on to use the skill independently and in a variety of contexts, laying the foundation for the next challenge. Provision of such support, often called *scaffolding,* is a key feature of effective teaching" (Developmentally Appropriate Practice 2009, S. 15).

2.3 Das Superkind im Schlüsselkompetenzmodell

Das Regime der unternehmerischen Rationalität, welches das Modell der „super-unternehmerischen Kinder" konstituiert, wird durch das Konzept der sogenannten „Kompetenzen" institutionalisiert. Kompetenzen versteht man als instrumentelle Voraussetzung des künftigen Erfolgs auf dem globalen Arbeitsmarkt. Das Kompetenzmodell wird im Rahmen der Struktur von standardisierten Bildungszielen von einem musterhaften „Wissensarbeiter" abgeleitet, der – um Überschreitung der Fertigkeiten seiner Arbeitsposition immer bemüht – autonom, intellektuell geschmeidig, kreativ und flexibel, sozialkompetent in interpersonellen Beziehungen handelnd, selbstmotivie-rend und zu seiner Selbstaktualisierung fähig ist (vgl. Holmer Nadesan 2002). Kompetenzorientierte Bildungsprogramme für Kinder im Vorschul-alter werden in der pädagogischen Fachwelt zur neuen ‚Entwicklungs-norm'. Ursprünglich politisch-wirtschaftliche Konzepte besetzen den päd-agogischen und psychologischen Diskurs über Kinder und schaffen nicht nur neue Interpretationsbasen für die Kinderentwicklung, sondern auch ein neues Fundament der Lehrerprofessionalität, indem sie besondere Anforde-rungen an diagnostische Fertigkeiten von Lehrkräften formulieren.

Das Bild des „autonomen Superkindes" hat sich auffällig auch in neuen slowakischen Programmdokumenten für Vorschulbildung angesiedelt. Re-präsentativ ist das konzeptuell völlig neue Staatsbildungsprogramm für elementare Bildung aus dem Jahr 2008. Auch wenn dieses Programm nicht direkt auf dem originären DAP-Programm basiert, ist die Hinwendung zum Konzept des „unternehmerischen Superkindes" im Sinne einer psychologischen Entwicklungsnorm und eines konzeptuellen Rahmens der Bildung für die sogenannte unternehmerische Kultur in ihm besonders spürbar (vgl. Kaščák/Pupala 2010). Bildungsziele und -inhalte für den Kindergarten definiert man zum ersten Mal durch die „Schlüsselkompetenzen", exakt nach ihrer Feststellung in der Empfehlung des Europäischen Parlaments und des Rates zu Schlüsselkompetenzen für lebensbegleitendes Lernen (vgl. Empfehlung des Europäischen Parlaments 2006). Grundziele der Vorschulbildung zielen in diesem Staatsbildungsprogramm (Štátny vzdelávací program 2008, S. 3) auf „die Entwicklung von Schlüsselkompetenzen", und aus diesen politisch definierten Kompetenzen werden die Inhalts- und Leistungsstandards der Vorschulbildung für die slowakischen Kindergärten abgeleitet. Die Korrespondenz zwischen den oben angeführten Eigenschaften des Gold-Collar-Arbeiters und der Struktur von Schlüsselkompetenzen aus der Empfehlung des Europäischen Parlaments und des Rates ist in diesem Staatsbildungsprogramm evident und sicherlich nicht zufällig. Die Bildung (die Vorschulbildung miteinbezogen) wird von der Zielnorm des universellen unternehmerischen Subjekts abgeleitet. Gerade in diesem Zusammenhang soll die Präsenz und Akzentuierung solcher Zielanforderungen, wie „Vorbereitung auf lebensbegleitendes Lernen", „das Übernehmen der Verantwortung für sich selbst", „Bildung eines adäquaten Selbstbewusstseins" (S. 3 f.), in diesem Programm wahrgenommen werden. Dazu kommt auch die erneute Akzentuierung der Kreativität, des kritischen und kreativen Denkens und der Fähigkeit zur Problemlösung (S. 7 f.).

Die Dimension der Autonomie als komplementärer Bestandteil der neuen Kindheitsoptik wird im Staatbildungsprogramm (2008) durch die wiederholte und nachdrückliche Forderung nach „individueller Entfaltung von persönlichen Potenzialitäten der Kinder", durch die Akzentuierung der „Eigenartigkeit" und Forderung nach der Anpassung des pädagogischen Engagements an die „Entwicklungspotenzialitäten der Kinder" ausgedrückt. Leistungsnormen, die das „Absolventenprofil der Vorschulbildung" definieren, werden zugleich in Übereinstimmung mit der ebenso ausgedrückten Relevanz der Autonomie relativiert, weil sie „ein wenig über der Grenze der Entwicklungsmöglichkeiten der Kinder festgelegt werden sollen" (Štátny vzdelávací program 2008, S. 28). Die Überschreitung der Entwicklungsnormen wird also zur offiziellen Bildungsnorm und zugleich als „Instrument der Belohnung und Motivation zum weiteren Lernen" begriffen.

Die Wende zum autonomen Superkind wird somit im Rahmen der Staatsschulpolitik parallel durch die Akzentuierung der diagnostischen „Kompetenzen" von Lehrern bekräftigt. Diese werden zu Schlüsselindikatoren der pädagogischen Qualifizierung, wie man es heutzutage im aktuell konzipierten Entwurf von Professionsstandards der Lehrer beobachten kann (vgl. Pilotná verzia Profesijných štandardov 2010). Zu den standardisierten Leistungsindikatoren der Lehrerprofession gehört heutzutage die Fähigkeit, die „Individualität jeden Kindes zu akzeptieren", „diagnostische Instrumente anzufertigen und individuelle Spezifika des Kindes zu diagnostizieren" oder „individuelle Bildungsbedürfnisse der Kinder zu identifizieren" (ebd., S. 1). So wird die Konvergenz zwischen dem pädagogischen Lehrerprofil und den im Staatsbildungsprogramm ausgedrückten Erwartungen geschaffen. Schulpolitische Dokumente verschaffen also dem breiteren Diskurs über das „autonome Superkind" Legitimität und normative Verbindlichkeit.

Fazit

Mehrere Quellen und Katalysatoren der neuen, auf der Normenüberschreitung und Individualisierung gründenden Formation des Kindseins wurden in diesem Beitrag identifiziert. Zu den politischen Motiven gehört der internationale ökonomische Wettbewerb, der mit Produktivitätssteigerung und Entwicklungsakzeleration rechnet. Dieser Druck brachte das aus dem Wirtschaftssektor stammende Kompetenz-Vokabular in die Schulprogramme und legitimierte zugleich die Idee des „kreativen" Unternehmertums in den Schulen. Der Kindergarten wird im Rahmen dieser Rhetorik zu einem Schlüsselraum des ökonomischen Fortschritts und der öffentlichen Investitionen:

„FBBE[10] kann eine entscheidende Rolle bei der Schaffung des Fundaments für bessere Kompetenzen spielen, die die EU-Bürger in Zukunft besitzen sollen. Sie kann uns dabei helfen, mittel- und langfristige Herausforderungen zu bewältigen und zu kompetenteren Arbeitskräften führen, die zum technologischen Wandel beitragen und sich daran anpassen können, wie dies in der Leitinitiative ‚Agenda für neue Kompetenzen und neue Beschäftigungsmöglichkeiten' festgehalten wurde. Es wurde eindeutig festgestellt, dass eine Teilnahme an einer hochwertigen FBBE bedeutend bessere Ergebnisse bei internationalen Tests zu Grundfertigkeiten (wie PISA oder PIRLS) nach sich zieht, die einem Unterschied von ein bis zwei Schuljahren entsprechen." (Frühkindliche Betreuung, Bildung und Erziehung 2011, o. S.)

Zu den wissenschaftlichen ‚Quellen' solcher Programme gehören verschiedene Akzelerationstheorien, v.a. die von Wygotski, und zahlreiche aus der Gehirnforschung stammende Konzepte. Diese besetzen die pädagogischen Schlüsseldokumente der frühen Kindheit (Staatsbildungsprogramme, internationale Dokumente wie DAP usw.). Sie werden im nächsten Schritt als

---

10 FBBE – Frühkindliche Betreuung, Bildung und Erziehung

Alibi der neuen Spielzeugindustrie verwendet und dringen bis zum Familienalltag und alltäglichen Kindheitsdiskursen durch. In dieser Situation konvergiert das Politische mit dem Familiären, dieser Zusammenhang stellt heutzutage ein kompliziertes „Wissen-Macht Bündel" dar. Standardisierung wurde dabei zur globalen gouvernementalen Technologie der Kindheit (vgl. Ntemiris 2011), wobei sowohl Lehrer als auch Eltern der Standardlogik unterliegen. Standardisiert wird aber das Individuelle. Z.B. gehört zu den diagnostischen Standards die Sensitivität für Einzigartigkeit oder für ganz individuelle Entwicklungspotenziale des Kindes. Es wird die Verschiedenheit und Fähigkeit zur Entwicklungsakzeleration standardisiert. Neue Beziehungen zwischen Norm, Normalität und Normativität werden auf diese Weise geschaffen.

Literatur

Ailwood, J. (2003): Governing Early Childhood Education through Play. In: Contemporary Issues in Early Childhood 4, H. 3, S. 286–299.

Baker, B. (1998): Child-Centered Teaching, Redemption, and Educational Identities: A History of the Present. In: Educational Theory 48, H. 2, S. 155–174.

Bredekamp, S. (Hrsg.) (1987): Developmentally Appropriate Practice in Early Childhood Programs. Sewing Children from Birth through Age 8. Washington, D.C.: National Association for the Education of Young Children.

Bredekamp, S./Copple, C. (Hrsg.) (1997): Developmentally Appropriate Practice in Early Childhood Programs. 2. Auflage. Washington, DC: National Association for the Education of Young Children.

Cohen, L. E. (2008): Foucault and the Early Childhood Classroom. In: Educational Studies 44, H. 1, S. 7–21.

Copple, C./Bredekamp, S. (Hrsg.) (2009): Developmentally Appropriate Practice in Early Childhood Programs. 3. Auflage. Washington, DC: National Association for the Education of Young Children.

Creating Opportunities for Young Entrepreneurs – Nordic Examples and Experiences (2005): Nordic Innovation Centre. www.nordicinnovation.net/prosjekt.cfm?id=1-4415-181 (Abruf 12.9.2012).

Developmentally Appropriate Practice in Early Childhood Programs Serving Children from Birth through Age 8. (2009): A position statement of the National Association for the Education of Young Children, Washington, DC: NAEYC.

Doliopoulou, E. (1996): Greek kindergarten teachers' beliefs and practices. How appropriate are they? In: European Early Childhood Education 4, H. 2, S. 33–49.

Dorey, A. K. V. (1999): Better Baby Contests: The Scientic Quest for Perfect Childhood Health in the Early Twentieth Century. Jefferson, NC: McFarland & Co.

Eisenberg, A./Murkoff, H. E./Hathaway, S. E. (1996): What to Expect the Toddler Years. New York: Workman.

Empfehlung des Europäischen Parlaments und des Rates vom 18. Dezember 2006 zu Schlüsselkompetenzen für lebensbegleitendes Lernen. Amtsblatt der Europäischen Union, Nr. L 394 vom 30/12/2006 S. 0010–0018.

Foucault, M. (1976): Überwachen und Strafen. Die Geburt des Gefängnisses. Frankfurt/Main: Suhrkamp Verlag.

Förderung des Unternehmergeistes in Unterricht und Bildung (2006): Stellungnahme des Europäischen Wirtschafts- und Sozialausschusses, SOC/242. Brüssel: Europäischer Wirtschafts- und Sozialausschuss.

Frühkindliche Betreuung, Bildung und Erziehung (2011): Der bestmögliche Start für alle unsere Kinder in die Welt von morgen. Mitteilung der Kommision, KOM(2011) 66 endgültig. Brüssel: EK.

Hegde, A. V./Cassidy, D. J. (2009): Kindergarten teachers' perspectives on developmentally appropriate practices (DAP): a study conducted in Mumbai (India). In: Journal of Research in Childhood Education 23, H. 3, S. 367–381.

Hoffman, D. M./Zhao, G. (2002): Global Convergence and Divergence in Childhood Ideologies and the Margilazation of Children. In: Zajda, J./Biraimah, K./Gaudelli, W. (Hrsg.) (2002): Education and Social Inequality in the Global Culture. New York: Springer-Verlag, S. 1–16.

Holmer Nadesan, M. (2002): Engineering the Entrepreneurial Infant: Brain Science, Infant Development Toys, and Governmentality. In: Cultural Studies 16, H. 3, S. 401–432.

Hultqvist, K. (1998): A History of the Present on Children's Welfare in Sweden: From Föbel to Present-Day Decentralization Projects. In: Popkewitz, T. S./Brennan, M. (Hrsg.) (1998): Foucault's Challenge: Discourse, Knowledge, and Power in Education. New York and London: Teachers College Press, S. 91–116.

Jipson, J. (1991): Developmentally Appropriate Practice: Culture, Curriculum, Connections. In: Early Education & Development 2, H. 2, S. 120–136.

Kim, J./Kim, S./Maslak, M. A. (2005): Toward an integrative „Educare" system: An investigation of teachers' understanding and uses of developmentally appropriate practices for young children in Korea. In: Journal of Research in Childhood Education 20, H. 1, S. 49–56.

Kaščák, O./Pupala, B. (2010): Neoliberálna guvernamentalita v sociálnom projektovaní vzdelávania. In: Sociologický časopis 46, H. 5, S. 771–799.

Kränzl-Nagl, R./Mierendorff, J. (2007): Kindheit im Wandel – Annäherungen an ein komplexes Phänomen. In: SWS-Rundschau 47, H. 1, S. 3–25.

Lubeck, S. (1998): Is Developmentally Appropriate Practice for Everyone? In: Childhood Education 74, H. 5, S. 283–288.

Mahon, R. (2009): Transnationalising (Child) Care Policy: the OECD and the World Bank. Konferenzbeitrag vom 27.–29. 5. 2009, Annual Meetings of the Canadian Political Science Association, Carleton University. www.cccg.umontreal.ca/rc19/PDF/Mahon-R_Rc192009.pdf (Abruf 12. 9. 2012).

Minopolis – Die Stadt der Kinder. (2005, 2009): Altamont Capital Investment. www.minopolis.at/de/#home (Abruf 15. 1. 2011).

Ntemiris, N. (2011): Gouvernementalität und Kindheit: Transformationen generationaler Ordnung in Diskursen und in der Praxis (Kindheit als Risiko und Chance). Wiesbaden: VS.

Pacini-Ketchabaw, V. (2006a): Continuing Rethinking the History of Ontario Day Nurseries: Loci for Intervention, Regulation, and Administration. Part Two. In: Child & Youth Care Forum 35, H. 2, S. 183–204.

Pacini-Ketchabaw, V. (2006b): Rethinking the History of Ontario Day Nurseries: Loci for Intervention, Regulation and Administration. Part One. In: Child & Youth Care Forum 35, H. 2, S. 159–182.

Penn, H. (1999): How should we care for babies and toddlers? An analysis of practice in out-of home care for children under three. Occasional Paper 10. Toronto: Childcare Resource & Research Unit/Centre for Urban & Community Studies, University of Toronto.

Penn, H. (2002): The World Bank's View of Early Childhood. In: Childhood 9, H. 1, S. 118–132.

Petrová, Z. (2008): Vygotského škola v pedagogike. Trnava: Typi Universitatis Tyrnaviensis.

Petrová, Z. (2009a): Mediované učenie: Teoretické súvislosti a možnosti aplikácie do predprimárneho vzdelávania. In: Acta Facultatis Paedagogicae Universitatis Tyrnaviensis. Trnava: PdF TU, S. 96–107.

Petrová, Z. (2009b): Teoretická báza učenia v zóne najbližšieho vývinu v učení sa prostredníctvom „lešení". In: Acta Facultatis Paedagogicae Universitatis Tyrnaviensis. Trnava: PdF TU, S. 83–95

Pilotná verzia Profesijných štandardov k Návrhu zákona o pedagogických a odborných zamestnancoch (Arbeitsversion) (2010). Bratislava: MPC.

Popkewitz, T. S. (2000): Globalization/Regionalization, Knowledge, and Educational Practice: Some Notes on Comparative Strategies for Educational Research. In: Popkewitz, T. S. (Hrsg.) (2000): Educational Knowledge: Changing Relationships between the State, Civil Society, and the Educational Community. Albany, New York: State University of New York, S. 3–27.

Szinger, V. (2009): Pre-school literacy in the light of european tradition. In: Sens Public Review vom 22.10.2009 (online unter www.sens-public.org/spip.php?article665& lang=fr, Abruf 11.9.2012).

Štátny vzdelávací program ISCED 0 – predprimárne vzdelávanie (2008). Bratislava: Štátny pedagogický ústav.

Výukové programy na podporu vedomostnej ekonomiky, kreativity a podporu podnikateľského ducha vo vytipovaných krajinách (das Gesamtmaterial) (2011). Bratislava: MZV SR.

Zu den Autorinnen und Autoren

Tanja Betz ist Juniorprofessorin für Professionalisierung im Elementar- und Primarbereich an der Goethe-Universität Frankfurt und im Forschungszentrum IDeA. Ihre Arbeitsschwerpunkte liegen in der sozialwissenschaftlichen Kindheits- und Bildungsforschung mit dem Fokus auf Ungleichheiten in der (frühen) Kindheit. Sie leitet derzeit die Schumpeter-Nachwuchsgruppe EDUCARE, die „Leitbilder ‚guter Kindheit' und ungleiches Kinderleben. Bildung, Betreuung und Erziehung aus der Perspektive der Politik, der Professionellen in Kindertageseinrichtungen und Grundschulen, der Eltern und der Kinder" untersucht und durch die Volkswagenstiftung finanziert wird (2010–2015).

Stefanie Bischoff ist Diplompädagogin, wissenschaftliche Mitarbeiterin und Doktorandin in der Arbeitseinheit Professionalisierung im Elementar- und Primarbereich an der Goethe-Universität Frankfurt und im Forschungszentrum IDeA. Dort ist sie im Projekt „EDUCARE – Leitbilder ‚guter Kindheit' und ungleiches Kinderleben" tätig. Ihre Arbeitsschwerpunkte sind frühe Bildung und Bildungsforschung, Ungleichheitsforschung sowie Kindheitsforschung.

Sabine Bollig ist Diplompädagogin und wissenschaftliche Mitarbeiterin in der Forschungseinheit INSIDE an der Université du Luxembourg. Sie führt das ethnographische Forschungsprojekt „CHILD – Children in the Luxembourgian Day Care System" durch. Ihre Arbeits- und Forschungsschwerpunkte liegen in der praxisanalytischen Kindheitsforschung, der erziehungswissenschaftlichen Institutionenforschung sowie im Bereich qualitativer Methoden, speziell der Ethnographie. In ihrer Dissertation „Entwicklungskindheit als Beobachtungsprojekt" beschäftigt sie sich mit der Formierung von Kindheit in Kindervorsorge- und Schuleingangsuntersuchungen.

Josephin Brade ist Soziologie-Studentin am Fachbereich Gesellschaftswissenschaften der Goethe-Universität Frankfurt und hat ihre Diplomarbeit zum Thema „Das Aufmerksamkeitsdefizitsyndrom als Manifestation familiärer Konflikte? Eine Einzelfallanalyse zum Umgang mit ADS innerhalb einer Familie" geschrieben.

Solveig Chilla ist Professorin für Sprachbehindertenpädagogik an der Pädagogischen Hochschule Heidelberg. Ihre Forschungs- und Arbeitsschwerpunkte sind Spracherwerb und Beeinträchtigungen des Spracherwerbs im Kontext von Inklusion, Heterogenität und Mehrsprachigkeit.

Steffen Eisentraut ist Promovend im Fach Soziologie an der Bergischen Universität Wuppertal und arbeitet im DFG-Projekt „Sozialsystem, Kindeswohlgefährdung und Prozesse professioneller Intervention (SKIPPI)" (2010–2013) unter der Leitung von Prof. Dr. Doris Bühler-Niederberger. In seiner laufenden Dissertation beschäftigt er sich mit Medienpraktiken Jugendlicher am Beispiel des Mobiltelefons.

Burkhard Fuhs ist Professor für Lernen und Neue Medien, Schule und Kindheitsforschung an der Universität Erfurt. Seine Arbeitsschwerpunkte sind Wandel der Kindheit, Familie und generationalen Ordnung, Medienkindheit und Technisierung des Alltags. Er hat Arbeiten zu qualitativen Methoden und zur Fotografie in der empirischen Forschung vorgelegt. Er ist Vorsitzender des „Erfurter Netcodes e. V.".

Rolf Haubl ist Professor für Soziologie und psychoanalytische Sozialpsychologie an der Goethe-Universität Frankfurt und Geschäftsführender Direktor des Sigmund Freud Instituts Frankfurt. Seine Arbeitsschwerpunkte liegen im Bereich von Emotionsforschung, Krankheit und Gesellschaft, Beratungsforschung sowie Methodologie und Methodik psychoanalytischer Sozialforschung, insbesondere biographische Analysen, Fallrekonstruktionen und Beziehungsdynamik in qualitativen Interviews. Er leitete gemeinsam mit Katharina Liebsch die Kindheitsforschungsprojekte „Mit Ritalin leben. Gesundheit und Geschlecht" (2008–2010) und „Kein Einverständnis ohne zu verstehen. Kommunikation von Krankheit und Abweichung von Erwachsenen und Kindern" (2009–2012) und arbeitet an einem sozialpsychologisch-gesellschaftswissenschaftlichem Verständnis von ‚Risikokindheit'.

Sebastian Jentsch ist Diplomsoziologe und Doktorand am Fachbereich Gesellschaftswissenschaften der Goethe-Universität Frankfurt. Er arbeitet mit Methoden der qualitativen Sozialforschung im Themenfeld der sozialpsychologischen Kindheitsforschung zu der Frage, wie Kinder mit einer ADHS-Diagnose über ihre „Störung" aufgeklärt werden.

Ondrej Kaščák ist Dozent für Erziehungswissenschaft mit dem Schwerpunkt Bildungssoziologie und Soziologie der Kindheit an der Universität in Trnava und an der Slowakischen Akademie der Wissenschaften in Bratislava. Seine Arbeitsschwerpunkte liegen in der Schulethnographie und der konzeptuellen und genealogischen Analyse der Schulbildung. Er leitet derzeit das Forschungsprojekt „Archäologie der neoliberalen Gouvernementalität in der gegenwärtigen Schulpolitik und Bildungstheorie" (2011–2013) und ist Mitglied des Expertennetzwerkes für soziale Aspekte von Bildung und Training (NESET) bei der Europäischen Kommission. Er ist geschäftsführender Herausgeber der Fachzeitschrift „Journal of Pedagogy".

Helga Kelle ist Professorin für Erziehungswissenschaft mit dem Schwerpunkt schulische und außerschulische Bildungsprozesse von Kindern an der Goethe-Universität Frankfurt. Ihre Arbeitsschwerpunkte liegen im Bereich einer praxisanalytischen Kindheits-, Geschlechter- und Schulforschung sowie im Bereich qualitativer Methoden. Sie leitet derzeit das DFG-Forschungsprojekt „Einschulungsverfahren, Eingangsdiagnostiken und Bildungsentscheidungen im Kontext des Strukturwandels des Übergangs in die Grundschule" (2012–2014) und arbeitet an einer Praxis- und Kulturanalyse der Entwicklungsdiagnostik in der (frühen) Kindheit.

Katharina Liebsch ist Professorin für Soziologie unter besonderer Berücksichtigung der Mikrosoziologie an der Helmut Schmidt Universität/Universität der Bundeswehr Hamburg. Ihre Arbeitsschwerpunkte liegen im Bereich ‚Körper, Biopolitik und Geschlecht' sowie ‚Familie und andere Formen des Privaten'. Sie leitete gemeinsam mit Rolf Haubl die Kindheitsforschungsprojekte „Mit Ritalin leben. Gesundheit und Geschlecht" (2008–2010) und „Kein Einverständnis ohne zu verstehen. Kommunikation von Krankheit und Abweichung von Erwachsenen und Kindern" (2009–2012) und arbeitet an einer wissenssoziologischen und interaktionstheoretisch geleiteten Analyse von ‚Sorge'.

Johanna Mierendorff ist Professorin für Sozialpädagogik mit dem Schwerpunkt Pädagogik der frühen Kindheit an der Martin-Luther Universität Halle-Wittenberg. Ihre Arbeitsschwerpunkte liegen im Bereich einer wohlfahrtsstaatstheoretisch orientierten Kindheitsforschung sowie in der Erforschung von gesellschaftlichen und politischen Bedingungen des Wandels von Kindheit. Sie leitet derzeit das DFG-Forschungsprojekt „Elementare Bildung und Distinktion" (2011–2014) sowie das durch die Hans-Böckler-Stiftung finanzierte Forschungsprojekt „Energieunternehmen zwischen Marktlogik und öffentlichem Grundversorgungsauftrag im deutsch-britischen Vergleich" (2012–2015).

Claudia Peter ist Diplomtrophologin und hat in Soziologie promoviert. Sie ist am Institut für Sozialforschung Frankfurt als wissenschaftliche Mitarbeiterin tätig. Sie erarbeitete Studien zu Familienanalysen mit „dicken Kindern" (Dissertation) und zum Umgang mit Ungewissheit in der Neonatologie. Derzeit führt sie das DFG-Projekt „Sozialisationstheoretische Untersuchung zur sozialisatorischen Wirkung von Krankheitserfahrungen bei chronisch schwer kranken Kindern und ihren Eltern" durch.

Branislav Pupala ist Professor für Erziehungswissenschaft mit dem Schwerpunkt Bildungs- und Schulpolitik an der Universität in Trnava und an der Slowakischen Akademie für Wissenschaften in Bratislava. Seine Arbeitsschwerpunkte liegen in der Analyse von theoretischen und ideologischen Zusammenhängen von Bildungsreformen. Er leitet derzeit das Forschungsprojekt „Performativität und Verantwortungskultur in den gegenwärtigen Bildungsreformwellen" (2012–2014). Er ist Mitglied der Akkreditierungskommission der Regierung und des Rates für curriculare Fragen des Bildungsministeriums der Slowakischen Republik.

Hannu Turba ist Soziologe und wissenschaftlicher Mitarbeiter an der Universität Kassel im Fachgebiet Sozialpolitik mit dem Schwerpunkt organisationale und gesellschaftliche Grundlagen. Seine Forschungsschwerpunkte sind Soziologie der Sozialpolitik, Organisationen im Sozial- und Gesundheitssektor und soziale Kontrolle. Er arbeitet derzeit im DFG-Forschungsprojekt „Sozialsystem, Kindeswohlgefährdung und Prozesse professioneller Interventionen" (2010–2013) und schreibt seine Dissertation über die Rolle der Polizei im Kinderschutz.